O CONTO MACHADIANO: UMA EXPERIÊNCIA DE VERTIGEM

Ficção e psicanálise

Lucia Serrano Pereira

O CONTO MACHADIANO: UMA EXPERIÊNCIA DE VERTIGEM

Ficção e psicanálise

Editor
José Nazar

Companhia de Freud

Editoração Eletrônica
FA - Editoração Eletrônica

Revisão
Bianca Barcellos

Editor Responsável
José Nazar

Rio de Janeiro, 2008

CIP-BRASIL. CATALOGAÇÃO-NA-FONTE
SINDICATO NACIONAL DOS EDITORES DE LIVROS, RJ

P492c

Pereira, Lucia Serrano.
O conto machadiano : uma experiência de vertigem : ficção e psicanálise / Lucia Serrano Pereira ; editor José Nazar. - Rio de Janeiro : Cia. de Freud, 2008.

244p.

Anexos
Inclui bibliografia
ISBN 978-85-7724-057-9

1. Assis, Machado de, 1839-1908 - Crítica e interpretação. 2. Literatura e psicanálise. 3. Conto brasileiro - História e crítica. I. Título.

08-3515. CDD: 869.93
CDU: 821.134.3(81)-3

Companhia de Freud
editora

Endereço para Correspondência
Rua Barão de Sertório, 57 - casa
Tel.: (21) 2293-5863 • (21) 2273-9357
Rio Comprido – Rio de Janeiro
e-mail: ciadefreud@ism.com.br

Figura 1: Avenida Central – Rio de Janeiro

Fonte: VASQUEZ, Pedro Karp. *Postaes do Brasil.* São Paulo: Metavídeo SP Produção e Comunicação LTDA.

A Robson;
a nossos filhos, Lourenço e Andressa,
a meus pais Luiz Carlos e Clara Maria.

Camilo reclinou-se no tílburi, para não ver nada. A agitação dele era grande, extraordinária, e do fundo das camadas morais emergiam alguns fantasmas de outro tempo, as velhas crenças, as superstições antigas. O cocheiro propôs-lhe voltar à primeira travessa, e ir por outro caminho; ele respondeu que não, que esperasse. E inclinava-se para fitar a casa... Depois fez um gesto incrédulo: era a idéia de ouvir a cartomante, que lhe passava ao longe, muito longe, com vastas asas cinzentas; desapareceu, reapareceu, e tornou a esvair-se no cérebro; mas daí a pouco moveu outra vez as asas, mais perto, fazendo uns giros concêntricos... Na rua gritavam os homens, safando a carroça:

– Anda! agora! empurra! vá! vá!

'A cartomante'
Machado de Assis

Y es para el insecto el resplandor de la llama, para el pájaro los ojos fijos de la serpiente, y el vacío para el hombre. Pero este último, más desgraciado, posee además una imaginación que sabe hacer surgir objetos de vértigo en que la realidad no suministra nada que deba confundirle.

Vértigos' (Instintos y Sociedad)
Roger Caillois

SUMÁRIO

MACHADO NA LÍNGUA DE FREUD E LACAN

*Luís Augusto Fischer**

Se o leitor deste novo livro de Lucia Serrano Perreira é um machadiano, pode pular a presente página e mergulhar direto na análise. Vai ganhar tempo e economizar uma volta inútil.

(Machadiano, quem é? Como descrever-nos? Uma definição em forma de parábola-piada, inventada por um dos nossos, Aníbal Damasceno Ferreira, diz que dois machadianos se encontram por acaso na rua e começam a falar, evidentemente, sobre Machado de Assis e sua obra; falam com deleite, propriedade e familiaridade; trocam impressões da mais recente releitura, conferem como era mesmo o nome daquele personagem secundário daquele conto que o autor nunca recolheu em livro mas que reapareceu numa coletânea póstuma; vibram com a lembrança de uma frase específica, nascida em uma crônica sua e depois usada por muitos; depois do papo, que dura talvez duas horas, se despedem. Já separados, um dos dois encontra um outro amigo, um terceiro nesta história, e pergunta a este, referindo-se ao machadiano, àquele com quem ainda há pouco falara: "Sabe o fulano? Não entende nada de Machado." Segundo Aníbal, *este* é o verdadeiro machadiano.)

---

* Doutor em Literatura Brasileira, professor de Literatura da Universidade Federal do Rio Grande do Sul.

Porque o ar que aqui se respira, no livro da Lucia, é da intimidade dos machadianos: textos de nosso grande autor tratados com intimidade, freqüentados com minúcia e gosto, detalhes trazidos ao centro da conversa com boas razões. E nós, os machadianos, podemos até ficar com certo ciúme do grau de proximidade que a autora conseguiu obter em relação à obra do grande gênio brasileiro. Mas, mais comedidos que os admiradores da piada, não seremos capazes de maldizê-la. Por vários motivos.

Primeiro, porque o modo como Machado é tratado aqui vai muito além da simples e direta intimidade. Não se trata, aliás, de um trabalho de minúcia fetichista, daqueles que absolutiza um traço da obra machadiana em desfavor do conjunto. Quem é do ramo sabe que Machado gera leitores assim, especialistas em apenas uma das vertentes de sua obra, por exemplo os perfis femininos, ou as referências diretas ou indiretas ao Rio de Janeiro real, ou ao frasista ironista e pessimista (com perdão da rima), e assim por diante; leitores que, ainda que exercendo seu pleno direito de escolha — escolha que, não custa dizer, só pode mesmo ser feita em obra vasta e complexa, como é o caso de Machado, ou o de Shakespeare, ou de Borges, ou de Cervantes, ou de Balzac, ou de Homero, um desses gigantes da história humana —, perdem de vista o todo, que é sempre maior que a mera vizinhança das partes.

Não a Lucia. Leitora de detalhes, particularmente do detalhe que ela chama, apropriadamente, de *vertigem*, vai mostrar que neste traço aparentemente casual reside um dos marcos da novidade de Machado de Assis, novidade que, como a autora vai dizer com clareza, é daquele tempo, daquela virada de século, em todo o Ocidente, e está inscrita na estrutura do conto machadiano. E ao fazer esse diagnóstico estrutural, poderíamos dizer estruturante, Lucia põe em perspectiva analítica o conjunto da narrativa produzida pelo autor da "Chinela turca", conto que está na raiz do trabalho que agora se apresenta.

Pôr em perspectiva analítica quer dizer muito, e aqui vem o segundo grande motivo pelo qual o leitor machadiano vai admirar este trabalho. É que este ensaio toma a atitude intelectual adequada quando se trata de se aproximar de Machado: ao contrário de uma grande quantidade de estudos escritos sobre ele, que têm por marca central *interpretar* sua obra (e tantas vezes tomando em conta pouco da obra em si, contentes que ficam com uma ou outra evidência, não raro uma evidência fetichista), este estudo que o leitor tem agora em mãos lê Machado *analisando* sua dicção, sua forma, seus temas, a estrutura de seus relatos. Entre uma coisa e outra se mede a distância entre deitar falação e procurar entender.

Não quer dizer que Lucia não tenha pontos de partida; ela os tem e, por sinal, eles são sólidos e relevantes. Um deles tem a ver com uma linhagem de machadianos puro-sangue, como Antonio Candido e Roberto Schwarz. Gente que fez sua vida intelectual tendo em conta a figura central de Machado na constituição da literatura no Brasil, tanto quanto na representação das mazelas brasileiras, e que sabe medir os acertos de sua obra no contexto amplo da literatura ocidental. O outro deles é mais remoto, talvez mais estranho e certamente menos óbvio, ainda que não inédito: trata-se da tradição freudiana, temperada pela leitura lacaniana.

Freud, nascido em 1856 (e morto em 1939), não leu Machado, nascido em 1839 (e falecido em 1908), o que é uma pena para ambos e para nós, que ficamos privados dos comentários brilhantes que o sábio médico teria podido escrever; não leu Machado mas pensou sobre uma porção de coisas que igualmente estavam no horizonte de Machado e que ele soube inscrever na alma de sua ficção.

Aqui eu me calo, porque, como Riobaldo, nessas altas idéias psicanalíticas eu navego mal. Sendo um professor de literatura (e machadiano de carteirinha), e como todo mundo que vale a pena interessado em psicanálise, percebo e festejo o enorme ganho analítico para a recepção de Machado de Assis que advém do trabalho da Lucia, minha amiga há tantos anos, com quem tenho tido além de tudo o privilégio de conviver academicamente em torno do próprio Machado de Assis. É que este seu trabalho, fruto da tese de doutoramento obtido em 2008 no Instituto de Letras da Universidade Federal do Rio Grande do Sul (como o anterior, fruto do mestrado na mesma instituição, editado com o título *Um narrador incerto*), opera segundo a melhor regra: aparelhada de uma rede conceitual finamente tramada na tradição psicanalítica acima mencionada — e sendo de ofício psicanalista clínica —, Lucia se aproxima de Machado de Assis, em particular de uma família de contos e especificamente sobre aquela vertigem atrás citada, como quem vai ouvir, quer dizer, vai ler, quer dizer, vai entrar em contato com uma dicção que existe, que já passou pela única prova realmente relevante para a arte, o tempo, e que portanto continua a fazer sentido.

Dicção que ela trata de auscultar e a que ajuda a dar voz, precisamente pelo procedimento analítico, que deixa falar a voz que se apresenta e ajuda-a a exprimir-se, mediante a propiciação do espaço para a enunciação. E, proporcionando tal espaço, ao mesmo tempo observa os desdobramentos, as evoluções, os modos concretos por meio dos quais se oferece em espetáculo literário aquela dicção. Observa-os fazerem sentido e tenta enunciar os sentidos conquistados, numa dialética rigorosa, infinita e iluminadora.

Fazer sentido, constituí-lo, conquistá-lo: é que o qualquer voz pretende e precisa, no divã e na leitura. Lucia, habilitada na escuta, fruto da experiência miúda do cotidiano, e na formulação intelectual, fruto da leitura acadêmica atenta, oferece aqui um belo estudo, que faz jus a Machado de Assis, dignifica sua obra, magnifica-a até, e ajuda a lê-lo, a nós outros, machadianos já formados, candidatos a tal ou meros aprendizes de leitor de Machado, cá neste século novo, cem anos após sua morte.

Luís Augusto Fischer
Agosto de 2008

1

APRESENTAÇÃO

O conto machadiano: uma experiência de vertigem

"O conto machadiano: uma experiência de vertigem" constitui o percurso de trabalho que organizou minha trajetória nos últimos anos, reunindo a experiência do texto machadiano e o diálogo entre literatura e psicanálise.

A incursão anterior a esta consistiu na leitura do romance *Dom Casmurro*, estabelecendo uma relação entre este e o texto de Freud *O estranho*[1]. Esta leitura foi realizada tendo, pelo menos, dois pontos de sustentação: a consideração de que tanto Machado de Assis quanto Freud, guardadas as diferenças de abordagens e contexto, trazem em suas obras traços, posições, campos de referências que têm efeito na subjetividade de hoje, nosso tempo. O segundo ponto é relativo ao fato de que a temática do mal-estar no ensaio *O estranho* introduz o leitor a um novo ponto de vista sobre a obra de arte: abandonando o olhar que destaca o belo e o grandioso para ousar uma outra estética, uma abordagem que privilegia o que é inquietante na subjetividade, fonte de angústia, trato com o mal-estar (que também é o fio condutor da narrativa de *Dom Casmurro*, em Machado).

---

[1] Realização do Mestrado no PPGLET – UFRGS, 2003. Publicação *Um narrador incerto entre o estranho e o familiar – a ficção machadiana na psicanálise.* Rio de Janeiro: Companhia de Freud, 2004.

Um conto de E. T. A. Hoffmann, *O homem da areia*, é o que guia Freud em sua incursão pelo estranho, permitindo o questionamento de pontos de ruptura, fraturas que interrogam e constituem enigmas da subjetividade e que se apresentam nesta ficção. Enigmas estes que surgem na clínica freudiana, por outra via, a da escuta, na experiência da prática com seus pacientes. Sua leitura segue o que, posteriormente, será sublinhado por Lacan como posição ética do psicanalista no encontro com a literatura: de que é o escritor que antecipa um saber da subjetividade, e é desde ali que o psicanalista pode fazer o encontro com esse saber. Lacan desenvolve, ao longo de sua obra, a concepção de que a verdade tem a mesma estrutura da ficção.

Por onde avançar acompanhando esse fio de verdade-ficção que Machado de Assis nos oferece?

Desta vez, a proposta é a de uma aproximação sobre os contos. Foi a partir da leitura de "Missa do galo", "O enfermeiro", "A chinela turca", e "Umas férias", entre outros, que uma "experiência de leitor" me fez pensar, observando um efeito que se renovava a cada vez, uma discreta repetição na leitura: é como se Machado construísse, em cada conto, um efeito de "perda de chão". Como explicar? A narrativa vinha desenvolvendo uma direção que era subvertida, em um momento, de forma a produzir no leitor um efeito desestabilizador, que desacomodava a linearidade e alterava o que seria previsível na leitura. Podemos dizer que ali, fugazmente, o leitor fica perdido do terreno firme, conhecido. Essa idéia avançou, foram-se incorporando outras relações e associações surgindo assim a hipótese inicial do *efeito de vertigem*. Se considerarmos essa construção (algo na composição do conto que faz o desequilíbrio) e conseqüente efeito de vertigem, seguindo um percurso da leitura dos contos de Machado, podemos arriscar pensar que é nessas zonas de fratura que se encontram o trato, na ficção machadiana, disso que na vida faz lugar de enigma e de descontinuidade. Zona de contato, de passagem, de jogo com o avesso, trato ficcional dos enigmas da condição humana, no mais banal e cotidiano de suas manifestações: o fato de o sujeito encontrar-se sempre às voltas com um real, do qual o mal-estar é um dos índices; encontro das contradições, pontos de rupturas e imprevistos na vida, onde somos chamados a produzir constante operação de costura, sustentação.

Este trabalho tem sido um caminho de aprofundamento dessas questões, com a hipótese de que um *efeito de vertigem*, de torsão[2] (que funciona como um "operador de passagem", no sentido de indicar certo tipo de operação, no caso, uma passagem) encontra-se na estrutura narrativa do conto de Machado de Assis, na sutileza da forma, no estilo do autor, que implica o modo singular pela qual o escritor se deixa tomar na linguagem.

As "passagens" em questão são as que nos remetem às descontinuidades fundamentais da subjetividade; descontinuidades que podemos situar como interrogantes da condição humana – o sexual (a posição de cada um, homem ou mulher, frente ao desconhecido do outro sexo) e a morte/origem, que apontam o limite, a finitude. Essas descontinuidades, se assim podemos nomeá-las, foram também aquelas que interrogaram Freud, em torno das quais desenvolve as questões centrais de sua obra; passagens relativas aos elementos fantasmáticos da subjetividade que o escritor recolhe do imaginário social; passagens, no contexto machadiano, de profundas mudanças no cenário social, político e cultural, no âmbito da entrada na modernidade que marca o tempo e o contexto onde se inscreve sua ficção (do qual "Capítulo dos chapéus" é exemplar).

Do pequeno para o grande

"Uma chinela turca", o primeiro capítulo, trata da construção da hipótese do efeito de vertigem partindo de um conto em particular, exercício "do pequeno para o grande", que é como Julio Cortázar situa a própria "forma conto": corte que abre de um particular para um universal. Com a leitura de "A chinela turca" e o trabalho a partir da articulação trama-estrutura, acompanhamos a história que se desdobra entre o personagem Duarte e

[2] Examinamos a pertinência da grafia do termo, entre torsão e torção. Torsão, segundo Houaiss, deriva do lat.medv. torsio, é referente à torcedura, reversão. Torção deriva do v. lat. torques, indica voltar, curvar (HOUAISS, 2001, p. 2740). Optamos por torsão, pois esse termo parece preservar mais a significação de reversão, de avesso, que será importante para o desenvolvimento proposto.

a mulher desejada – encontro e impedimento; o trabalho do tempo, do sonho; o concentrador "passaporte do céu" como a expressão do desejo e, paradoxalmente, anúncio do desamparo. Formula-se a hipótese do efeito de vertigem e a relação com as passagens, na inspiração do trabalho realizado por Walter Benjamin em sua incursão pelos temas da experiência e da modernidade (lembramos aqui as imagens dialéticas, que podem interessar para pensar a vertigem e a relação com o real); é introduzida a questão da forma no que concerne ao gênero conto: a noção de Julio Cortázar do conto como nocaute, relâmpago, relação intensidade-tempo.

Vertigem

O segundo capítulo, "Efeito de vertigem: operador de passagem", trabalha o teórico-conceitual com a construção de uma constelação: a tradição analítica e interpretativa pode reunir uma "família" que não é óbvia, mas que pode ser estabelecida na costura das questões que se apresentam, traçando uma afinidade que nos parece fecunda – Freud, Machado, e a contribuição de Walter Benjamin, por seu trabalho intenso sobre as passagens, o urbano, os discursos que situam o social, a mudança nas narrativas. Neste capítulo trata-se de apresentar o núcleo da proposição do "efeito de vertigem" e sua relação com a noção de "passagem"; circunscrever sua abordagem, situar vertigem, o termo, seus desdobramentos. Aqui é retomado o tema desenvolvido por Roger Caillois sobre as experiências de vertigem a partir da investigação realizada em diferentes contextos culturais, relatadas em seus textos Les jeux et les hommes – le masque et le vertige, e em Instintos y sociedad. Seu trabalho nos permite situar com maior clareza o jogo de elementos que constitui um efeito de vertigem: sua dupla face, de fascínio e perturbação: fascínio (face da continuidade) e perturbação (o descontínuo se apresenta). Do fascínio à perturbação, a irrupção do real.

O real emerge para o sujeito em um detalhe, podemos acompanhar o desdobramento desse caminho com o texto de Freud – El delírio y los sueños em la Gradiva de Jensen. Diferentes propostas de clínica psicanalítica se depreendem da leitura do detalhe. Apresento a seguir uma leitura do texto de Naomi Schor, Reading in Detail, onde a autora percorre o tema trabalhando abordagens de Freud e de Roland Barthes na discussão sobre o fragmento, o detalhe, o real. Centra seu trabalho, em especial, nas Letras do séc. XIX ao séc. XX. Retomamos aqui as observações a partir de W. Benjamin, seguindo pela leitura de seu texto *A imagem de Proust.*

A escolha de trabalhar pelo rumo aqui exposto é a de indicar que Freud operou por um trilho que tem relação com as questões que a obra de Machado de Assis acentua. Nesse sentido, me pareceu importante partir em Freud de sua abordagem ao texto literário, mantendo a lógica de entrada que ele percorreu, perto do viés da literatura.

Moebius e Machado

O terceiro capítulo tem como objeto o conto e as questões relativas à forma. Neste, o trabalho segue a partir de uma leitura das teses do escritor argentino Ricardo Piglia em *Formas breves.* Ele desenvolve, sobre a forma no conto, duas teses:

A primeira: um conto conta sempre duas histórias. Traz com exemplo uma anedota tirada de um caderno de notas de Tchecov: "Um homem em Montecarlo vai ao cassino, ganha um milhão, volta para casa, suicida-se"[3]. Segundo Piglia, a forma do conto está condensada aí, na contramão do que seria previsível: o suicídio por perder o jogo. A anedota tende a desvincular a história do jogo da história do suicídio. Essa cisão paradoxal seria chave para definir o caráter duplo da forma do conto, que trabalha a tensão entre as duas histórias sem nunca resolvê-la.

Segunda tese: o conto é um relato que encerra uma história secreta. Não se trata de um sentido oculto, mas uma história contada de modo secreto. A tese do autor dá conta do efeito de surpresa, relâmpago, que poderemos aproximar ao "efeito de vertigem".

---

[3] PIGLIA, Ricardo. *Formas Breves.* São Paulo: Companhia das Letras, 2004. p. 89.

A partir do trabalho de Piglia, propomos a inclusão de um movimento para pensar a estrutura da forma narrativa do conto, avançando a partir da elaboração que ele anima, para arriscarmos a formular um funcionamento na estrutura. Integramos aqui o desenvolvimento do trabalho de Lacan, na psicanálise, com a banda de Moebius. Esta é uma figura topológica, pode ser construída a partir de uma fita retangular comum que, tendo coladas duas de suas extremidades depois de operar uma torsão (180º) em uma das pontas, cria uma superfície que altera o espaço comum de representação, produzindo alguns efeitos paradoxais. Altera-se, com a torsão, a relação interno/externo, é possível percorrer toda a extensão da fita sem interrupção de sua superfície. Essa figura carrega consigo, de certa maneira, um enigma, um mistério em funcionamento, o mostrar de algo na estrutura que rompe com a tranqüilidade linear e polarizada. Enigma que perpassa a cultura, basta lembrarmos o acento que a propriedade moebiana toma na produção artística, principalmente na obra de Escher, e, destacamos na proximidade das artes em nosso contexto, na obra de Lygia Clark.

Lacan trabalha com esta figura topológica para afirmar que o inconsciente não se encontra em uma suposta profundidade, que a banda de Moebius com as propriedades introduzidas pela torsão pode apresentar o funcionamento do sujeito na linguagem e a relação entre consciente e inconsciente – como uma escritura que formaliza a lógica do saber inconsciente. O "cara ou coroa" desaparece, direito e avesso encontram-se subvertidos. Assim trata-se de pensar, com a ajuda da topologia, uma lógica que inclua os pontos de torsão, sua relação e incidências na linguagem, tanto na fala quanto na escrita.

Sujeito, linguagem e passagens relacionados (relações de descontinuidade/continuidade em ação); abordamos a escrita da ironia machadiana nesta operatória. A ironia apresenta-se em lugar privilegiado perto da vertigem, e a examinamos em especial contando com a contribuição de Phillippe Hamon, junto com a fotografia de Robert Doisneau. Em ambos, encontramos o acento na relação entre a ironia e a visada oblíqua (tão cara a Machado). A ironia, como essa obliqüidade desarticuladora das dualidades e dicotomias, aqui está relacionada ao chiste (Freud e Lacan), aos processos inconscientes, onde o terceiro está sempre em questão na operação.

Estamos transitando no que diz respeito aos processos de funcionamento do sujeito e no que disso surge no exercício da escrita. Machado opera na escrita do conto passando, em sua construção da narrativa, algo que ele "sabe", esse saber do escritor, da estrutura de funcionamento do sujeito na sua relação com a linguagem. E que, no enlace da vertigem, compartilha com seu leitor.

Pela rua do Ouvidor

O quarto capítulo retorna à obra de Machado de Assis, agora com as conclusões sobre "efeito de vertigem", para abordar a hipótese formulada em "A chinela turca" nos outros contos, priorizando aqueles que se organizam em torno das temáticas que tocam o sexo e a morte (onde a interrogação em torno das descontinuidades que apontamos como referência está em questão). Esta retomada é a ocasião de acompanharmos mais de perto o que entendemos por "elementos fantasmáticos da subjetividade recolhidos no tecido do imaginário social", ou "irrupção do real" no trabalho de leitura dos contos realizada na interface, já que todo o trabalho se sustenta de um diálogo entre literatura e psicanálise.

Iniciamos com "Capítulo dos chapéus", conto de certa forma paradigmático, no caso deste estudo, pela ênfase na questão das passagens, entrada na modernidade, por seu caráter de "entre dois mundos", passagem do antigo, colonial, para uma nova relação com a cidade, com os papéis no social e nas relações. Seguimos com a leitura de "Singular ocorrência"; "A cartomante"; Noite de Almirante, "O enfermeiro", "Umas férias", concluindo com a leitura de "Missa do galo". Este, pela propriedade de conter elementos de todos os anteriores, talvez pelo acento mesmo da leitura que organizou o recorte desse grupo de contos, faz o fecho de nosso conjunto.

O corpus de análise deste trabalho leva em conta a indicação de vários autores[4] destacando o momento de produção de Machado de Assis que

[4] John Gledson, Alfredo Bosi, Luís Augusto Fischer, Patrícia L. Flores da Cunha e outros.

se inaugura em *Papéis avulsos* (1882) como o de escrita mais fecunda e criativa, compreendendo a década de 1880. Os contos considerados neste estudo foram escolhidos privilegiadamente neste período, a partir dos publicados em *Papéis avulsos* e posteriores, uma vez que consideramos o efeito de vertigem como efeito que participa do ponto de virada na obra, no estilo do autor.

Pensamos o efeito de vertigem, a partir do trabalho desenvolvido até então, podendo ser examinado como um princípio de composição que se destaca na estrutura da escrita do autor, com seu estilo já bem posto. Em função disso examinamos um conto pertencente ao conjunto da fase inicial – "Miss Dollar", para avaliarmos a pertinência de nossa proposição; e também, indo adiante com a pergunta, indagamos sobre a extensão de nossa hipótese na obra de Machado, fazendo uma breve incursão sobre o romance, em *Quincas Borba* e em *Dom Casmurro*.

Ler Machado de Assis é um prazer que se renova a cada vez. Entretanto, pensá-lo requer certa coragem, mas, sobretudo, uma dose de humildade frente ao trabalho inestimável que sua produção inscreveu na cultura e também frente a tudo o que já se escreveu em torno de sua obra. Impossível abarcá-la, fiquemos com o possível de realizarmos um recorte, o que a leitura nos trabalha. Talvez assim mesmo é que as obras que resistem às interpretações e ao tempo possam ser tocadas: no parcial de uma abordagem pelo fio singular de uma leitura – parcialidade valiosa: é ela que, paradoxalmente, nos permite sustentar, com nosso trabalho, mais um pequeno elo na cadeia das gerações: satisfação inestimável de ter um lugar na comunidade dos leitores em nossa cultura.

Realizar um trabalho que se possa pretender que valha a pena considerando a obra machadiana e sua fortuna crítica, vai depender, portanto, das condições de conseguir formular, endereçar à obra uma pergunta de nosso tempo, que nos diga respeito, que faça também o "trabalho de passagem" que possa situá-lo, de alguma forma, como nosso contemporâneo. "Do particular para o grande", penso a pertinência do desenvolvimento deste trabalho no âmbito de atualidade das questões na direção de sublinhar algo valioso que tomo (o pequeno recorte) da obra do autor: O que Machado de Assis percorreu com seu estilo, com sua construção narrativa e as questões que o interrogaram apontam "passagens" que nos concernem hoje: seguimos, mais do que nunca, interrogados em nosso tempo e quadro discursivo pelas questões que envolvem as descontinuidades fundamentais e a alteridade.

Configurando os pontos de partida

A partida foi, como já foi dito, *Dom Casmurro*. Este romance, no campo do ficcional, é um dos textos mais importantes e polêmicos de nossa língua; atravessado por um inquietante mal-estar. Volto a isto brevemente para lembrar alguns pontos que serviram de condutores, e que organizam o lugar desde onde propor a seqüência do olhar sobre os contos. *Dom Casmurro* tem como articulação crucial a voz deste narrador, pode-se dizer incerto, moderno, que nos leva pela narrativa ficcional de suas memórias pontuada por lacunas, não-ditos, dissimulações, fraturas. No texto machadiano, encontramos questões que concernem em cheio à problemática do sujeito no mais amplo sentido, onde nos deparamos com algo que remete às bordas do real, do estranhamento, da angústia, na banalidade das circunstâncias da vida (o ciúme de Bentinho é uma delas), assim como na vida cotidiana, na experiência da escuta clínica, trata-se da lida com as questões que insistem, com seus circuitos repetitivos, e não propriamente feitos extraordinários. Assim, trabalhei na leitura de *Dom Casmurro* tratando de situar e interrogar o encontro com os momentos de estranhamento, de viradas tramadas à voz do narrador, tomando-o como lugar privilegiado para pensar a estrutura da narrativa de Machado de Assis. O narrador é este que surge a partir de *Memórias póstumas de Brás Cubas*, metido no texto, voz não distanciada ou onisciente; mas sim fraturada, contraditória. O narrador machadiano nos remete diretamente ao que se chamou a crise da representação. Segundo Luís Augusto Fischer, Machado de Assis escreveu tendo a clara noção dessa mudança. Assim afirma:

> Machado escreveu sua obra, principalmente (mas não exclusivamente) depois de *Memórias póstumas de Brás Cubas* e de *Papéis avulsos*, com a cons-

> ciência de que não havia mais qualquer segurança em relação ao método de composição literária, particularmente narrativa. [...] Acabara o tempo, portanto, em que a posição da voz enunciadora do relato podia manter-se em posição serena, inquestionada, a partir da qual todo um mundo era criado.[5]

Fica indicada, nesta referência, a mudança de forma na narrativa – trata-se de um novo movimento que também se verifica no contexto mais amplo, podemos pensar, relacionado com as transformações no social e nas idéias que agora têm a ver com a entrada na modernidade. Nas palavras de Fischer, certo alinhamento entre o momento que, no romance, fez correspondência ao que na produção nos contos, fez diferença: a mudança identificada a partir de *Papéis avulsos*, publicação situada pela crítica como um momento especial da obra de Machado de Assis. Passagem interessante e, seguramente, não esgotada. Ao percorrermos os estudos da obra de Machado, verificamos um extenso trabalho sobre os romances, muito mais do que sobre os contos, ao mesmo tempo em que muitos autores enfatizam que o estilo e a mestria de Machado aparecem privilegiadamente em seu trabalho como contista.

Aproximação – o conto machadiano

Ao longo da incursão pela crítica e teoria literária nas disciplinas do Mestrado, tive a oportunidade de realizar um percurso de aproximação com o conto, de forma mais ampla. Isso me propiciou certo mapeamento do panorama, a leitura e discussão de contos da Literatura Universal, e do particular de nosso contexto brasileiro, o que muito me ajudou a poder propor o projeto atual. Dos contos de Machado de Assis, destaco dois dos primeiros sobre os quais trabalhei mais detidamente e que muito me impactaram: "Missa do galo" e "O enfermeiro".

---

[5] FISCHER, Luís Augusto et al. "Contos de Machado: da Ética à Estética" In: SECCHIN, Antônio Carlos et al. *Machado de Assis, uma revisão.* Rio de Janeiro: Fólio, 1998. p.160-1.

"Missa do galo", publicado em *Páginas recolhidas* (1899), veio ao encontro do trabalho que realizava a partir de *Dom Casmurro*, pois encontrava alguma aproximação entre os dois textos. Neles encontramos a narrativa ficcional de memórias (guardadas as diferenças conto/romance), a condução da trama por um narrador em primeira pessoa que orienta a perspectiva do leitor; o encontro entre um homem e uma mulher como centro de um enigma, de subversão. "Nunca pude entender a conversação que tive com uma senhora, há muitos anos, contava eu dezessete, ela trinta"[6]. São essas as primeiras palavras que anunciam o encontro entre Nogueira e Conceição. A narrativa trata do tempo que antecede à missa do galo, numa noite de Natal, algumas horas que os dois compartilham enquanto o rapaz espera o momento de sair para a missa.

O que se passou, nem o narrador pode buscar como lembrança bem estabelecida: ficaram as nuances e os fragmentos que articulam memória e fantasia. O que ocorre é que Conceição e Nogueira ficam envolvidos em uma cena onde os acontecimentos se sucedem pela via da fantasia e de um encantamento, tudo em uma situação brevíssima onde aparentemente, poderia se dizer também, acontece quase nada; o reverso poderia funcionar perfeitamente, o recobrimento, uma situação muito comum, as aparências salvas. Ocorre que, na narrativa, Conceição, que era uma mulher relativamente comum e sem graça, em dado momento é protagonista de uma sedução intensa, e o rapaz, apresentado na sua ingenuidade provinciana, vive sua primeira experiência de homem. A inversão dos lugares na narrativa é surpreendente, a coincidência de encontro e perda nos leva à proximidade da questão da vertigem. Nogueira não sabe bem o que aconteceu, aquela noite...

Procópio, o narrador de "O enfermeiro", ao contrário, segue o vetor na direção inversa: entende muito bem o que aconteceu, o que ao passar do tempo e das conveniências começa a ser alterado. "Crime ou luta?". O conto "O enfermeiro" faz parte da coletânea intitulada *Várias histórias*

6 ASSIS, Joaquim M. Machado de. "Missa do Galo". In: ASSIS, Joaquim M. Machado de. *Machado de Assis – Obra Completa.* Volume II. Rio de Janeiro: Nova Aguilar, 1997. p. 605.

(1897). A condição do narrador é a do moribundo, próximo ao da figura benjaminiana de *Experiência e pobreza*, do homem à beira da morte, no momento em que algo de um saber fulgura no limiar de uma passagem. Mas em Machado, logo a ironia se faz presente – "[...] peça os meus sapatos de defunto e não os dou a ninguém mais"[7]. O coronel, doente e tirânico, recebe Procópio, o novo enfermeiro (copiador de estudos de teologia cansado de sua tarefa). De início, "lua-de-mel", o coronel parece satisfeito com o novo funcionário, mas logo se evidencia para Procópio seu lugar de escravo, de objeto. O narrador mostra como o cerco vai se fechando, como com o tempo vai se acostumando a todo tipo de injúria: "era eu sozinho para um dicionário inteiro"[8]. A tensão vai aumentando, e num dos ataques do coronel Procópio não agüenta, atira-se ao homem e o esgana. Apavorado com seu ato, trata de disfarçar o assassinato, fazendo crer na morte pela doença.

O "enfermeiro" sofre terrivelmente a culpa, mas ao tomar conhecimento, com surpresa, de que é o herdeiro universal do coronel, inicia-se uma negociação interna: quem sabe aceita a herança e vai distribuindo-a aos poucos e às escondidas. Uma forma de resgatar o crime por um ato de virtude. Aí ocorre a virada inusitada.

Retornando para a vila do coronel para tomar posse da herança, Procópio vai relembrando o episódio, a noite do crime. Tem que lidar com essa aproximação (perturbadora) novamente, e, de repente, a pergunta que fixa na cabeça reorganiza os termos de forma surpreendente para nós, leitores: "Crime ou luta?" assim ele propõe a desarticulação do horror. A condição de Procópio é invertida, sem mais, de criminoso à vítima de uma contingência, de uma fatalidade. A verdade fica "perdida" em uma nova versão, e ele pode gozar da herança.

Toque de mestre da narrativa machadiana, pontos de torsão (seja no amoroso e sexual ou de ordem moral), tanto em "Missa do galo" quanto em "O enfermeiro". Voltaremos à leitura desses contos mais adiante.

---

7 ASSIS, Joaquim M. Machado de. "O enfermeiro". In: ASSIS, Joaquim M. Machado de. *Machado de Assis – Obra Completa.* Volume II. Rio de Janeiro: Nova Aguilar, 1997. p. 569.

8 Ibidem, p. 530.

Na leitura podemos dizer "de conjunto" do conto machadiano, Alfredo Bosi (2000) propõe uma distribuição de lugares: os primeiros contos, anteriores a *Papéis avulsos*, onde o narrador não atinge ainda o grau de ambigüidade e complexidade que vai assumir posteriormente. Na segunda fase, é o momento em que a narrativa vai assumir "uma perspectiva mais distanciada, e, ao mesmo tempo mais problemática, mais amante do contraste".

Um dos apontamentos que me parece valer a pena destacar no texto de Bosi é a ênfase que dá, quando trata da segunda fase dos contos, ao que chamou a "inconsistência" do sujeito. A partir da referência ao conto "O espelho" diz do "enigma do desejo que recusa mostrar-se nu ao olhar do outro"[9]. O alferes Jacobina em seu conflito, evidencia, de alguma forma, a experiência problemática que articula o desejo e a busca de algo que afinal de contas lhe dê consistência, no jogo com a imagem. "D. Benedita", "Cantiga de esponsais", "Verba testamentária" e outros contos vão produzir também situações onde essa mesma inconsistência subjetiva vai se dizer; de modos diferentes.

Nos contos em que encontramos pares, diz Bosi, joga-se freqüentemente a questão de uma dissimetria nas relações, onde o interesse individualista é bem marcado. Isso vai junto às suas considerações quanto ao contexto do Brasil da época, trazendo os termos de "modernização", "laicização", "aburguesamento dos valores"[10]. Podemos dizer que, sem dúvida, Machado escreve, em seus contos, essa passagem. Do singular ao coletivo, as torsões e as fraturas.

Na conclusão de seu texto, Alfredo Bosi ressalta:

> Nem utópica nem conformista, a razão machadiana escapa das propostas cortantes do *não* e do *sim*: alumia e sombreia a um só tempo, espelha esfumando, e arquiteta fingidas teorias que mal encobrem fraturas reais.[11]

---

9 ASSIS, Joaquim M. Machado de. *Op. cit.*, p. 101-2.

10 BOSI, Alfredo. *Machado de Assis – O Enigma do Olhar.* São Paulo: Ática, 2000. p. 110.

11 BOSI, Alfredo. *Op. cit.* p. 126.

Uma distribuição entre o ético e o estético

Luís Augusto Fischer, no comentário ao texto de Bosi, interroga o argumento naquilo em que ele pode estar sustentado no viés biográfico de Machado de Assis. Fischer toma a distribuição de lugares que Bosi apresenta como referência, incluindo na análise elementos da leitura do texto de Eugênio Gomes *A arte do conto em Machado de Assis* e produz uma outra proposta, uma hipótese no viés da estrutura. Ao invés de uma divisão dos contos em dois grupos, Fischer propõe falar de dois pólos, dois padrões que compreendem entre si um grande espectro de variações. Retoma e apresenta a divisão proposta por Bosi, situando uma primeira fase em que o esquema narrativo é tradicional com uma compreensão tênue do viés histórico contextual, e a fase posterior na qual é postulado o conto-teoria, trazendo uma expressão já mais elaborada e aprofundada das mesmas questões. Na seqüência, introduz a abordagem de Eugênio Gomes – também uma distribuição em dois grupos: o de feição psicológica (subjetivismo impressionista, nos termos de Gomes); outro, de feição moral. Fischer segue a disposição de Gomes, no traçado geral, mas propõe diagnosticar a diferença "a partir da posição e do desempenho do narrador":

> Dizendo de maneira genérica: no conto que, à falta de melhor nome, podemos chamar de psicológico (o nome é impróprio e empobrecedor) temos um narrador muito presente, que intervém constantemente na cena; e no conto moral (aceitemos também esse nome impreciso, que por outra parte poderia ser substituído quase imediatamente pelo "conto-teoria" de Bosi), ao contrário, temos um narrador quase ausente, mudo, que monta o cenário e faz transcorrer ações sem intervenção notável, ou pelo menos sem o volume de intervenção que vemos no caso anterior.[12]

O primeiro tipo fica exemplificado com o conto "Pai contra mãe"; o segundo, com "Teoria do medalhão". Voltando à questão dos pólos,

[12] FISCHER, Luís Augusto. *Op. cit.*, p. 155.

Fischer propõe nova disposição: pólo *ético*, relativo ao conto até agora chamado de conto moral ou conto-teoria, e pólo *estético*, referido ao padrão até então denominado psicológico. Do pólo ético enuncia os traços:

> [...] trata-se de um padrão de relato ficcional que (a) não apresenta narrador relevante para a consecução do efeito literário, antes funcionando como mera voz ou mero ponto de partida da enunciação, cuja função é pôr de pé o relato, sem intervenção no curso do enredo; (b) não apresenta qualquer personagem forte, tomado o termo no sentido constitutivo da narração, e ao contrário apresenta "personagens" que não passam de ventrílocos, de títeres, eventualmente de tipos ou caricaturas, que atuam ao sabor de um valor narrativo maior; e (c) apresenta-se sob a roupagem de uma forma já consagrada – fábula, parábola, diálogo, apólogo –, que é o esteio de todo o relato, o antes mencionado valor maior, do ponto de vista estrutural.[13]

Quanto ao pólo estético, aponta:

> [...] aqui, temos um padrão de relato ficcional que (a) apresenta um narrador absolutamente relevante para a consecução do efeito literário, um narrador intruso, intrusíssimo, sem o qual o mesmo conto deixa de ser como é, um narrador que chama atenção sobre elementos do enredo e sobre si mesmo, ajuizando, filosofando, comparando, enfatizando, convocando o leitor, jogando-lhe em rosto sua precariedade, etc; (b) apresenta personagens fortes, no sentido estrutural, que são outra coisa que títeres, porque tem psicologia, intensidade, força expressiva, numa palavra, vida; e (c) apresenta forma inventiva, não convencionada, não consagrada, mas pelo contrário, especulativa, que vai da descrição crua ao delírio, da seqüência de eventos no tempo à subversão da ordem temporal, num andamento que, numa palavra rápida e imprecisa (porque viciada, viciosa), poderíamos chamar vanguardista, afinado com algumas ousadias narrativas da hora.[14]

---

[13] FISCHER, Luís Augusto. *Op. cit.*, p. 159.

[14] Ibidem, 159.

A alternância, a combinatória e mesmo a diferença que a articulação entre esses dois pólos propiciam para nos encontrarmos com os contos machadianos me parecem valiosas. Talvez possamos formular que, em especial, o pólo chamado estético vai ser o de maior encontro com a via da vertigem e da torsão; nessa direção proponho o desenvolvimento do trabalho.

Ainda uma última observação preliminar, indispensável.

"Esquema de Machado de Assis" e uma hipótese

Em seu "Esquema de Machado de Assis"[15] Antônio Candido faz um percorrido onde podemos acompanhar as mudanças, ao longo do tempo, dos olhares sobre a obra de Machado, dos novos ângulos que aos poucos vão sendo possíveis de traçar. Ele parte das leituras que acentuavam os traços sobre a pessoa, o autor, para nos mostrar a trajetória do deslocamento, do lugar que a obra vai alcançando dentro e fora do país, de sua capacidade de sobreviver pelos traços e temas que vão caracterizar a ficção do século XX, "significando alguma coisa para as gerações que leram Proust e Kafka, Faulkner e Camus, Joyce e Borges"[16]. Reforça o deslocamento: "Está claro, pois, que o homem pouco interessa e a obra interessa muito"[17].

E acentua o caminho do intranqüilo em que a narrativa machadiana se movimenta, o "universo oculto que sugere os abismos prezados pela literatura do século XX"[18]. Ao Machado "filosofante e castiço" dos primeiros tempos vai opor, principalmente a partir da década de 30, com Lúcia Miguel Pereira e Augusto Meyer, o autor e os leitores que lêem os fenômenos de ambigüidade, que ganham espaço em sua ficção. Não é mais o "ironista ameno", sim "o criador de um mundo paradoxal, o experimen-

---

[15] In: SOUZA, Antônio Candido de Mello e. *Vários escritos*. São Paulo: Duas cidades, 1977. p. 15.

[16] Ibidem, p. 17.

[17] Ibidem, p. 18.

[18] Ibidem, p. 18.

tador, o desolado cronista do absurdo"[19] Machado cultiva "o elíptico, o incompleto, o fragmentário". Vários de seus contos e romances parecem abertos, permitindo duplas leituras; se ocupa, na forma mais branda, diz Candido, do problema da divisão do ser, e sob a mais radical, a dos limites entre razão e loucura.

Avança em zona que interessa de perto ao nosso foco. Ela aponta a freqüência com que aparece na obra de Machado "a relação entre fato real e o fato imaginado, que será um dos eixos do grande romance de Marcel Proust, e que ambos analisam principalmente com relação ao ciúme"[20]. A mesma relação de reversibilidade que opera os termos da razão e da loucura pode se encontrar entre fato acontecido e imaginado, entre o que ocorreu e o que se pensa que aconteceu, ficando impossível, por vezes, traçar a fronteira, conclui (além do mais, as conseqüências podem ser as mesmas, lembra a convicção de Bento Santiago como exemplar). Aqui Candido nos ajuda a pôr em pauta a questão das passagens em Machado. E segue "[...] Se a fantasia funciona como realidade, se não conseguimos agir senão mutilando nosso eu, se o que há de mais profundo em nós é no fim de contas a opinião de outros [...]"[21], como encontrar certo e errado, justiça, bem e mal? "Mola da obra de Kafka"[22], indica – que já aparecia em Dostoievski e que "percorre discretamente" a de Machado. O exemplo destacado é o do conto "Singular ocorrência". Interroga, com o ato surpreendente de Marocas:

> Por que então aquele ato inexplicável? Impossível saber. E qual o comportamento que a exprime melhor: a fidelidade ou a transgressão? Impossível determinar. Os atos e os sentimentos estão cercados por um halo de absurdo, de gratuidade, que torna difíceis não apenas as avaliações morais, mas as interpretações psicológicas. Alguns decênios mais tarde, Freud mostraria a importância fundamental do lapso e dos comportamentos considerados

[19] Ibidem, p. 21.
[20] Ibidem, p. 25.
[21] SOUZA, Antônio Candido de Mello e. *Op. cit.* p. 27.
[22] Ibidem, p. 27.

ocasionais. Eles ocorrem com freqüência na obra de Machado de Assis, revelando ao leitor atento o senso profundo das contradições da alma.[23]

Sigamos a indicação de Antônio Candido que nos leva até aí e deixa o trabalho a seguir para o "leitor atento" que tentaremos ser, integrando um elemento a mais nessa atenção: que ela possa ser ao mesmo tempo "flutuante" o suficiente, a atenção flutuante que molda a escuta clínica dos processos inconscientes, também trato com as passagens e com outras ficções, com o interno/externo que concerne a cada um, para que possamos achar o ponto em que nossa leitura possa produzir uma contribuição. Encontraremos com Marocas mais adiante, por enquanto fica o enigma em suspensão para que a hipótese fique aqui registrada:

No percurso inicial desenvolvido, por ocasião do trabalho do Mestrado, como já referi, tratei de examinar pontos de fraturas, de subversão na narrativa, no romance, tendo como eixo o viés da voz do narrador no texto ficcional de memórias de Machado de Assis. O aporte atual, que configurou o doutorado, segue como uma via de aprofundamento da questão da "fratura", em outra forma, no trabalho com o conto de Machado de Assis (talvez mesmo um laço – efeito das relações que Machado produz entre o narrador "incerto" e seu leitor...).

Minha hipótese é a de que há uma constante, uma linha de força, de tensão, nos contos machadianos, nos quais podemos situar os efeitos de "vertigem" como pontos estruturais da forma "conto" articulados especificamente em Machado com os lugares, cortes de abertura do singular para o campo do coletivo, do Outro, por duas vias: tanto no que se refere aos elementos fantasmáticos da subjetividade – recolhidos do imaginário social para dentro do campo do ficcional – como no que se refere ao caráter de passagem do contexto e quadro discursivo da época – entrada na modernidade, mudança na dimensão da experiência e do laço social.

Proponho a consideração da construção dessa "perda de chão" na narrativa, produtora do efeito de vertigem, como relacionada à estrutura, à

---

[23] Ibidem, p. 28.

forma pela qual Machado de Assis se deixar tomar na linguagem, ao estilo que ali se decanta, como a forma que encontra, em sua escrita ficcional, de dar conta das "passagens" cruciais da subjetividade – e ainda que compartilha algo desse "saber da estrutura" com o leitor (via vertigem). Passagens que têm relação, em especial, com as descontinuidades fundamentais que interrogam a cada um: o sexo e a morte. Tratam-se das mesmas questões que interrogaram Freud e que orientaram sua investigação, no campo da psicanálise. O efeito de vertigem está na articulação dessa fratura, da irrupção dessas descontinuidades e de seu trato no campo da ficção machadiana.

A questão dessas "passagens" me parece mais expressa nos contos que se aproximam do pólo estético, segundo menciono nestes pressupostos que reuni brevemente. A proposta de trabalho é a de examinar e analisar esta questão, desde os campos da literatura e da psicanálise, a partir da hipótese central, e indo adiante com o desdobramento das seguintes questões:

– o efeito de vertigem articula uma face de continuidade (fascínio) e um avesso, descontinuidade (perturbação), modo de pôr em jogo a questão das descontinuidades (que estão na própria condição subjetiva) na escrita dos contos em Machado de Assis.

– as descontinuidades remetem ao real que irrompe, via um detalhe, na subjetividade. Em Machado de Assis, o efeito de vertigem encontra essa função do detalhe nos lugares de subversão da narrativa.

– literatura e psicanálise compartilham um ponto, na radicalidade de sua relação à linguagem: os dois campos lidam com o enigma que concerne ao real (ali onde a palavra vai até seu limite, beirando o indizível).

– a introdução, com a idéia de torsão a partir do efeito de vertigem, da topologia da banda de Moebius para pensar a forma do conto machadiano. A estrutura desta figura topológica é relativa, segundo Lacan, à estrutura do funcionamento do sujeito, nos termos da psicanálise.

Examinemos, inicialmente, a formulação dada à hipótese da vertigem, mas agora a partir do conto – "habitat" onde ela se engendrou.

Este trabalho que constituiu minha tese de doutorado[24] é, importante dizer, fruto de muitas interlocuções e elaboração ao longo do tempo. Agradeço em especial a Robson por compartilhar o caminho, intensamente; a Luís Augusto Fischer que orientou a trajetória toda, ousadia das idéias, precisão e confiança; a Mário Fleig, por nossos diálogos fecundos, aos amigos da psicanálise e da literatura com quem contei, ao longo desses anos, e que me acompanharam em contextos diferenciados. Sou grata à experiência do fórum que animamos na cidade nos últimos três anos e que chamamos o ciclo "Grandes Histórias na Cultura", onde partilhamos belos e fortes diálogos que as ficções animaram; aos colegas da APPOA e da Letras da UFRGS, com os quais vivi o cotidiano da produção; à Ana Costa, Edson Sousa, Flávio Loureiro Chaves e Maria do Carmo Campos, que aceitaram compor esse outro passo – o da finalização do trabalho, e que, de formas e em momentos diferentes, me ajudaram a pensar no fio da navalha dessas passagens.

[24] Universidade Federal do Rio Grande do Sul; Pós-graduação Letras – Literatura Brasileira, conclusão em junho de 2008.

Figura 2: Rua Paissandu – Rio de Janeiro (RJ), subscrito e postado a 21 de abril de 1914.

Fonte: Fonte: VASQUEZ, Pedro Karp. *Postaes do Brasil*. São Paulo: Metavídeo SP Produçao e Comunicação LTDA.

2

UMA CHINELA TURCA

2.1 A chinela turca – narrativa, passagens e a "outra cena"

O bacharel Duarte termina de dar o laço na gravata. É noite, o ano é 1850. Passa de nove horas, ele prepara-se para ir ver no baile, "os mais finos cabelos loiros e os mais pensativos olhos azuis que esse nosso clima, avaro deles, produzira"[25].

Nesse momento é interrompido; é anunciada a chegada do Major Lopo Alves. O major era um dos maiores chatos de seu tempo, mas amigo e companheiro de exército de seu finado pai. Não tinha como não recebê-lo.

Duarte se preparava para o encontro com Cecília, namoro de recém uma semana.

> Seu coração, deixando-se prender entre duas valsas, confiou aos olhos, que eram castanhos, uma declaração em regra, que eles pontualmente transmitiram à moça, dez minutos antes da ceia, recebendo favorável resposta logo depois do chocolate. Três dias depois, estava a caminho a primeira carta, e

---

[25] ASSIS, Joaquim M. Machado de. "A chinela turca". In: ASSIS, Joaquim M. Machado de. *Machado de Assis – Obra Completa.* Volume II. Rio de Janeiro: Nova Aguilar, 1997. p. 295.

pelo jeito que levavam as coisas não era de admirar que, antes do fim do ano, estivessem ambos a caminho da igreja.[26]

Duarte enfiou um chambre, encontrou o major na sala com um rolo de papel embaixo do braço, olhos no ar, totalmente alheio à sua chegada. "– Vai sair?" Pergunta o major, "– mas ainda é cedo, não?" Nove e meia. O major brinca com o rapaz, se dá conta de que os preparativos são para o baile, mas não dá a mínima, o que quer é contar sua novidade. "Dou-lhe uma notícia que você não espera. Saiba que eu fiz... fiz um drama".

Um drama! Repete o jovem. O major explica que desde criança sofria desses achaques literários, o serviço militar não o curou. "A doença" voltou agora com força. Duarte faz os votos de sucesso e triunfo nessa estréia, quer desvencilhar-se logo, quando vê o major "trêmulo de bemaventurança" desdobrando o rolo que trazia consigo e pedindo que o jovem, inteligente e lido, opinasse sobre a qualidade de sua obra.

Isso vai depressa, disse o major, sei o que são os rapazes e os bailes. Mas o que faz é convidar o jovem para se instalarem no gabinete.

Para Duarte era indiferente o lugar do suplício, e o algoz não queria testemunhas. Consulta o relógio com melancolia, nove horas e cinqüenta minutos... Lopo Alves ao pé da mesa e Duarte afundado na poltrona de marroquim, decidido a não falar nada para ir depressa com a coisa.

O drama:

O drama era dividido em sete quadros. "Não havia nada de novo naquelas cento e oitenta páginas, a não ser a letra do autor"[27], no mais eram os lances do romantismo mais desgrenhado.

Logo no primeiro quadro uma criança seqüestrada,

> [...] um envenenamento, dois embuçados, a ponta de um punhal e quantidade de adjetivos não menos afiados que o punhal. No segundo quadro

[26] Ibidem, p. 295.

[27] ASSIS, Joaquim M. Machado de. *Op. cit.*, p. 296.

dava-se conta da morte de um dos embuçados, que devia ressuscitar no terceiro, para ser preso no quinto, e matar o tirano no sétimo.[28]

No segundo quadro, havia ainda a morte da menina, já com dezessete anos, "um monólogo que parecia durar igual prazo, e o roubo de um testamento"[29].

Onze horas quando termina o segundo quadro; Duarte, morto de cólera. Impossível ir ao baile, se o major morresse ali mesmo seria um benefício da Providência. Quando os "olhos carnais" do jovem viam a grenha do major, brilhavam em seu espírito os fios de ouro dos cabelos de Cecília, seus olhos, ouvia mentalmente a música, os passos no salão... O tempo voava, já dera meia noite, o baile estava perdido.

De repente, vê o major enrolando o manuscrito, cravando em si uns olhos odientos e maus e saindo arrebatadamente do gabinete. Perplexo, Duarte ouve o passo colérico do dramaturgo na calçada.

Minutos depois, o moleque vem anunciar ao bacharel nova visita; entra um policial, vem em razão da denúncia de um delito grave, o homem vai dizendo. De que se trata? Qual a sua implicação no assunto? quer saber Duarte. "– Pouca coisa: um furto. O senhor é acusado de haver subtraído uma chinela turca. Aparentemente não vale nada ou vale pouco a tal chinela, Mas há chinela e chinela. Tudo depende das circunstâncias"[30]. É sarcástico. A chinela, segundo o policial, vale muitos contos de réis, é ornada com diamantes, singularmente preciosa. A dona a comprou de um judeu, em uma viagem ao Egito.

Mas o que importa é que foi roubada e a denúncia é contra Duarte, que não teve tempo de concluir nada, já na rua estava um carro, o colocam para dentro e o carro sai em disparada. "– Ah! Ah! Disse o homem do carro. Como que então pensava que podia impunemente furtar chinelas turcas, namorar moças loiras, casar talvez com elas... e rir ainda por cima do gênero humano"[31].

---

[28] Ibidem, p. 296-7.

[29] Ibidem, p. 297.

[30] ASSIS, Joaquim M. Machado de. *Op. cit.*, p. 397-8.

[31] Ibidem, p. 298.

Torsão: neste ponto nos encontramos por primeira vez com um inusitado na narrativa que poderíamos até então ter como linear. Como é que o policial poderia saber do desejo íntimo de Duarte sobre a moça? E essa relação moça/chinela?

Aqui, algo vira na narrativa.

Os policiais, que na verdade não são da polícia, conduzem Duarte de olhos vendados ao interior de uma casa por uma infinidade de corredores e escadas. Quando pode tirar a venda, encontra-se em uma sala, bronzes, espelhos, tapetes, opulência e elegância.

"[...] a tal chinela era já agora mais que problemática [...]"[32].

Duarte parece achar, então, uma explicação nova e definitiva. "A chinela vinha a ser pura metáfora; tratava-se do coração de Cecília que ele roubara, delito de que o queria punir o já imaginado rival"[33].

Nesse momento, entra na sala um padre, atravessa a sala, sai por outra porta. Duarte, a essa altura, não entende mais nada. É levado a outra sala, onde um homem velho o espera. Ele diz que o roubo da chinela foi apenas um pretexto para o que o vai acontecer ali. A chinela não foi roubada, não tem nenhum diamante; é, porém, turca e nunca saiu das mãos de sua dona. Pede que tragam a chinela, um milagre de pequenez. Era de marroquim finíssimo, forrada de seda azul.

> Chinela de criança, não lhe parece? Disse o velho. – suponho que sim. – Pois supõe mal; é chinela de moça. – Será; nada tenho com isso. – Perdão! Tem muito, porque vai casar com a dona. – Casar! Exclamou Duarte. – Nada menos. João Rufino, vá buscar a dona da chinela.[34]

A moça era uma imagem de poeta, uma criatura divina, vestido branco, "era loira, tinha os olhos azuis como os de Cecília, extáticos, uns olhos que buscavam o céu, ou pareciam viver dele"[35].

---

32 Ibidem, p. 300.

33 Ibidem, p. 300.

34 ASSIS, Joaquim M. Machado de. *Op. cit.*, p. 301.

35 Ibidem, p. 300.

Duarte diz que não tem vontade de casar. O velho afirma que ele vai fazer três coisas: casar, escrever um testamento – já que tem uma fortunazinha de cento e cinqüenta contos – a noiva é a herdeira, e a terceira, engolir uma certa droga do Levante." Veneno! Interrompeu Duarte".

Vulgarmente é esse o nome; eu dou-lhe outro: passaporte do céu. Duarte, apavorado. Vem a noiva e o padre. "Levante-se! – Não! Não quero! Não me casarei!"

É apontada uma pistola, Duarte suava e tremia, o padre (que não era padre) se aproxima e sussurra em seu ouvido: quer fugir? Vê aquela janela? Salte por ela e corra. "Duarte não hesitou, coligiu todas as forças, deu um pulo do lugar onde estava e atirou-se a Deus misericórdia por ali abaixo"[36].

Começou uma corrida vertiginosa, saltou muros e cercas, ia esbarrando nas árvores, as forças iam acabando, cortou a mão, o chambre prendeu-se em uma cerca de espinhos, por fim – cansado, ferido e ofegante – cai nos degraus da última casa que encontra. Entra arrastando-se, cai numa cadeira, e reconhece o homem lendo o *Jornal do Comércio*. Era o major Lopo Alves. "O major, empunhando a folha, cujas dimensões iam-se tornando extremamente exíguas, exclamou repentinamente:
– Anjo do céu, estás vingado! Fim do último quadro"[37].

Duarte olha a mesa, as paredes, esfrega os olhos; o major lhe pergunta a opinião, Duarte responde: – Excelente! O major observa "– Paixões fortes, não? – Fortíssimas. Que horas são? – Deram duas agora mesmo"[38].

O major vai embora; passado um tempo, Duarte pensa consigo:

> Ninfa, doce amiga, fantasia inquieta e fértil, tu me salvaste de uma ruim peça com um sonho original, substituíste-me o tédio por um pesadelo: foi um bom negócio. [...] provaste-me ainda uma vez que o melhor drama está no espectador e não no palco.[39]

---

[36] Ibidem, p. 302.
[37] Ibidem, p. 303.
[38] Ibidem, p. 303.
[39] ASSIS, Joaquim M. Machado de. Op. cit., p. 303.

2.2 Na experiência da leitura

O conto é "A chinela turca", de Machado de Assis. A escolha de percorrê-lo um tanto no detalhe é a tentativa de estabelecer um tecido que permita situar algo dos efeitos produzidos a partir de sua leitura e que me parecem pontos valiosos na prática da letra, seja considerando a literatura em sua produção ficcional, seja ressaltando o ficcional que é fundamental no que concerne à prática analítica, guardadas as diferenças, respeitando as mediações necessárias para que este diálogo possa se dar de forma consistente e conseqüente.

Destaquei este conto do conjunto da obra por uma razão particular: "A chinela turca" faz parte da coletânea intitulada *Papéis avulsos* (1882), que, como já mencionamos, não raro é situada como reunindo os textos que inauguram o movimento de virada no estilo machadiano (junto com *Memórias póstumas de Brás Cubas*, no gênero do romance). Trata-se do momento da inovação e de certa forma de estabelecimento do que vai ficar registrado como seu estilo (um estilo em exercício). Tomemos o conto como um pequeno fragmento dessa reviravolta para situarmos nosso campo de debate e investigação.

Quando li "A chinela turca" achei-o surpreendente. Pelo efeito, pelo equívoco. O que é mesmo que aconteceu? Não se sai da leitura com muita certeza, é como um passo em falso do qual nos damos conta em pleno acontecimento. Tratava-se de um sonho "sonhado", um devaneio, uma brincadeira com os elementos do drama do major? Como remontar o roteiro? Foi preciso uma segunda vez, outra leitura. Perguntava-me por onde se produzia esse efeito de vacilação. Havia algo na estrutura da narrativa, da forma pela qual se narrava.

Essa questão tem me ocupado no que diz respeito à escrita de Machado de Assis, novamente lembrando o trabalho que desenvolvi anteriormente articulado sobre a perspectiva do narrador machadiano no romance *D. Casmurro*.

"A chinela turca" tem um narrador em outra posição, sua voz coloca-se em terceira pessoa, mas opera em deslocamento, não fixado na descrição dos fatos. Há momentos em que ele interpela, "mostrando" direto para o leitor: "Vede o bacharel Duarte"... "Notai que é de noite"... Às vezes conduz a narrativa, em outras narra muito perto, lugar confundido fugazmente com o do personagem, onde ficam os dois quase que condensados, incluídos na cena. O narrador introduz a tensão, trabalhada ao longo de todo o conto, pelo fio do tempo que ele desvela, recolocando a pressa, a urgência de Duarte e o enlevo narcísico do major.

O início é "Passa de nove horas [...]"; depois o major perguntando "vai sair"? Ainda é cedo... nove e meia...; às 21:55 é a melancolia, às 23 é a cólera, às 24 o baile está perdido; no final, duas horas da manhã, algo se pacifica com a saída que Duarte encontra para sua experiência: o melhor drama está no espectador, e não no palco. Na leitura, um dos efeitos é que nós somos tensionados pela perda que esse tempo vai anunciando.

Essa ênfase sobre o tempo é acentuada no conto. A marcação do tempo é um dos elementos que Ian Watt[40] aponta como indicador da mudança na narrativa como expressão da modernidade e do individualismo: a escrita realista, a escala do tempo, a vinculação dos personagens na dimensão temporal, circunstâncias e pessoas específicas, tempo e espaço condensados e uma impressão de absoluta veracidade. Talvez mesmo o sonho de Duarte no conto esteja, em parte, como certo "subjetivismo realista".

Mas há outro trato do tempo, em "A chinela turca", que não é da mesma ordem. É o que, a meu ver, vai trabalhar do lado do nervo, do nó do conto: a rapidez com que tudo evoluiu entre Duarte e Cecília, o desejo correspondido, mas ao mesmo tempo o que isso convoca de perturbador. Isso não aparece diretamente na história, mas certamente articula um avesso crucial para a trama, que não é nem um pouco evidente: precisa ser lido.

A rapidez de início: entre duas valsas, onde o coração é capturado, a declaração de amor dez minutos antes da ceia, resposta favorável depois do chocolate (o tempo por contigüidade, como com as valsas), três dias para a primeira carta; indo assim, possível casamento antes do fim do ano. Tudo o que Duarte poderia desejar em matéria de acesso aos finos cabelos loiros e olhos azuis.

---

40 WATT, Ian. *A ascensão do romance*. São Paulo: Cia das Letras, 1996.

Mas o que Machado de Assis desdobra no tecido do conto é o de que essa voracidade no "ir pegar" o objeto, no ter o acesso, no confronto com a própria perspectiva de se ver diretamente com o objeto na mão[41], se podemos dizer assim, pode ser também muito perturbadora. É o desejo e, ao mesmo tempo, o desamparo.

Como isso se apresenta no conto? – De forma paradoxal: no sonho, o casamento (que no início do conto é o auge da realização do encontro) aparece agora associado a um imperativo do Outro; a noiva-divina, Cecília, que segue sendo maravilhosa, é ligada ao desaparecimento dele próprio. Ela será a sua herdeira, ela o substitui; ele fica condenado ao veneno e à morte.

Não dá para deixar de colher essa relação, esse paradoxo da subjetividade que o conto traz: o de que esse rápido acesso tão desejado pode ser vivido como fatal.

2.3 "Passaporte do céu"

Genial no conto é que Machado inventa aí a expressão justa da equivocidade, o nome do veneno: **passaporte do céu.** Para o bem ou para o mal, o passaporte para o paraíso de gozo imaginado no encontro com Cecília e, ao mesmo tempo, o documento para poder "passar dessa para a melhor", como se ironiza a morte. Aí encontramos algo da disponibilidade que opera em um escritor para com os significantes que lhe vêm do campo do Outro. Da escrita que se produziu é quase como se pudéssemos dizer que Machado de Assis "sabe" muito bem que, em se tratando de alcançar o objeto do desejo, há uma beira, uma borda de vazio que implica um desamparo. Saber da "outra cena". Não explícito; sutil. Não descrito no conteúdo, mas tramado com a forma, o estilo, o trato com a linguagem.

Assinalei, inicialmente, um momento da narrativa sob a designação de torsão: onde a polícia fala como se no lugar de Duarte. Se reunirmos

41 Vide texto Parêntesis, de R. Chemama a partir do conto "Uns braços", de Machado de Assis. In: CHEMAMA, R. In: La clinique du spéculaire dans l'oeuvre de Machado de Assis. Paris: Cahiers de l'Association Lacanienne Internationale, 2003.

em uma linha hipotética este lugar da narrativa – que chamamos provisoriamente de torsão; o ponto que situa o passaporte do céu (que assinala verso e reverso, gozo e horror); e ainda o momento final onde Duarte, exausto pela fuga, descansa, nesse momento caindo-acordando do sonho, podemos esboçar uma hipótese: a de que Machado representou essa relação entre desejo e desamparo através da construção, na narrativa, de efeitos de queda. Como o passo em falso, a irrupção de um outro elemento no terreno que se possa ter como linear e estável.

Ainda no jogo da vacilação de sentido, não podemos deixar de considerar a constelação que envolve o termo da "chinela turca". Quando Cecília é apresentada a nós, leitores, ela já se faz acompanhar de traços que, no texto, são referidos como certa raridade: cabelos loiros e olhos azuis. A chinela turca porta também um elemento de estrangeiro, de Outro sexo, de feminino. Joga com a condensação, com os olhos azuis, com o forro de seda azul, com os cabelos de fios que brilham e o ornamento de diamantes da chinela. Há um tanto de erotismo – misturado com o exotismo; o fascínio que o orientalismo exerce, principalmente dentro da perspectiva do romantismo.

Esse é outro dos movimentos que me parece fino e preciso na narrativa, em se tratando de uma "virada": todos os temas e desenvolvimentos do que poderíamos chamar a trama, o enredo, são exemplares do drama romântico na sua derivação, todas as histórias de embuçados, punhais, raptos, corredores e galerias, olhos vendados, damas divinas e, principalmente, de testamentos e de heranças. O ultra-romantismo ou romantismo desgrenhado, como Machado de Assis ironiza. Nessas novelas, não raro alguém vem de condição humilde e tem seu destino mudado pelo recebimento de uma herança, ou de uma carta, de uma revelação. É clássico.

Machado trabalha com esses índices em todo o conto, esta poderia ser uma novela dessa vertente do romântico (importante diferenciar da base do Romantismo, como comentaremos em seguida), mas não é assim que resulta. A estrutura da narrativa produz outro caminho, a forma pela qual o sonho é introduzido – os restos da narrativa do major compondo o movimento do sonho. Tudo isso, associado à tensão entre urgência e impossibilidade, leva-nos a um movimento do narrador que lembra em alguns momentos os filmes de Wim Wenders ou de Woody Allen, onde a câmera parece estar nos ombros do cineasta, virando rápido, sacudindo dentro de um táxi que cruza a cidade; muito perto do lugar do protagonista.

Há outras viradas mais: Duarte é acusado de ladrão, mas ele é também o que se deixa roubar na trama, roubado do acesso ao baile; empurrado ao lugar de espectador do drama. "O melhor drama está no espectador", ele conclui por ter tido um sonho original no lugar do drama chato, mas "o melhor" que ele situa não deixa de ser no ponto de passagem em que o espectador passa ao palco; protagoniza o sonho, podemos dizer.

Assim, a saída, a resolução que dispensa um possível romantismo "capa e espada" na chinela turca é determinada pelo jogo posicional, pelo trato com a linguagem, situa o ponto de virada da escrita de Machado de Assis. Não se reduz ao drama, à novela. Ao contrário, talvez o que se reduz seja mesmo a novela.

O humor, a ironia ao modo machadiano é irresistível: o major nervoso para saber se faz alta dramaturgia, arte sublime, mas a sua suposta veia criadora (ao invés de uma inspiração romântica) vem é como uma espécie de reumatismo; funciona por achaques. É como um sintoma (por que não? uma forma de estar com o Outro, afinal ...).

2.4 Efeito de vertigem

John Gledson, em "Os contos de Machado de Assis: o machete e o violoncelo", artigo em que apresenta a antologia de contos de Machado, comenta em dois momentos o que ele chama curiosamente de impressão de *vertigem,* efeito produzido pelo conto sobre o leitor:

> Nas *Memórias póstumas,* como bem nos mostra Roberto Schwarz, a ironia está concentrada na figura do narrador, embora também nos capítulos iniciais do romance Machado procure semear confusão na cabeça do leitor, de várias maneiras. Nesses contos as soluções são tanto ou mais engenhosas; todas as suas circunstâncias estão envolvidas em ironias, que simplesmente abrem espaço para outras ironias. Isso explica a sensação de quase vertigem

que às vezes essas histórias proporcionam.[42]

> O maior exemplo da extraordinária força adquirida em *Papéis avulsos* é o conto inicial, "O alienista". Continua sendo um dos trabalhos mais fascinantes de Machado, que nele combinam toda a sensação de vertigem de histórias como "O espelho" com uma variedade maior de assuntos, permitida por sua extensão.[43]

No primeiro destaque, a vertigem fica por conta da ironia, mas talvez esse efeito possa desdobrar-se ainda além. E é em torno desse recorte e do que ele pode nos fazer pensar no campo do sujeito, articulação da psicanálise com o ficcional, que proponho meu trabalho: partir em Machado de algo que poderíamos chamar não apenas de uma impressão, mas sim de um *efeito de vertigem.*

O efeito de vertigem parece-me poder ser situado próximo a esses movimentos na narrativa que entendemos ser como de certa torsão, como indicado em "A chinela turca". Pontos de passagens; talvez por isso representado pela construção do passo em falso. Voltaremos a este ponto mais adiante.

Vale aqui a hipótese de que se Machado estivesse perto do veio do Romantismo, talvez pudéssemos acentuar o que deste movimento está mais perto de sua base, da raiz mesma, ou seja, o ponto de referência do Romantismo que põe em questão as rupturas, e, neste ponto, algo da vertigem. O programa romântico rompe com a estética do Clássico, justamente pela introdução dos elementos de *nonsense,* do sonho, da vertigem. Temos a mestria de Nerval em *Silvia,* também em *Aurélia,* onde sua obra transita justamente entre sonho e realidade, circulando entre as fronteiras, jogo também com a mulher e a morte.

Nerval narra um sonho, em *Aurélia:* "Trois femmes.... [...] Les contours de leurs figures variaient comme la flame d'une lampe , et à tout

---

42 GLEDSON, John. *Por um novo Machado de Assis: ensaios.* São Paulo: Companhia das Letras, 2006, p. 46.

43 Ibidem, p. 49-50.

moment quelque chose de l'une passait dans l'autre; le sourire, la voix, la teinte des yeux..."[44]. Fala das condensações, o que Freud virá a destacar como processo principal na construção do sonho "les gestes familiers s'échangeaient comme si elles eussent vécu de la même vie...[...]"[45].

Os críticos acentuam o estilo de Nerval "par la richesse de son oeuvre qui, malgré une apparente limpidité, nous entraine jusqu'au vertige audelà de la realité, dans les régions dangereuses du songe et de l'invisible, par son influence sur toute la littérature moderne [...]"[46].

Importa, nesta direção, fazer a diferença do romantismo desgrenhado, do major, desta outra via, de base e que vem como movimento profundamente transformador na cultura e em todas as artes, pós-Luzes, caminho relativo ao que virá a constituir o individualismo na modernidade – onde podemos reencontrar Machado, de certa maneira, uma vez que não se alinhou nem ao lado dos nacionalistas, nem dos naturalistas.

Segundo o psicanalista Roland Chemama, a obra de Machado de Assis configura uma "lição de estilo, um estilo na abordagem do objeto"[47]. O objeto, em psicanálise, é sempre uma referência ao objeto perdido na própria constituição do sujeito, a impossível completude, uma referência ao objeto enquanto causa de desejo. Para Chemama, Machado "sabe muito bem que não podemos ir diretamente até o objeto que nos fascina"[48] – diz isso a propósito de considerações a partir do conto *Uns braços* e *O espelho* – mas justamente, traz em sua escrita a mestria da tentativa de agarrar nos braços o objeto de desejo; a tentativa de se fundir com ele, ao mesmo tem-

[44] NERVAL, Gerard. In: BONNEFOY, Claude. *La poésie française, des origines à nos jours. Anthologie.* Paris: Editions du Seuil, 1975. p. 249.
"Os contornos de seus rostos variavam como a chama de uma lamparina e, em todo momento, algo de uma passava para a outra; o sorriso, a voz, a cor dos olhos..." (Todas as traduções constantes neste trabalho são de responsabilidade da autora).

[45] BONNEFOY, Claude. *Op. cit.*, p. 245.
"trocavam os gestos familiares como se elas tivessem vivido a mesma vida... [...]".

[46] NERVAL, Gérard. In: BONNEFOY, Claude. *Op. cit.*, p. 249.
"pela riqueza de sua obra que, apesar de uma aparente limpidez, leva-nos até à vertigem além da realidade, nas regiões perigosas do sonho e do invisível, por sua influência sobre toda a literatura moderna [...]".

[47] CHEMAMA, Roland. *Op. cit.*, p. 57.

[48] Ibidem, p. 56.

po, o vazio que ali se vislumbra, "a beira do precipício". Mostra-nos como estamos presos a essa via do especular e do narcisismo, mas também "como a linguagem nos permite tomar certa distância"[49], escrevendo, com humor, o que é possível fazer a partir mesmo da falta. A vertigem evoca justamente essa experiência de perda do chão, momento crucial do jogo, e mais: constitui uma forma de Machado compartilhar com o leitor de algo do modo em que ele bordeia o vazio. Voltaremos a esse ponto mais adiante.

2.5 Experiência e modernidade

Seguindo em outra direção, o efeito de vertigem pode ser relacionado também com o contexto da produção da obra de Machado de Assis; ele escreve neste período da metade do séc. XIX e início do séc. XX, no Brasil, que passa por mudanças importantes, da Monarquia à República, tempo que compreende a abolição da escravatura, no contexto social e cultural que envolve a passagem que inscreve a modernidade. Para situar brevemente a que nos referimos, tomemos provisoriamente modernidade como esse período quando se pode acentuar dois pontos: a emergência de uma cultura do individualismo, tal como a desenvolve o antropólogo francês Louis Dumont em seu *Essais sur l'individualisme* – o valor na troca social tem seu centro deslocado da comunidade e da tradição para o indivíduo; a exigência de originalidade (quase um imperativo, já que agora o valor individual é o novo parâmetro) e de autonomia (não se quer dever mais nada às tradições, elas devem ser recobertas, recalcadas, é o embrião do self-made man).

O outro ponto a destacar é o de que a cultura da modernidade se marca por acentuar o lugar da metrópole. Trata-se do indivíduo no meio urbano, palco da ação social, das modificações do mundo com o capitalismo, da cultura e das artes. Paris é a cidade emblemática a esse respeito, e o grande "leitor" de sua transformação, Baudelaire. A reforma urbanista

---

[49] Ibidem, p. 56.

que Haussmann realiza na capital francesa, na metade do séc. XIX, será inspiradora da reforma que o prefeito Pereira Passos orientará na cidade do Rio de Janeiro, algumas décadas depois (1902-1904). A cidade já vinha desde 1870, mais efetivamente, passando pela transformação que a levaria de cidade colonial à renovação que pudesse inscrevê-la como cidade moderna. Limpeza pública, iluminação, desarticulação dos cortiços, etc. Abertura das grandes avenidas, avanço na estética da metrópole européia (mas com as condições de sustentação latino-americanas). Por aí andava o Rio de Machado de Assis.

Sobre esse momento de passagem, em que algo de "queda" de valores se faz presente, Walter Benjamin traz uma contribuição importante quando aponta a mudança na estrutura da experiência na entrada da modernidade. Ele observa a mudança que vai marcar o isolamento do homem no que se configura como a vivência do isolamento do habitante da cidade, do urbano produzindo um novo tipo de laço social, no preço a pagar para a aquisição do moderno, na desintegração da "aura" na vivência do choque. Para Benjamin, a questão do homem no grande centro urbano é o tema que se impõe com considerável força aos literatos do século XIX. Em *Sobre alguns temas em Baudelaire*, observa que o poeta é, também ele, "um homem expoliado em sua experiência – um homem moderno"[50]. Traz uma passagem curiosa e divertida da obra de Baudelaire[51], intitulada "Perda da Auréola":

> – Ora, ora, meu caro! O senhor! Aqui! Em um local mal-afamado – um homem que sorve essências, que se alimenta de ambrosia! De causar assombro, em verdade. – Meu caro, sabe do medo que me causam cavalos e veículos. Há pouco estava eu atravessando o bulevar com grande pressa, e eis que, ao saltar sobre a lama, em meio a este caos em movimento, onde a morte chega

[50] BENJAMIN, Walter. "Sobre alguns temas em Baudelaire". In: *Obras Escolhidas.* vol. III. São Paulo: Brasiliense, 1994. p. 130.

[51] Utilizamos a tradução da "Perda da auréola" que está citada no texto de Walter Bejamin em português. No francês, encontramos este trecho em BAUDELAIRE, Charles. *Oeuvres complètes.* Paris: Éditions Robert Laffont, 1980, p. 205-6.

> a galope de todos os lados ao mesmo tempo, minha auréola, em um movimento brusco, desliza de minha cabeça e cai no lodo do asfalto. Não tive coragem de apanhá-la. Julguei menos desagradável perder minhas insígnias do que me deixar quebrar os ossos. E agora, então, disse a mim mesmo, o infortúnio sempre serve para alguma coisa. Posso agora passear incógnito, cometer baixezas e entregar-me às infâmias como um simples mortal. – O senhor deveria ao menos mandar registrar a perda desta auréola e pedir ao comissário que a recupere. Por Deus! Não! Sinto-me bem aqui. Apenas o senhor me reconheceu. [...][52]

A questão que Benjamin coloca através do texto de Baudelaire é a seguinte: como a poesia lírica pode ter o seu fundamento em uma experiência com relação à qual o choque se tornou a referência? A experiência, para ele, é do campo da tradição, tanto no singular quanto no coletivo (e inclui a questão da narração). A imprensa, a velocidade da informação, a mudança que tudo isto produz faz contraste com o que para Benjamin se configura como um saber artesanal[53].

O declínio da experiência, a perda, se articula com a "queda" da auréola, e não se refere somente ao poeta lírico; também às alterações que terão efeito no âmbito do narrador e do ato de narrar. Mas como nos encontrarmos com essas passagens sem ficarmos tomados em uma perspectiva nostálgica?

Walter Benjamin oferece, a meu ver, um rumo em sua própria obra, se pensarmos a partir da mudança, do corte que se opera em seu escrito ao tomarmos a narrativa *Crônica Berlinense* em relação ao texto que lhe é posterior, *Infância em Berlim*. *Crônica Berlinense* é produzido como uma narrativa de memórias enquanto *Infância em Berlim* retoma os mesmos elementos, agora em fragmentos, organizados de forma totalmente diferente. Segundo Jeanne-Marie Gagnebin, Benjamin vai ocupar-se do trabalho a partir de dois termos: o da dinâmica sem fim da *Erinnerung*, o

---

[52] BENJAMIN, Walter. *Op. cit.*, p. 144.

[53] Idem. "O narrador. Considerações sobre a obra de Nicolai Leskov.". In: *Obras Escolhidas*. vol. I. São Paulo: Brasiliense, 1994.

lembrar no continuum do tempo: "nunca cessa e não desemboca em nada além de seu próprio movimento"[54]; o da concentração do *Eingedenken*; a rememoração, que faz um movimento de recapitulação e corte na série deste continuum, interrupção do fluxo.

A respeito da transformação da *Crônica Berlinense* para a forma de *Infância em Berlim*, Gagnebin propõe uma hipótese:

> Benjamin desiste pouco a pouco da forma autobiográfica clássica que segue o escoamento do tempo vivido pelo autor, uma forma já bastante questionada na *Crônica Berlinense*, para concentrar-se na construção de uma série finita de imagens exemplares, mônadas (para usarmos um de seus conceitos preferidos) privilegiadas que retêm a extensão do tempo na intensidade de uma vibração, de um relâmpago, do *Kairos*. Estas miniaturas de sentido finitas porque o "eu" que nelas se diz não fala somente para se lembrar de si, mas também porque deve ceder o lugar a algo outro que não si mesmo.[55]

Podemos aqui guardar dois desses elementos. Em primeiro lugar, o da intensidade e do relâmpago, que vai se relacionar à forma do conto, desde Edgar Allan Poe (com os conceitos de brevidade, totalidade e intensidade); em segundo a noção de abertura, deste ponto que acentua uma saída do puramente individual, do "eu", para fora, constituindo um enlace com o coletivo. No caso de *Infância em Berlim*, segundo Gagnebin, encontra-se uma voz narrativa que articula a história do sujeito com a dos outros, ou mesmo com a do Outro (lugar referente ao simbólico e à cultura). A autora refere-se às observações de W. Benjamin na comparação desses elementos discretos do texto com a força dos instantâneos da fotografia, onde se está no centro das imagens, mas os "instantes de iluminação súbita"[56] são, simultaneamente, momentos do "estar-fora-de-nós".

---

54 GAGNEBIN, Jeanne-Marie. *História e narração em W. Benjamin*. Campinas: Perspectiva, 1994. p. 91.

55 GAGNEBIN, Jeanne-Marie. *Op. cit.*, p. 91.

56 Ibidem, p. 95.

2.6 O conto e a vertigem: pontos de abertura, fratura, torsão

Estas considerações podem ser relacionadas a uma observação de Julio Cortázar em *Valise de Cronópio*, quando esse relaciona o gênero conto com o trabalho dos grandes fotógrafos, como Cartier-Bresson ou Brassai, na definição de sua arte, como animando um paradoxo:

> [...] o de recortar um fragmento da realidade, fixando-lhe determinados limites, mas de tal modo que esse recorte atue como uma explosão que abra de par em par uma realidade muito mais ampla, como uma visão dinâmica que transcende espiritualmente o campo abrangido pela câmara.[57]

Cortázar afirma que – na escolha da imagem ou do acontecimento realizada pelo fotógrafo ou pelo escritor do conto, se encontra uma espécie de condição necessária.

> [...] o fotógrafo ou o contista sentem necessidade de escolher e limitar uma imagem ou um acontecimento que sejam significativos, que não só valham por si mesmos, mas também sejam capazes de atuar no espectador ou no leitor como uma espécie de *abertura*, de fermento que projete a inteligência e a sensibilidade em direção a algo que vai muito além do argumento visual ou literário contido na foto ou no conto.[58]

Tempo e espaço condensados, segue o autor, submetidos a uma alta pressão, uma espécie de tensão. Quanto mais essa tensão opera junto à significação e intensidade do conto, mais perto podemos estar da própria estrutura do conto. "Escolha" para além da própria escolha consciente do autor, como Cortázar mesmo enuncia seu processo de escrita – "independentemente de minha vontade, por cima ou por baixo de minha consciência [...]"[59].

[57] CORTÁZAR, Julio. Valise de Cronópio. São Paulo: Perspectiva, 1974. p. 151.
[58] CORTÁZAR, Julio. *Op. cit.*, p. 151.
[59] Ibidem, p. 152.

Ele se pergunta quais seriam as razões que levariam um contista a escolher, conscientemente ou não, seu tema, propondo a resposta de que o tema do qual se produzirá um bom conto é sempre "excepcional". A excepcionalidade não corresponde a algo fora do comum oculto ou misterioso, (pode ser banal e cotidiano) e sim a essa propriedade singular, "essa fabulosa abertura do pequeno para o grande [...]"[60], a abertura que supõe pontos de passagem.

O conto, então. Relacionando Benjamin e Cortázar, encontramos em ambos um destaque muito preciso, e na mesma direção, podemos dizer, tanto com o apontamento relativo à forma, à estrutura da narrativa – o instante, o corte, a fulguração – quanto aos pontos de abertura, o singular com o coletivo, o sujeito com o campo do Outro.

Parece-me que os pontos de vertigem ou torsão na chinela turca machadiana – o ponto de partida – têm relação com essa dimensão do corte, do ponto de abertura que sai do âmbito dos personagens, do conteúdo da história, abrindo espaço para isso que poderíamos chamar como os elementos fantasmáticos da subjetividade, que são recolhidos do imaginário social no campo da ficção e tomados na própria estrutura do escrito.

Em trabalho anterior, desenvolvido no âmbito do Mestrado, me ocupei de examinar pontos de fraturas, de subversão na narrativa, no romance, tendo como eixo o viés da voz do narrador no texto ficcional de memórias de Machado de Assis. Proponho a pesquisa que segue como uma via de aprofundamento da questão da "fratura", em outra forma, no trabalho com o conto de Machado de Assis.

Minha hipótese é a de que há uma constante, uma linha de força, de tensão, nos contos machadianos, nos quais podemos situar os efeitos de "vertigem", como pontos estruturais da forma "conto" articulados especificamente em Machado com os lugares, cortes de abertura do singular para o campo do coletivo, do Outro, por duas vias: tanto no que se refere aos elementos fantasmáticos da subjetividade que são recolhidos do imaginário social para dentro do campo do ficcional; como no que se refere ao

60 Ibidem, p. 155.

caráter de passagem do contexto e quadro discursivo da época – entrada na modernidade, ética do individualismo, mudança na dimensão da experiência e do laço social. A questão dessas "passagens" me parece realizada nos contos que se aproximam de um pólo estético (em contraste com um pólo ético, segundo menciono na apresentação); a proposta de trabalho é a de examinar e analisar esta questão, desde os campos da literatura e da psicanálise, até o trabalho de contextuação social necessário para seu desdobramento.

Trabalhar a partir de uma obra como a de Machado de Assis implica nos perguntarmos o que ela pode nos dizer hoje. Tomarmos uma parcialidade que nos permita fazer este transporte, também passagem. Assim, temos a responsabilidade de formular uma pergunta contemporânea que situe a obra para nosso tempo, não a considerando com a reverência que a sustentaria em um estatuto de museu, intangível.

A vertigem via "A chinela turca" confronta desejo, gozo e desamparo, tomando duas das principais questões da condição humana frente às quais Machado de Assis não recua: o lugar frente ao sexo e a interrogação pela morte.

Esta pesquisa toma a direção de pensar a efetividade do "efeito de vertigem", o trato com as torsões, para ler Machado de Assis. Efeito de vertigem como um operador de passagem. As passagens que situamos: do singular para o coletivo, do imaginário social para dentro da ficção, passagem para a modernidade, passagem do tempo de Machado para o nosso. Penso que aqui encontramos um recorte que constitui uma espécie de "dobradiça"; de articulação possível entre a obra machadiana e nosso tempo, onde seguimos tendo que dar conta das questões cruciais que envolvem a descontinuidade: a origem e a morte (descontinuidade fundamental), o sexual, o enigma da alteridade. E ainda mais: continuamos a ter que lidar com a realidade que encontramos a partir da moldura que as fantasias, nossas ficções, nos permitem.

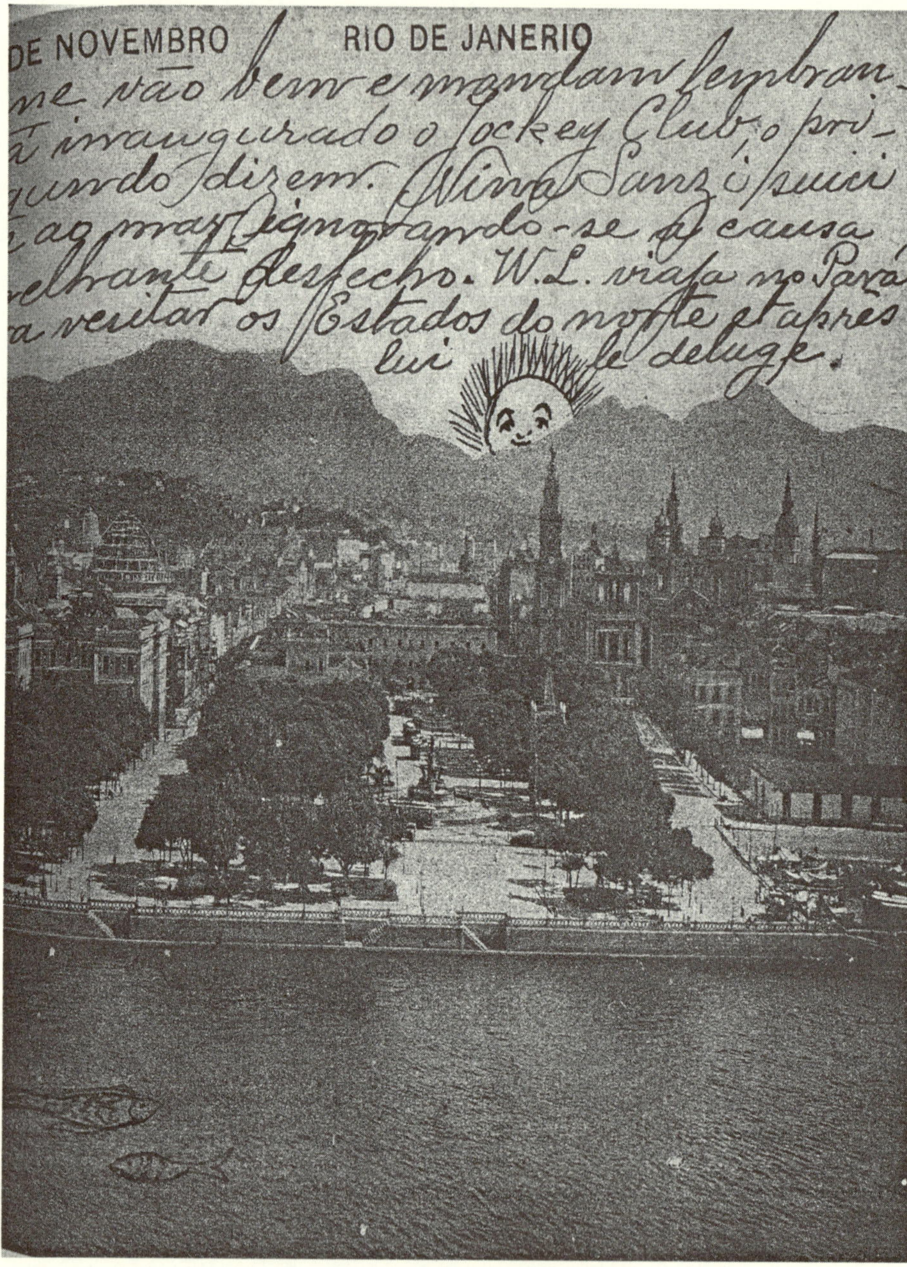

Figura 3: Praça Quinze de Novembro –
Rio de Janeiro (RJ), subscrito a 14 de julho de 1926.

Fonte: VASQUEZ, Pedro Karp. *Postaes do Brasil.* São Paulo: Metavídeo SP Produção e Comunicação LTDA.

3

EFEITO DE VERTIGEM: OPERADOR DE PASSAGEM

> – Três cousas vai o senhor fazer agora mesmo, continuou impassivelmente o velho: a primeira é casar, a segunda escrever o seu testamento, a terceira engolir certa droga do Levante...
> – Veneno! Interrompeu Duarte.
> – Vulgarmente é esse o nome; eu lhe dou outro: passaporte do céu.
> Duarte estava pálido e frio. Quis falar, não pôde; um gemido, sequer, não lhe saiu do peito. Rolaria ao chão, se não houvesse ali perto uma cadeira em que se deixou cair"[61]

Vertigem é um termo que permite várias leituras. Pode designar sensação de giro do corpo, tontura, experiência de desfalecimento, desmaio ou fraqueza; a perda de autocontrole por um momento, tentação súbita, desvario ou loucura. Diz respeito ainda, segundo Houaiss, àquela sensação de queda que podemos experimentar ao começar a dormir; a que é sentida ao olhar para baixo de uma grande altura (ou mesmo ao olhar para cima tentando ver o topo de um arranha-céu). Tem na raiz o termo *vertigo,* que reforça a indicação de deslocamento, de movimento: o movimento de rotação, giro, um redemoinho (de água), tontura, etc. A derivação do verbo

[61] ASSIS, Joaquim M. Machado de. "A chinela turca". In: ASSIS, Joaquim M. Machado de. *Op. cit.*, p. 295.

latino *vertere* vai também nessa direção, como voltar(se); desviar, mudar, traduzir.[62]

"A chinela turca" desenvolve a narrativa produzindo um giro que mobiliza, implica o leitor. Ele vem de início, quando o suposto policial interpela Duarte "com que então pensava que podia impunemente furtar chinelas turcas, namorar moças louras, casar talvez com elas... e rir ainda por cima do gênero humano"[63].

Ali o leitor é tomado de surpresa, a chinela turca é introduzida como um elemento enigmático, quase *nonsense*. O homem que vem buscar Duarte liga diretamente o roubo da chinela turca ao desejo íntimo de Duarte pela moça loira, Cecília. Efeito inusitado para o leitor, neste ponto identificado ao lugar de Duarte. De onde fala o suposto policial para dar conta desse externo-interno?

O segundo momento de "perda do chão" é este da citação que desampara totalmente a Duarte, implicado na dinâmica do "passaporte do céu". É o ponto que poderíamos propor como umbigo da narrativa (assim como Freud fala do umbigo do sonho). Ponto de amarragem, de convergência dos vários cruzamentos, o desejo de Duarte por Cecília; desejo de rápido acesso, mas também o anúncio do compromisso que o ata a algo desconhecido, o casamento anunciado, o encontro com o outro sexo; portando todo o peso de seu enigma (Cecília representada por chinela turca, finíssima e exótica), tudo isso tramado à leitura do drama do major, com seus labirintos embuçados e olhos vendados. Ponto do qual não se pode dar conta totalmente, concentrador, mas, ao mesmo tempo, lugar onde algo escapa.

O terceiro ponto que podemos aproximar ao termo da vertigem constitui o momento em que, com a fuga, Duarte entra em uma casa, exausto. Desperta e reconhece o major concluindo a leitura.

> Enfim, cansado, ferido, ofegante, caiu nos degraus de pedra de uma casa, que havia no meio do último jardim que atravessara. Olhou para trás; não

---

62 HOUAISS, Antônio. *Dicionário da língua portuguesa*. Rio de Janeiro: Objetiva. 2001, p. 2851.

63 ASSIS, Joaquim M. Machado de. *Op. cit.*, p. 298.

> viu ninguém: o perseguidor não o acompanhara até ali. Podia vir, entretanto; Duarte ergueu-se a custo, subiu os quatro degraus que lhe faltavam, e entrou em casa, cuja porta, aberta, dava para uma sala pequena e baixa. Um homem que ali estava lendo um número do *Jornal do Comércio* pareceu não o ter visto entrar. Duarte caiu numa cadeira. Fitou os olhos no homem. Era o Major Lopo Alves. O major, empunhando a folha, cujas dimensões iam-se tornando extremamente exíguas, exclamou repentinamente: – Anjo do céu, estás vingado! Fim do último quadro.
>
> Duarte olhou para ele, para a mesa, para as paredes, esfregou os olhos, respirou à larga.[64]

Apenas neste momento da leitura nos encontramos com o fato de que a aventura de Duarte em torno da chinela turca, desde sua captura pelo roubo até o retorno para casa, havia sido um sonho. É certo que, já no desenrolar da trama, encontram-se alguns indicadores da pouca realidade dos acontecimentos, como o padre confessando a Duarte que não era padre, ainda indicando-lhe a janela para a fuga. Mas este tempo da narrativa, o do sonho, forma um grande parêntese, quase todo o conto está contido nele, escrito também com uma lógica discretamente diferente; não tão evidente que o leitor reconheça o onírico no registro, nem tão amarrado na forma que a vida desperta impõe. O resultado da leve ambigüidade do tempo do sonho no conto nos produz o efeito de desencontro, de inusitado, quando Duarte esfrega os olhos. Percebemos, então, que se trata de um despertar; outro giro.

Tomemos um ponto em particular, comum, um dos possíveis movimentos presentes em uma vertigem: na experiência cotidiana, se nos encontramos em um andar alto de um prédio e nos aproximamos do parapeito para avaliarmos a altura, "medirmos" a distância do ponto em que estamos até o chão, não raro sofremos esse efeito da vertigem que é o de experimentar uma atração que vem dali, do vão mesmo, como se, por um instante, pudéssemos nos abandonar à experiência de ser tragado pelo

---

[64] ASSIS, Joaquim Maria Machado de. *Op. cit.*, p. 302-3.

vazio que examinamos. Perde-se por um momento a posição de domínio que nos permite ir à borda fazer a medida controlada da profundidade. Ao contrário, temos a sensação de que podemos ser deslocados a um lugar subjugado pelo buraco, como simples objetos que, imantados, são atraídos por um pólo forte.

Esse buraco e essa atração que fazem desfalecer são lugares em que o sujeito se vê chamado por um real (aqui nos valemos dos termos da psicanálise, que posteriormente serão retomados), por algo que não tem como dar conta nem recobrir com seus recursos simbólicos ou imaginários. Encontro que aponta para uma descontinuidade radical; além disso, para um efeito de avesso, da queda de um sujeito para uma posição de objeto. Quem antes dominava pode se ver atraído para sua perda.

3.1 Vertigem: fascínio e perturbação

Roger Caillois dedicou-se à experiência de vertigem em vários pontos de sua obra no campo da antropologia; vale a pena abrir aqui um parêntese para situar sua abordagem, extremamente precisa. De acordo com Caillois, podemos situar como vertigem toda a atração cujo primeiro efeito vai surpreender e perturbar o instinto de conservação: o ser se encontra arrastado para sua perda, não tem como resistir, só pode seguir a concordância escrava do sonâmbulo, de cuja participação e a vontade e a possibilidade de escolha se ausentam. É um verdadeiro desertar de si mesmo: o espírito é suficientemente seduzido para consentir com o irremediável.

O efeito da vertigem é o "deixar-se aspirar pelo abismo", pela entrega; um abandono comandado pelo fascínio que aliena. "[...] como una limadura dócil al llamado de um extraño imán"[65].

Ali o homem adere ao lado do que causa seu temor sem nenhuma espécie de luta; o poder da vertigem é, justamente, o do consentimento. Longe de nascer do perigo, nos diz Caillois, ela o engendra, e isso a distin-

[65] CAILLOIS, Roger. Instintos y sociedad. Buenos Aires: Seix Barral, 1969. p. 51. "[...] uma limadura dócil ao chamado de um estranho ímã".

gue do medo: "El peligro no pertenece al vacío de donde basta apartar-se, ni a la serpiente para el pájaro que com um batir de alas se pondría fuera del alcance; lo que ocurre es que el hombre se inclina hacia el vacío y el pájaro no sabe desviar su mirada"[66].

Não há liberdade, nesse momento, para evitar sua perda. Caillois traz, em seu desenvolvimento sobre a vertigem, a experiência da embriaguez do jogador pelo jogo, e também o arrebatamento do apaixonado pela dita "mulher fatal". Diz, em torno dessas experiências, que a mesa de jogo é tão menos arruinadora por si mesma, como a mulher tão pouco fatal, ou como o vazio tão pouco assassino para quem não está, justamente, tomado pela atração. Este é o ponto.

O que vem de mortífero nessa atração entra em jogo: é uma sedução que

> [...] toma el ser más abajo del alma, más acá del cuerpo, por debajo mismo del sexo, para entregarlo a la vida indiferenciada de los bajos fondos, donde no existe emoción ni sensación, sino um dulce y rítmico acunamiento, el eterno chapaleteo subterrâneo que confunde ser y no ser.[67]

Uma observação importante: o autor destaca que o feitiço só opera entre elementos diferentes, "desiguais pela essência e pela medida"[68]; que, além disso, devem ser de natureza e escala tão diferentes que não permitam a medição de forças, nenhuma possibilidade de luta ou contato.

> Es preciso que el uno se halle tan totalmente desprovisto y lleno de desorden frente al outro tan enteramente devastador y estraño a su ser, que solo se

---

[66] "CAILLOIS, Roger. *Op. cit.*, p. 57.
"O perigo não pertence ao vazio de onde basta afastar-se, nem a serpente para o pássaro que com um bater de asas se poria fora de alcance; o que ocorre é que o homem se inclina em direção ao vazio e o pássaro não sabe desviar seu olhar".

[67] Ibidem, p. 56.
"[...] toma o ser mais abaixo da alma, mais aquém do corpo, por baixo mesmo do sexo, para entregá-lo à vida indiferenciada dos baixos fundos, onde não existe emoção nem sensação, senão um doce e rítmico "acunamiento", o eterno chapaleteo subterrâneo que confunde ser e não ser".

[68] Ibidem, p. 52.

> represente la inminencia de su engullimento y lo prepare em seguida. Y es para el insecto el resplandor de la llama, para el pájaro los ojos fijos de la serpiente, *y el vacío para el hombre. Pero este último, más desgraciado, posee además uma imaginación que sabe hacer surgir objetos de vértigo em que la realidad no suministra nada que deva confundirle.*[69] [grifo meu]

A leitura de Caillois nos permite ressaltar essa bela e intrincada operação de verso e reverso: o que fascina produzindo ao mesmo tempo um "efeito de homogeneidade", de continuidade, pela via do fascínio, traz no avesso a perturbação, a angústia pela proximidade do mortífero que essa entrega anima. Perigo engendrado, não da ordem da realidade sensível; sim da realidade psíquica. Como o autor observa, há no homem uma riqueza de produção desses objetos de vertigem, ou seja, desses objetos que põem em cena uma das tantas formas de lidar com aquilo que, em nossa existência, nos interroga radicalmente.

3.2 Vertigo

Impossível pensar em vertigem sem passar por esse marco em nossa cultura: o *Vertigo* de Alfred Hitchcock. Filme de 1958, até hoje as cenas que James Stewart e Kim Novak protagonizam nos impactam com a vertigem. Foi exibido no Brasil com o título "Um corpo que cai", sua trama vem do romance de Boileau – Narcejac *D'entre les morts*, escrito especialmente para Hitchcock, direitos comprado pela Paramount para a realização do filme. No diálogo com Truffaut[70] Hitchcock comenta que o mais inte-

---

69 Ibidem, p. 52.
"É preciso que um se encontre tão totalmente desprovido e cheio de desordem frente ao outro tão inteiramente devastador e estranho a seu ser, que só se represente a iminência de seu engulimento e o prepare em seguida. E é para o inseto o resplendor da chama, para o pássaro os olhos fixos da serpente, *e o vazio para o homem. Mas este último, mais desgraçado, possui, além disso, uma imaginação que sabe fazer objetos de vertigem em que a realidade não fornece nada que deva confundi-lo".*

70 TRUFFAUT, François. *Hitchcock Truffaut Entrevistas.* São Paulo: Brasiliense, 1986.

ressante para ele, no filme, eram os esforços que James Stewart fazia para recriar uma mulher a partir da imagem de uma morta. O filme tem duas partes, uma vai até a morte de Madeleine, que cai do alto do campanário; outra que inicia quando ele encontra Judy, a mulher morena, parecida com Madeleine. Htchcock salienta o fato de que o público logo recebe uma informação, fica sabendo de algo que o personagem não sabe, de que Judy é mesmo Madeleine, e o suspense vai se dar em esperarmos a reação do personagem no como e quando esta verdade vai se revelar. Hitchcock liga o suspense com a questão do sexo e da morte: a vontade que anima aquele homem de "recriar uma imagem sexual impossível; para dizer as coisas simplesmente, aquele homem quer dormir com uma morta [...]"[71].

Truffaut entra no comentário dizendo que suas cenas preferidas são aquelas em que o homem leva Judy ao costureiro para comprar-lhe um tailleur igual ao de Madeleine, cenas que mostram o cuidado na escolha dos sapatos, como um verdadeiro maníaco. Hitchcock acrescenta a observação de que esta é a situação fundamental do filme, como se o personagem procurasse o encontro no vesti-la, justamente, em vez de despi-la. Indo ao extremo, ele a faz pintar o cabelo de loiro, mas ainda não está satisfeito; falta, claro, o detalhe: que ela prenda o cabelo em um coque. Isso "quer dizer que ela está quase nua diante dele, mas ainda se recusa a tirar a calcinha"[72]. Ele implora por esse coque, ela vai ao banheiro, e essa espera é crucial: "Espera que ela volte nua desta vez, pronta para o amor"[73].

Interessante na narrativa do diretor é o que faz a nudez coincidir e se fazer representar como esse *approach* sobre o coque, cena que aparece na primeira parte do filme, quando Madeleine contempla o quadro da mulher no museu (como Dora, em Freud, contempla a madona). O coque, aí, é perfeito como imagem: é o que com o cabelo traça as bordas de um buraco, o coque desenha o buraco que causa a vertigem do personagem. E isso é o que me parece espantoso nessas imagens de *Vertigo*. A erotização, o horror do buraco, a recriação da morta, a vertigem com a qual ele tem que

---

71 Ibidem, p. 144.

72 TRUFFAUT. *Op. cit.*, p. 145.

73 Ibidem, p. 145.

lidar desde a primeira cena, onde se dá a morte do policial que vai ajudá-lo a não cair "no buraco" entre os prédios. Cai o policial, ele fica agarrado ao parapeito, nas bordas, por um fio.

A partir daí, a vertigem pontua toda a ação. Ele não consegue "salvar" Madeleine por ficar lutando com a própria vertigem na subida da escada do campanário. Hitchcock diz ter usado nas cenas de vertigem um efeito especial inusual, um travelling para trás combinado com um efeito de zoom, usando uma maquete na horizontal. Era muito caro para fazer, pediram que ele desistisse, mas ele não quis discussão, dizendo "Não há personagem nessa cena. É um ponto de vista [...]"[74]. E assim precisava ser encenado.

Podemos concordar com este incrível mestre do cinema e acrescentar: é um ponto de vista, sim, continuidade e descontinuidade, fascínio e perturbação.

A escrita ficcional de Machado de Assis, retomando aqui nosso rumo, põe em questão esta dimensão profundamente humana que é o trato que cada um precisa dar a essa dimensão do real. Trata-se do encontro com as descontinuidades fundamentais que podem irromper: imprevistas, que não cessam de interrogar na vida, em diversos momentos, sejam os mais cruciais ou os mais cotidianos.

O romance *Dom Casmurro* apresenta magistralmente essa experiência na narrativa em que Bentinho vai examinar de perto os olhos de Capitu, intrigado pelas palavras de José Dias, o agregado da família – de que Capitu tinha um olhar de cigana oblíqua e dissimulada. José Dias lança assim um toque de veneno, que perturba o rapaz. Bentinho aproxima-se da moça e quer averiguar a hipótese, entender melhor, inclusive, de que se trata naquele dizer que parece um aviso impreciso. Os olhos se encontram e, ao olhar tão de perto os olhos de Capitu, sendo olhado também por ela, sente-se invadir por uma sensação inesperada, um fluido misterioso, uma força que arrasta para dentro, está arriscado a ser tragado pelo movimento daquele olhar como se por uma onda que faz a recolha na ressaca. Náufra-

[74] Ibidem, p. 146.

go em um mar inesperado. Apavorado, tenta agarrar-se às faces, ao rosto, aos cabelos da moça para evitar o mergulho no qual seria totalmente subjugado. Ele, que se aproximou em posição de domínio – examinar, decidir sobre o oblíqua e dissimulada – sofre a reviravolta que o deixa como um puro olhar, objeto a ser submetido, tragado, desamparado.

É novamente a vertigem, por este viés, pondo em jogo a face de fascínio e, ao mesmo tempo, a de perturbação, de angústia. O efeito provocado é paradoxal: uma experiência de continuidade, essa atração irresistível no ponto em que, justamente, o que perturba é o encontro com uma descontinuidade que beira o horror. Portanto, precisa ser recoberta de alguma maneira, para que seja, de algum modo, suportável.

Cada um, na ficção com a qual trama sua vida, tem a seu cargo dar rumo, destinos possíveis a esses encontros com o real. Pela razão de que essa dimensão de real não pára de insistir, de aportar o sem-sentido das descontinuidades. Do fascínio à perturbação, daquilo que é possível de recobrimento ao encontro com isso de que não temos como dar conta totalmente, temos aí um trânsito, uma zona de passagem, o ponto de viragem.

Se tomamos o universo dos contos de Machado de Assis, não podemos deixar de destacar a presença do trabalho, em sua ficção, sobre ao menos duas vertentes de descontinuidades fundamentais em questão na subjetividade: a interrogação pela morte e o enigma produzido pelo encontro com o outro sexo. E mais: as formas do atravessamento e passagens que as veiculam.

"A chinela turca" pode ser neste ponto uma espécie de microcosmos. Duarte se vê acossado pelo desejo por Cecília; ao mesmo tempo, trama com o obstáculo ao encontro e os elementos à sua disposição, uma cena de sonho onde, de certa maneira, "sabe" que se aventurar pelo acesso ao objeto de desejo leva-o inevitavelmente a ter que dar conta do trabalho que é o de cada um, atravessar a borda do desamparo, o mesmo que Bentinho encontrou, pode-se dizer. Pelo simples fato de que o objeto amoroso, Cecília, Capitu (Conceição, de "Missa do galo", e tantas outras das mulheres do universo machadiano) animam a intrincada relação com o objeto que causa o desejo, frente ao qual cada um fica fugazmente subjugado, o "deixar-se levar ao abismo" de Caillois; um objeto entregue ao roteiro que a fantasia de cada um lhe impõe.

O que pode diferir, isso sim, é o trato subjetivo, singular, que estilo de resposta vai poder ser encontrada, singularmente. Na ficção e, sem dúvida, na vida. Passagens.

3.3 Literatura e psicanálise – o enigma que aponta ao real

Neste ponto do desenvolvimento das questões, pode valer a pena percorrermos uma rede conceitual, não tão próxima ao texto machadiano, na direção de criar as condições de sua abordagem a partir da hipótese que a obra suscitou.

Do lado da interrogação em torno da questão das descontinuidades – morte-origem, sexo – no que elas têm de fundamental para os sujeitos na vida cotidiana, outro autor nos parece importante trazer para o debate: Freud, contemporâneo de Machado, outro campo e contexto, mas cuja obra e clínica se acharam profundamente marcadas, orientadas por estas mesmas questões: pelas passagens que elas engendram e pelas conseqüências que impõem suas escolhas. Isso vai constituir o que Freud inventa como prática, o trabalho de uma análise. Nesse quadro, a questão do encontro com o real, como o situamos brevemente, está no núcleo do trabalho analítico, o que será desenvolvido posteriormente por Lacan em sua retomada da obra freudiana.

O real, a partir de Lacan, não é a realidade sensível orientada pelo simbólico e que pode ser chamada de "representação do mundo exterior". É o retorno, sim, na experiência sensível, mas como um encontro inesperado para o sujeito, o despertando de seu estado comum, cotidiano, centrado. Diz respeito àquilo que não pode ser simbolizado completamente nas palavras.

Lembremos em Freud, na *Interpretação de sonhos*, do "sonho da injeção de Irma", sonho que ficou inscrito na história da psicanálise como paradigmático do encontro com o real. Freud nos dá o relato do sonho, e a análise que realiza sobre o mesmo. A cena onírica gira em torno de uma reunião de pessoas, convidados, entre eles Irma, sua jovem paciente. Freud repreende a moça por não ter aceito ainda a solução que ele lhe apontou (a cura psicanalítica), ao que ela responde que ele não calcula as dores que sofre, na garganta, no ventre e no estômago. Assustado, Freud a leva para perto de uma janela a fim de examinar-lhe a garganta. O encontro insuportável acontece quando vê, no fundo da garganta de Irma "[...] una gran mancha blanca", "singulares escaras grisáceas"[75]. Essa visão é para ele uma imagem concentradora, sobredeterminada, onde diversas associações se mesclam: as associações com a doença de sua filha, com as teorias em torno da neurose, com a morte e a preocupação com a própria saúde; evoca ainda o ocorrido com um amigo seu que abusou da cocaína e morreu. Retornam a Freud fragmentos de sua infância: lembra da babá que parecia jovem e bela a seus olhos, mas que num dado momento ele, menino, percebe que quando ela abria a boca tentava ocultar o uso de dentadura. O buraco da garganta de Irma remete Freud a algo do enigma do feminino, desse desconhecido em sua face de imagem aterradora, onde ele não tem palavras para dar conta.

O verbete *real*, no *Dicionário Larousse de Psicanálise,* traz o aporte lacaniano a partir da visão deste fundo de garganta: "Essa forma complexa e não identificável revela um real derradeiro, diante do qual todas as palavras se estancam: "o objeto da angústia por excelência", diz Lacan [...]"[76]. O real irrompe sem ser apaziguado, como uma experiência completamente estranha ao sujeito. A angústia de Freud, o sonhante, no caso, originado pela visão desse real.

Neste sentido, encontro com interesse a contribuição do psicanalista argentino Isidoro Vegh, quando – ao trabalhar a partir da obra de Jorge Luis Borges – formula um ponto de vista na articulação entre a Psicanálise e a Literatura. Este enlaça, justamente, uma aproximação ao que esboça-

[75] FREUD, Sigmund. *Obras Completas* vol. I, La Interpretación de los sueños. p. 412. "[...] uma grande mancha branca", "singulares escaras branco acinzentadas".

[76] CHEMAMA, Roland (org.). *Dicionário de Psicanálise.* Tradução de Francisco Franke Settineri. Porto Alegre: Artes Médicas, 1995. p. 182. 1. ed. francesa. Paris: Laurosse, 1993.

mos em torno da noção de real, já que o efeito de vertigem nos aproximou dessa borda. Vegh destaca:

> Freud afirmo que el sueño era la vía regia al Inconsciente. Yo lo digo de este modo: el sueño, quando es descifrado, es una formación del Inconsciente que nos conduce por buen caminho hasta el encuentro con lo real. La Literatura y el Psicoanálisis se acercan, no sólo en su relación al lenguaje sino a lo que se encuentra en su extremo: el enigma que apunta a lo real.[77]

3.4 O real emerge para o sujeito em um detalhe – Freud e o passo da Gradiva

Temos, até aqui, uma indicação esboçada: o "efeito de vertigem" pode constituir uma espécie de operador dessa passagem, da irrupção do real na cena, poderíamos dizer. Para avançar no terreno, uma pergunta pode servir de norte: no chamado efeito de vertigem, como emerge, em paralelo ao fascínio, o elemento perturbador?

O real encontra passagem, irrompe, emerge para o sujeito em um detalhe. Descoberta freudiana, lendo na retroação, já nos primeiros escritos em que Freud se deixa trabalhar pelas palavras que lhe vêem da literatura, assim como pelas de seus analisantes. Nas férias de verão de 1906, ele escreve um dos textos que marca a incursão pelo literário que o acompanha por toda a obra: *O delírio e os sonhos na Gradiva de W. Jensen.* Trata-se de um trabalho a partir da novela de Wilhelm Jensen (1837 – 1911), escritor alemão, participante do movimento literário de seu tempo e autor de *Gradiva, uma fantasia pompeiana*, publicada em 1903.

Freud vinha do intenso trabalho realizado sobre os sonhos, poucos anos antes, com a escrita de sua *Interpretação dos sonhos.* O que diz ao

---

[77] Vegh, Isidoro. *El sujeto borgeano*. Buenos Aires: Agalma Editorial, 2005. p. 22.
"Freud afirmou que o sonho era a via régia ao Inconsciente. Eu o digo deste modo: o sonho, quando é decifrado, é uma formação do Inconsciente que nos conduz por bom caminho até o encontro com o real. A Literatura e a Psicanálise se aproximam, não só em sua relação à linguagem, senão ao que se encontra em seu extremo: o enigma que aponta ao real".

início do texto é que experimentou a curiosidade de examinar sonhos que nunca foram sonhados, mas sim inventados, ficcionais, originados do lado da operação de criação do escritor[78]. Neste movimento, aproxima-se da *Gradiva* com a intenção de investigar dois ou três sonhos da novela de Jensen com ajuda do método analítico. Este projeto se modifica no andamento; Freud passa a incursionar pelo conjunto da narrativa. Retomemos brevemente a novela de Jensen, acompanhando-a junto ao viés de leitura que o texto freudiano propõe.

Um jovem arqueólogo, Norbert Hanold, encontra – visitando uma das grandes coleções de antiguidades em um museu de Roma – um baixo-relevo que exerce sobre ele uma forte impressão. Voltando à Alemanha, Hanold faz uma cópia do material, decidido a examiná-lo e estudá-lo. A figura representada na escultura é a de uma jovem mulher caminhando; o interessante é que para Hanold essa imagem destoava, de alguma forma, do comum das figurações da época, onde freqüentemente os baixo-relevos evocavam as divindades do Olimpo. "Havia nela alguma coisa da humanidade contemporânea"[79], certa vivacidade e atualidade, como se o artista não tivesse produzido a figura de um esboço no papel, sim "um modelo de argila, na rua, passando rapidamente ao lado da própria vida"[80]. A moça, em atitude de andar, recolhe sua vestimenta, deixando aparecer os pés, calçados com sandálias. Um dos pés repousa no solo; o outro apóia somente as pontas dos dedos no chão, ficando o calcanhar e o pé quase em posição vertical.

---

78 FREUD, Sigmund. La interpretación de los sueños. (1898-9 [1900]).

79 JENSEN, Whilhelm. *Gradiva uma fantasia pompeiana.* Rio de Janeiro: Jorge Zahar Editor, 1987. p. 11.

80 Ibidem, p. 11.

Figura 4: Gradiva de Jensen

Fonte: www.commons.wikipedia.org

Essa forma do passo chama a atenção de Hanold de modo especial: ainda que pouco comum, evoca a forma leve da mulher que caminha com um passo vivo e presente. De onde ela vem? Para onde vai? Na verdade, o jovem arqueólogo não dava conta de explicar bem o que havia causado seu interesse, mas estava atraído, fascinado. Sua fantasia fica mais e mais tomada pela figura, que acaba por batizar de *Gradiva* "a que avança". Constrói, com seu saber de arqueólogo, todo um entorno para sua *Gradiva*: deduz que a moça deveria ter vivido em Pompéia, que fora filha de um nobre; ao mesmo tempo, pelas feições, deveria ser de origem grega. Perdido em suas conjecturas, formula a pergunta: será que o artista reproduziu em sua obra uma realidade viva? A forma pela qual Gradiva caminha tem correspondente na vida real?

Resolve tirar a questão a limpo, mas cada vez que ensaia – ele mesmo – o andar, algo parece exagerado; seria talvez uma diferença entre o andar masculino e o feminino? Os textos e suas coleções de arte não dão conta de suas perguntas. Com isto, ele é praticamente empurrado a um fazer totalmente oposto ao de seus hábitos.

"O sexo feminino não existia até aqui para ele, a não ser nas espécies do bronze ou do mármore; ele nunca havia dado a menor atenção a suas representantes contemporâneas"[81] [82].

Sua "missão científica" o obriga, agora, a realizar, ele mesmo, uma pesquisa científica de outra ordem, "observações junto à natureza": observar as mulheres; em especial, o modo como pisam. É nesse ponto que se produz um sonho terrível. Ele é transportado a Pompéia, justo no dia em que a erupção do Vesúvio cobre a cidade sob a lava. Vê, de repente, frente a si, a própria Gradiva. Tomado de espanto, grita, tentando preveni-la do desastre; ela se volta por um momento, mas afasta-se, vai ganhando a rigidez do mármore. Ele a perde entre as cinzas.

---

[81] JENSEN, Whilhelm. *Op. cit.*, p. 16.

[82] Freud destaca este parágrafo no texto de Jensen "En efecto, el sexo femenino no había sido para él, hasta aquel momento, más que un concepto expresado en márbol o bronce, sin que jamás hubiese concedido la menor atención a aquellas representantes del mismo que vivian e alentaban en derredor suyo" (FREUD, 1906, p. 1288).

O sonho produz forte impacto. Hanold se recupera perto à janela, ainda sob efeito dele. Mais um sobressalto: tem a impressão repentina de ver a Gradiva passar em sua rua, ali, em Munique. Sai em perseguição à desconhecida sem conseguir encontrá-la. A novela informa, em paralelo, um dado importante na composição da trama: Hanold perdeu cedo os pais, ficou precocemente isolado e independente, passou a mergulhar inteiramente nos estudos; "mármore e bronze" passaram a ser para ele os únicos objetos que poderiam dar valor à existência.

O que acontece depois desse sonho é uma súbita idéia de viajar à Itália, sem que ele entenda bem o motivo. Mas viaja, e, chegando à Itália, passa sem sossego de cidade em cidade, sem paradeiro; apenas uma particularidade se repete: fica extremamente incomodado com o encontro, por todos os lados, de casaizinhos em lua-de-mel. O que fazer? Dirige-se à Pompéia, apesar de não conseguir dar conta da razão de seus trajetos. Ainda assim, lá não encontra paz. Irrita-se, agora, com as moscas que grudam e que voam duas a duas, como os casais. Está à beira do delírio, da confusão, quando vê sair de uma casa uma mulher: sua Gradiva. É uma alucinação, Hanold está tomado pelo delírio, ou é uma mulher de carne e osso? Em um clima de irrealidade, ele lhe dirige a palavra em latim. Para sua surpresa, o "fantasma" responde, e pede que, se ele quer ser compreendido, que lhe fale em alemão. São necessários vários encontros para que Zoe, a "Gradiva" ajude a trazer Hanold de volta à realidade, operando uma espécie de "cura".

Lentamente, através dos sonhos, das conversas com a moça e até dos "experimentos" (ele bate na mão da moça para, aparentemente, espantar uma mosca, mas na verdade para decidir da materialidade de seu corpo) vai buscando confirmar o estatuto da figura. Inicialmente, o delírio o faz dialogar com um fantasma que sai da tumba todos os dias ao meio-dia, à hora consagrada aos espíritos. Este é o momento em que os dois marcam os encontros, em meio às ruínas históricas. Zoe percebe muito bem a confusão do rapaz e o conduz de volta com sensível habilidade. Sem confrontá-lo diretamente, mas incluindo-se à construção da ficção de Hanold, aceita jogar o papel de fantasma que lhe é oferecido, para que dali possa a empreender o caminho de volta. Por fim, com as pistas que a moça vai introduzindo, o jovem arqueólogo desvenda o mistério. Zoe, a "Gradiva", que lhe é especial e "contemporânea", vive perto dele, em Munique, filha do professor Bertgang, tendo sido sua amiga na infância. Hanold havia recalcado essa amizade-amor da infância, nos diz Freud, pelo viés do estudo e do interesse pela ciência. O jovem atravessa, assim, pela borda do delírio, aquilo que o transporta a um lugar de homem pelo desejo por uma mulher de carne e osso, até então impossível de reconhecer e suportar.

Freud, em seu comentário sobre a Gradiva, consegue formular algo sobre a dinâmica dos processos psíquicos que se verificará fundamental para o exercício da prática clínica: que o caminho de retorno do recalcado se vale da mesma via por onde o recalque operou. Se Norbert Hanold fosse, não um personagem de ficção, mas uma pessoa que, através da escolha pelo estudo da Arqueologia, houvesse afastado o amor e as lembranças da amizade de infância, o acordo com as leis do recalque se verificaria com acerto, ao ser justamente através de um baixo relevo antigo que o caminho da relação esquecida-recalcada se desvela e é encontrado, "sob as cinzas que a sepultaram". Freud lê a relação amorosa de infância entre Hanold e Zoe marcando o posterior enamoramento do jovem pela figura encontrada no museu. Esta Gradiva, a do museu, apresenta na novela uma particularidade, um traço que evoca Zoe, mas ele "não sabe"; o não-saber do recalque tramado ao saber inconsciente, e que dispara a história.

Um traço, *detalhe* que produz a irresistível atração, e que sacode o jovem de seu lugar habitual, produzindo total desacomodação: *a forma muito especial da posição dos pés*, maneira singular de dar o passo.

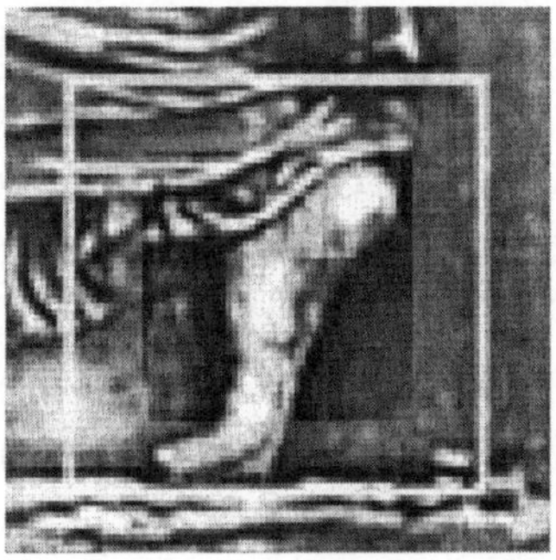

Figura 5: Detalhe da posição do pé da Gradiva

Fonte: www.commons.wikipedia.org

A partir daí ele segue, marcado pelo desejo; inicia por observar obsessivamente as mulheres, sob a proteção mais ou menos efetiva da pesquisa científica: olhar uma mulher para desvendar a hipótese sobre esse passo. Investiga o andar feminino, passando da pedra e do bronze para um andar vivo. Deslocamentos, parcialidades que o conduzem e o aproximam do exercício de seu desejo por uma mulher; terreno estrangeiro. O baixo-relevo desperta o erotismo adormecido, Freud aponta, tornando ativas as lembranças infantis; a resistência aos impulsos eróticos desencadeia o conflito psíquico, luta que aparece como um delírio, com a relação com a figura de Zoe como se fosse uma alucinação.

O psicanalista francês Paul-Laurent Assoun aborda a Gradiva de Freud nos termos de "um sonho acordado"[83]. Ele propõe a experiência criada por Jensen e tomada por Freud como delirante como um vivido psíquico "fantasmático", mas que aconteceu em pleno dia. Um sonho acordado, algo que não caracteriza propriamente um delírio, propondo a diferença: quando se fantasia, isso é mais da ordem da construção do pensamento, não se trata da visão. Ou seja, as "imagens" percebidas, as "cenas" não são alucinatórias, o que ocorre nessas cenas é algo da representação; não da alucinação. O "sonho acordado" organiza assim um intermediário entre o sonho e o delírio, põe em jogo uma espécie de vivido complexo, interessante ainda mais por sua elaboração dentro da ficção, da literatura. Assoun propõe a pergunta: se Hanold não "vê" nem alucina, como pensar esta representação que é de certa forma pensamento, mas um "pensamento em imagens"?

O esboço de resposta vem com a aproximação que Freud estabelece entre o mecanismo da criação poética, literária, e aquele que está no fundamento dos fantasmas histéricos. A histérica é, sem dúvida, uma "escritora", tem relação com a posição da criação literária, em função da produção que o sonho acordado permite, no qual ela é expert. O exemplo freudiano é o da paciente para a qual Freud chama a atenção sobre suas fantasias, em seu tratamento, e que, na seqüência, conta a ele de um dia em que se achou

[83] ASSOUN, Paul-Laurent. *Littérature et psychanalyse.* Paris: Ellipses, 1996.

repentinamente em lágrimas, na rua. Pensando no que a havia feito chorar, ela fala da fantasia que havia tecido com um pianista virtuose bastante conhecido na cidade – fantasia ter tido com ele uma relação amorosa e terna, que teria gerado um filho dele e que ele a teria abandonado na miséria. A paciente não conhecia esse pianista, nem tinha filhos, mas ali estava essa novela construída, e que a tomava de súbito. Nesse momento, as lágrimas. Assoun observa que a eclosão do romanesco vem por Freud haver chamado a atenção da paciente sobre sua atividade fantasmática, o que permite o surgimento e reconhecimento de seu sonho acordado, a relação dessas lágrimas bem reais com a "cena" que reúne real e fantasma. "[...] *la 'passante' s'abstrait – par une sorte de dissociation – de 'l'ambiance' pour dérouler, rapidement, son scénario, à la façon d'un 'film' sur sa scéne interieure*"[84].

Assim é possível jogar com o fantasma e o desejo, à condição de manter certa distância do recalcado, para não correr o risco de se ver tomado na angústia, no "abismo" do insuportável que a fantasia pode situar; Assoun segue:

> N'est ce pas précisement ce que réalise l'écrivain? Il trouverait le moyen de 'jouer' avec um certain contenu refoulé en lui fournissant une expression de substitut et de faire partager à son lecteur-destinataire.
> Or, remarque Freud, 'l'origine inconsciente' des fantasmes se trahit par un quelconque trait (Zug) frappant'.
> Déchiffrer un fantasme inconscient – en son expression littéraire, par exemple –, c'est donc en étudier l'architectonique, de façon à repérer le ou les 'traits' par lesquels se trahit la 'pensée inconsciente' de désir qu'exprime et dissimule à la fois la construction délibérée de l'oeuvre. Ce n'est pás quelqu' 'inconsciente' global de l'oeuvre, mais un 'détail' revélateur qui doit servir d'embrayeur de l'interprétation.[85] [grifo meu]

---

[84] ASSOUN, Paul-Laurent. *Op. cit.* p. 37.
"A passante' se abstrai por uma espécie de dissociação – do 'ambiente' para desenvolver, rapidamente, seu roteiro, ao modo de um 'filme' sobre sua *cena* interior"

[85] Ibidem, p. 39.
"Não é precisamente isso o que realiza o escritor? Ele encontraria o meio de 'brincar' com um certo conteúdo recalcado ao fornecer-lhe uma expressão de substituto e compartilhá-la com seu leitor-destinatário.

Interessante pensarmos a relação que Assoun propõe, aproximando o escritor e o psicanalista pelo ponto de contato situado no que é da ordem do inconsciente, do jogo com o recalcado, com as formas de negociação entre a manutenção – ou não – do recalque, em função da defesa frente ao que pode ser, para o sujeito, insuportável (o escritor jogando com o recalcado, oferecendo uma possibilidade de substituição; o psicanalista trabalhando através da rede associativa que permita ao analisante se desfazer de uma posição defensiva), ou seja, o que tem relação com o real.

Escritor e psicanalista encontram-se, assim, pela prática da letra, concernidos pelo real; neste ponto, interessa pensar a função desse "detalhe" que veicula algo de sua incidência no sujeito, pelo lado da psicanálise, assim como pensar a função do detalhe em determinado contexto da produção ficcional – pelo lado da literatura. A questão é pertinente ao nosso tema, uma vez que o efeito de vertigem, que destacamos como efeito da prática da letra em Machado de Assis, passa por esse recorte do detalhe na articulação do ficcional com o ponto em que, no texto, algo emerge de descontinuidade, do real de que o inconsciente trata de dar conta no campo da subjetividade.

3.5 Detalhe, fragmento, diferenças

O que constitui um detalhe para Freud?

O desdobramento desta questão nos leva a incursionar pelo texto da crítica literária Naomi Schor, em seu *Lectures du détail*[86], onde ela traça

---

Ora, sublinha Freud, 'a origem inconsciente' das fantasias trai a si mesma por qualquer traço marcante.

Decifrar uma fantasia inconsciente – em sua expressão literária, por exemplo – é, portanto, estudar sua arquitetônica de forma a descobrir o ou os 'traços' pelos quais se trai o 'pensamento inconsciente' de desejo que a construção deliberada da obra expressa e dissimula ao mesmo tempo. Não é qualquer 'inconsciente' global da obra, mas um 'detalhe' revelador que deve servir como desencadeador da interpretação.

[86] SCHOR, Naomi. *Lectures du détail.* Paris: Éditions Nathan, 1994. Trabalhei com a versão francesa do original *Reading in Detail.* Naomi Schor foi professora de Litera-

um cuidadoso percurso sobre os lugares e a função do detalhe na cultura através da literatura, passando pelo estudo de Hegel, Lukács, Freud e pela estética de Roland Barthes.

Em Freud, propõe uma linha de pensamento que permite a abertura de questões que me parecem valiosas, que concernem tanto à abordagem do texto literário, a partir de um lugar da crítica, quanto à clínica psicanalítica propriamente dita. Neste caso, quanto ao lugar desde onde um psicanalista escuta (onde diferentes posições podem resultar em diferentes orientações da clínica, inclusive).

Interessam mais de perto três pontos no texto de Naomi Schor, compondo o recorte que faremos: a propósito da diferença, fragmento-detalhe; a questão do detalhe e do deslocamento; e o caráter de passagem que o detalhe caracteriza no contexto do séc. XIX.

A leitura de Schor é a de que em Freud pode se ler uma sutileza, para além do senso corrente, do quadro amplo dos termos (onde detalhe e fragmento podem estar em equivalência), sutileza a partir da qual o detalhe se opõe ao fragmento. Há situações em que se podem distinguir claramente, sendo possível pensar, na relação entre os termos, que o detalhe pode sustentar certa independência com relação ao fragmento, enquanto este, como virtualidade, pode levar à proliferação de detalhes. O fragmento em Freud vai apontar a um modelo arqueológico, sustenta a autora, enquanto que o detalhe se coloca prioritariamente no aqui e agora, "*la fascination*

tura Francesa na Universidade Duke (Carolina do Norte), especialista do século XIX, crítica literária reconhecida no meio francês e americano. Escreveu várias obras sobre o realismo e o naturalismo francês. *Reading in Detail* foi traduzido para o francês por Luce Camus; quando tive acesso ao original pensei em substituir a versão francesa pela inglesa, mas, questões das traduções, o texto em francês me pareceu mais afinado em seus termos com o desenvolvimento da questão. Talvez seja um efeito de minha própria "transferência", psicanaliticamente falando, com o francês de Lacan e de Barthes para animar esse debate, ou mesmo o fato de que trabalhei todo o texto, seus desdobramentos e inserção no desenvolvimento das idéias da tese com ele em francês, e quando me deparei com sua escrita em inglês ele me pareceu um pouco deslocado da força que causava sua leitura anterior. Por isso decidi manter o francês como a leitura principal, pois foi em sua leitura que as idéias se organizaram, mas a diferença com a tradução e seus efeitos não deixou de me causar certa surpresa.

exercée par l'infiniment petit ayant partie liée avec toute une psychopathologie de la vie quotidienne"[87].

Schor assinala o detalhe, com seu estatuto ao mesmo tempo privilegiado e problemático, ligado ao próprio nascimento da psicanálise com a regra da associação livre, onde cada um é convidado ao espaço de fala dizendo aquilo que surge, mesmo que não pareça importante; o que põe em circulação pequenos fatos e acontecimentos da vida cotidiana. No clássico caso clínico freudiano, conhecido como *Homem dos ratos*, aparece diretamente essa relação ligada à própria resistência junto à chamada à fala: o analisante, ao ser convocado a revelar seu grande pavor, a cena que é evocada constantemente em sua fantasia, levanta-se repentinamente do divã e pede a Freud de lhe dispensar da descrição dos detalhes (*die Schilderung der Details*).

Na decifração dos sintomas, desde os primeiros relatos clínicos, cada um dos gestos aparentemente absurdos e sem sentido, por exemplo, os rituais obsessivos, passam a ser interrogados justamente retomando esta dimensão do pequeno traço. Em *Lições Introdutórias à psicanálise*[88] – lição XVII – *O sentido do sintoma*, temos esse desenvolvimento, onde Freud examina o relato de uma jovem que realiza todo um cerimonial antes de dormir: deve levar qualquer relógio que se encontre na peça para fora do quarto, inclusive o relógio de parede, os jarros de flores também não podem permanecer à vista, o travesseiro grande não pode tocar a cabeceira da cama, a porta do quarto deve ficar entreaberta, o edredon precisa ser sacudido antes de dormir. Nas associações posteriores, na situação analítica, vão-se desdobrando as relações – o relógio aludindo à regulagem da menstruação, o tic-tac associado à exci-

---

[87] SCHOR, Naomi. *Op. cit.*, p.105. "a fascinação exercida pelo infinitamente pequeno estando ligada a uma psicopatologia da vida cotidiana".
"Acompanhemos o mesmo parágrafo nas duas línguas: No texto em francês: "*Autrement dit, implicitement ou explicitement, le fragment renvoie toujours chez Freud à un modèle archéologique, alors que le détail s'installe d'emblée dans le hic et nunc". No texto em inglês: "In other words, whether implicity or explicity, in Freud the fragments always refers to an archaeological model, while the detail is directly linked to the psychopathology of everyday life*". *Reading in detail*, p. 77.

[88] In: FREUD, Sigmund. *El sentido de los síntomas (Lecciones introductorias al psicoanalisis.* N. XVII; 1916-7 [1917]).

tação, o travesseiro como feminino, a madeira da cama ligada ao masculino, e assim por diante, compondo a riqueza da construção teórico-clínica entre sintoma, detalhe, associação, inconsciente.

São inúmeros os pontos na obra freudiana onde podemos acompanhar o percurso do detalhe. No texto *Moisés de Michelangelo*, Freud retoma algo de um detalhe da escultura, a forma pela qual Moisés segura as tábuas da lei, o gesto da mão sob a barba, e é desde ali que tece toda sua interpretação, retomada no texto do historiador Carlo Ginsburg[89] como paradigmática da abordagem freudiana, no ponto em que Freud lembra a polêmica em torno das cópias e dos originais na pintura, quando Morelli, o crítico de arte italiano, desvenda a autoria de uma obra pela observação do traço nos detalhes das unhas, das pontas dos dedos, dos lóbulos das orelhas nas telas, indicando no reconhecimento dos detalhes "sem importância" a assinatura, o estilo do pintor. O detalhe como indicador desse estilo, muito mais do que a visão de conjunto.

Voltando ao texto de Schor, o segundo ponto: a autora marca a interrogação de Freud sobre o conteúdo manifesto dos sonhos, no que eles trazem de acontecimentos secundários da vida, incidentes sem valor, relativos a restos diurnos, pondo em questão o processo psíquico onde um incidente insignificante vem substituir fatos psiquicamente significativos. O que ali se destaca é uma operação de deslocamento do "acento psíquico" no trajeto da associação. A carga psíquica passa de representações, inicialmente fortemente investidas para outras, onde a tensão seria fraca. O deslocamento seria um recurso operado pelo inconsciente para despistar a censura; o detalhe investido, uma espécie de banalização que permitiria a emergência do recalcado. "*Ici nous touchons du doigt la grande innovation de Freud dans le domaine qui nous intéresse: le detail doit son status privilegié, dans les états morbides aussi bien que normaux, au processus primaire du déplacement*"[90].

---

[89] GINSBURG, Carlo. *Mitos, emblemas e sinais: morfologia e história.* Tradução de Frederico Carotti. Rio de Janeiro: Cia das Letras, 1999.

[90] SCHOR, Naomi. *Op. cit.*, p. 110.
"Aqui, tocamos com o dedo a grande inovação de Freud no campo que nos interessa: o detalhe deve seu status privilegiado, nos estados mórbidos tanto quanto normais, ao processo primário do deslocamento".

A mesma operação de deslocamento se verifica quando Freud trabalha sobre as chamadas lembranças encobridoras – a memória trazendo nitidamente o fato desprovido de maior interesse, ao lado do recalcado.

A condensação e o deslocamento freudianos, retrabalhados posteriormente por Jacques Lacan como correspondentes às operações de metáfora e metonímia, encontram-se intimamente ligadas em seu funcionamento. Schor destaca que um dos exemplos principais de lembrança encobridora escolhida por Freud em seu texto é, justamente, aquele no qual se trata de um deslocamento da ordem da metáfora. Trata-se de um relato recebido por Freud de um homem que já havia passado por uma experiência de análise; que se ocupava, no momento, com o tema das lembranças infantis. O relato é de uma cena de infância, quando ele, seu primo e sua prima colhem flores em uma pradaria. O buquê dela, amarelo, é o mais lindo. Os dois meninos derrubam esse buquê no chão; a menina corre chorando aos camponeses, que a consolam oferecendo um pedaço de pão. Os meninos recebem, depois, um pedaço também, cada um. Ele estranha duas coisas na lembrança: o vigor do amarelo das flores como excessivo e o excepcional gosto do pão, como se fosse uma alucinação, diz. Isso vai desembocar na associação de que, se ele tivesse casado com seu amor de adolescência, a jovem herdeira que encontra aos 17 anos, moça de vestido amarelo, ou mesmo se tivesse desposado-deflorado a prima da lembrança (ela também moça com um dote), sua vida teria sido melhor; não seria tão trabalhoso ter de ganhar o pão (ligado, na fantasia-lembrança, ao trabalhoso acesso à mulher).

No texto temos muitos elementos do relato, as várias linhas associativas, as circunstâncias que configuraram a infância deste homem, em especial a questão do "ganhar o pão" – sua família era rica e perde todas as posses, o que altera totalmente as condições de vida do menino, a perspectiva da família, e dos recursos para ganhar a vida. O paciente é quem reconhece que, produzindo tal fantasia, sua lembrança, via realizados dois desejos: o da defloração, exercício da sexualidade, e o do bem-estar material. Freud assinala o detalhe de alguma forma "em excesso", como o que confere o caráter, a garantia da verdade do sujeito em questão. Um detalhe "postiço" (o amarelo excessivo, o excepcional gosto do pão) que, paradoxalmente, veicula, faz função de suporte da verdade.

Detalhe e relações entre metáfora e metonímia levam Schor a concluir:

> En effet, si le détail ne reenvoie pas ou plus métonymiquement à un tout dont il será détaché, mais plutôt métaphoriquement à un autre détail auquel une ressemblance lui a permis de se substituer, nous passons d'un système à visée retotalisante (plus tipiquement freudien) au système du détail détotalisé qui férait de Freud le précurseur de la modernité, et même d'une certaine post-modernité.[91]

O que importa destacar, assim, é que a leitura em torno do detalhe muda radicalmente, dependendo do discurso que a posiciona.

Em que o recorte do trabalho *Lectures du détail* pode ser fecundo para nosso debate? Pelo menos em duas direções que se apresentam mais diretamente. Se consideramos essa distinção entre fragmento e detalhe aceitando tomar a vertente da diferença entre os dois termos, fragmento acentuando a concepção do "todo" com sua parte; o detalhe apontando o reenvio para o desvelar de uma cadeia significante, poderíamos propor nessa distinção rumos diferentes na concepção da clínica psicanalítica já esboçada em Freud: uma, a da arqueologia, que Freud refere mas que ele mesmo não ratifica de todo, pois quando compara o inconsciente como o terreno de uma escavação arqueológica faz ressaltar, ao mesmo tempo, certa inadequação, calcada principalmente na simultaneidade do funcionamento de todas as "camadas" da escavação, tempo que rompe com a dicotomia profundeza-superfície.

Outra, a que será apontada posteriormente por Lacan, orientando sua formulação de "clínica do real", onde o percorrer da cadeia significante está pautado não por seu deslizamento infinito, e sim pela incidência do significante sobre o real, ou seja, esse "detalhe" que emerge é também de-

[91] [SC]HOR, Naomi. *Op. cit.*, p. 112.
[D]e fato, se o detalhe não envia ou não envia mais metonímicamente a um todo do qual ele será retirado, mas antes disso, metafóricamente a um outro detalhe ao qual uma semelhança permitiu-lhe que se substituísse, passamos de um sistema de visão totalizante (mais tipicamente freudiano) ao sistema do detalhe destotalisado que fará de Freud o precursor da modernidade e até mesmo de uma certa pós-modernidade".

talhe que opera sobre um fundo de negatividade, do buraco do real, do irredutível no cerne da organização subjetiva que as palavras não conseguem dizer. Podemos lembrar aqui a metáfora do oleiro que Lacan propõe em seu seminário sobre a ética da psicanálise: o significante "fura" o real, faz sua marca na superfície contínua que é o real, assim como o oleiro produz as paredes do vaso que vai moldando, instituindo, ao mesmo tempo o vaso e o vazio, a partir da constituição das paredes (significantes) que lhe permitem a forma.

Nesse ponto, é preciosa para a clínica a conclusão freudiana de que um detalhe pode funcionar como suporte da verdade do sujeito, traço mínimo (nos termos de Lacan) ao que podemos adicionar: suporte da verdade, não como elemento identitário, mas como o que compõe o jogo posicional da relação do sujeito com o real que o interroga, jogo que, como referimos no avesso com o qual a vertigem joga, pode acenar, para cada um, com o objeto que ele mesmo pode ser (o sujeito) quando tomado, subjugado em sua posição fantasmática.

Uma conclusão breve do que lemos até agora: as observações sobre as possíveis diferenças de clínicas na psicanálise podem parecer muito afastada da tarefa proposta, a leitura de Machado de Assis. Mas o desdobramento dessas questões pode ser o que permite, por outro lado, lembrar que diferentes concepções da clínica produzem diferentes posições e, conseqüentemente, diferentes escutas e abordagens. Aqui, o crucial, pois o discurso que posiciona a escuta vai orientar também o viés pelo qual um psicanalista fará sua aproximação com as produções na cultura, ou seja, também pauta seu encontro com a literatura. Ali onde uma geração de pós-freudianos tomou traços na escrita, na ficção, como índices da psicologia do autor, levando a leitura a certo furor interpretativo, nossa abordagem, hoje, parte de outro suposto, daquele que já enunciamos anteriormente – é o escritor que aporta um saber ao psicanalista. Saber relativo a esse "saber que não se sabe" do inconsciente, onde o escritor trabalha a partir da disponibilidade aos significantes que lhe atravessam e o interrogam (assim como o psicanalista) e se dispõe à permeabilidade do inconsciente que lhe permite o exercício da escrita.

O interessante, neste ponto, é poder pensar que a discussão sobre as distinções entre fragmento e detalhe permite encontrar na obra freudiana esses indicadores: os das diferenças que se alinham dentro da própria obra, que pautarão diferentes escutas, e diferentes posições frente às produções na cultura.

3.6 "Efeitos de real" na literatura

A segunda direção de interesse a incursionar tem relação com o contexto e a cultura. A subjetividade de um tempo não é separada do campo discursivo desse mesmo tempo; portanto, da ficção que ela produz. Se de um lado podemos falar dos deslocamentos, pensando nos processos psíquicos que compõem as condições de surgimento da vertigem, do avesso, ou mesmo da irrupção do real naquilo em que os traços mínimos podem ser articuladores dizendo nos termos da psicanálise; de outro, é fundamental situar os contextos onde esses traços de detalhe adquirem um lugar diferenciado na cultura, marcando a mudança de estilo na ficção.

Retornemos a Naomi Schor, para uma última indicação de leitura oferecida pelo *Lectures du détail*: Foucault e Barthes. Michel Foucault, em *Vigiar e punir*[92], afirmava que seria fecundo realizar o trabalho de recolher uma história do detalhe pondo o acento desse ponto no séc. XVIII, justificando pelo fato de que então o detalhe passou de uma categoria teológica para um uso secular, ligado à política do poder e do saber. A consolidação de um conjunto de técnicas e de procedimentos de controle vinculados à organização dos detalhes, das pequenas coisas, cria todo um sistema de referências que não estava aí, até então.

Em Barthes: seu texto *Efeito de real*[93] afirma que existem detalhes nos textos realistas que estão ali inúteis, sem nenhuma função com relação ao avanço da trama, detalhes verdadeiramente supérfluos, não essenciais. Para

[92] FOUCAULT, Michel. *Vigiar e punir*. Rio de Janeiro: Vozes, 2006. Paris: Gallimard, 1975.
[93] BARTHES, Roland. "L'effect de réel". In: *Oeuvres complètes*. Tome II. Paris: Seuil, 1994.

Schor, Barthes convida, em seu texto, a uma reconstituição do realismo em estado nascente:

> L'effet de réel' est une sorte de récit mythique des origines de la modernité, qui nous raconte comment le 'détail concret' est passé du domaine de l'histoire – où l'avait confiné Aristote – a celui de la fictión, c'est à dire comment une vraisemblance nouvelle, le réalisme, a commencé d'émerger d'une vraisemblance ancienne, le classicisme.[94]

Uma observação de leitura é pertinente: do classicismo ao realismo, na história da literatura, temos um longo caminho. Não podemos percorrê-lo aqui sem realizar um desvio que talvez nos afastasse demasiado da linha de desenvolvimento do tema em questão, fiquemos por ora apenas com uma indicação de Eric Auerbach em seu texto *Mímesis:*

> Quando Stendhal e Balzac tomaram personagens quaisquer da vida quotidiana no seu condicionamento às circunstâncias históricas e as transformaram em objetos de representação séria, problemática e até trágica, quebraram a regra clássica da diferenciação dos níveis, segundo a qual a realidade quotidiana e prática só poderia ter seu lugar na literatura no campo de uma espécie estilística baixa ou média, isto é, de forma grotescamente cômica ou como entretenimento agradável, colorido e elegante. Completaram, assim, uma evolução que vinha se preparando fazia tempo (desde o romance de costumes e a *comédie larmoyante* do século XVIII e, mais nitidamente, desde o *Sturm und Drang* e o pré-romantismo) – e abriram caminho para o realismo moderno, que se desenvolveu desde então em formas cada vez mais ricas, correspondendo à realidade em constante mutação e ampliação da nossa vida.[95]

---

[94] SCHOR, Naomi. *Op. cit.*, p. 127.
"O efeito de real é um tipo de narrativa mítica das origens da modernidade, que nos conta como o 'detalhe concreto' passou do domínio da história – onde o havia confinado Aristóteles – ao da ficção, ou seja, como uma verossimilhança nova, o realismo, começou a emergir de uma verossimilhança antiga, o classicismo."

[95] AUERBACH, Eric. *Mímesis, a representação da realidade no mundo ocidental.* São Paulo: Perspectiva, 1998. p. 499-500.

Retomando Schor, a passagem de um código retórico classicista a um novo código retórico realista corresponde à invasão que o texto sofre dos chamados "detalhes concretos" que denotam a realidade – gestos, objetos insignificantes, palavras sem importância. Esses detalhes concretos são os que, segundo Barthes, assumem, como representação pura e simples do real, a função de "resistência ao sentido".

Barthes trabalha seu efeito de real apontando uma economia do excesso: o detalhe que lhe interessa aparece ligado ao supérfluo, ao suplemento, qualquer coisa parcial, a mais, dado por nada, podendo passar despercebido. Para ele o detalhe, nessas condições, é constituído pela relação direta de um referente e de um significante, onde o sentido fica para fora do signo. Quanto menos redutível a um sentido, mais cumpre sua função de "efeito de real" como categoria, não como coisa.

O que Barthes introduz não é pouca coisa: de saída traz a problematização da noção e da natureza do "real", e sua implicação com o realismo ficcional. Questões relevantes para nosso trabalho, que animam o debate em torno das coordenadas da obra de Machado de Assis a propósito de sua inscrição no quadro de um realismo (que abordamos em *Um narrador incerto*), cuja estabilidade não é certa ou tranqüila; ao contrário, o que vemos salientado é, na discussão que envolve o realismo, a dificuldade de traçar um lugar de contorno definido em um campo que é profundamente marcado por um trabalho de passagem e de mudança na cultura, com o surgimento da modernidade.

Barthes trabalha essa passagem não ratificando uma noção de real universal e transparente, fundamento do realismo clássico, e sim formulando que do real só temos contato parcial, que ele é sempre mediado, passando pelo que a subjetividade permite. Não se tem contato com ele "[...] *jamais que sous forme d'effets (monde physique), de fonctions (monde social) ou de fantasmes (monde culturel); bref, le réel n'est jamais lui-même qu'une inférence [...]*"[96]. O real é o que retorna sempre, diz Barthes, for-

---

[96] BARTHES, Roland. In: SCHOR, Naomi. *Op. cit.*, p. 130.
"[...] somente sob a forma de efeitos (mundo físico), de funções (mundo social) ou de fantasias (mundo cultural); enfim, o *real* nunca é, ele mesmo mais do que uma inferência."

mulação onde se reconhece diretamente a noção do real desenvolvida por Lacan, ambas formuladas no contexto que eles compartilhavam intelectualmente.

O realismo segue pelo menos duas direções a partir dessa discussão: a vertente mais tradicional, em que seria apreciado mais na condição de representação direta da realidade do mundo, e a vertente que vem ligada à posição que Barthes enuncia, moderno, em que o universo da linguagem vem a destaque:

> Le réalisme, ici, ce ne peut donc être copie des choses, mais la connaissance du langage; l'oeuvre la plus 'réaliste' ne sera pas celle qui 'peint' la réalité, mais qui, se servant du monde comme contenu (ce contenu lui-même est d'ailleurs étranger à sa structure, c'est-à-dire à son être), explorera le plus profondémemt possible la réalité irréelle du langage.[97]

Entre a tradição e modernidade, não é bem com essa passagem que estão às voltas tanto Freud quanto Machado de Assis, cada qual em seu contexto e prática na linguagem? Freud com o descentramento, a invenção do inconsciente – da descoberta de que "o homem não é senhor em sua casa"; Machado, na literatura, escrevendo em um tempo de crise da representação, tal como esta era concebida na tradição.

3.7 Passagens, imagens dialéticas e vertigem

Passagem. Termo que, entre a tradição e a modernidade, considerando a narrativa e o sujeito, convoca a contribuição de Walter Benjamin.

O texto literário foi núcleo das reflexões de Benjamin desde o início de sua produção. Dedicou-se, principalmente, à problemática da narração,

[97] BARTHES, Roland. Ibidem. p. 164.
"Aqui, o realismo não pode, portanto, ser cópia das coisas, mas o conhecimento da linguagem; a obra mais 'realista' não será aquela que 'pinta' a realidade, mas a que, se servindo do mundo como conteúdo (este conteúdo em si mesmo é, aliás, estrangeiro à sua estrutura, em outras palavras, a seu ser), explorará o mais profundamente possível a realidade irreal da linguagem".

pois o que evidencia em sua obra é que, em torno da narração e suas transformações, podemos encontrar situada toda a questão dos paradoxos, das linhas de tensão da modernidade. Dessa passagem é que se trata, em última análise. A discussão é ampla, não poderemos abordá-la em sua amplitude, mas tomemos um pequeno recorte de sua leitura de Proust, valioso para articular nosso tema: as passagens na relação com os termos da vertigem, do detalhe e da narrativa.

Benjamin faz a observação de que nem sempre confiamos as confidências às pessoas mais próximas e familiares, o que também acontece com as épocas, elas "têm essa maneira inocente, ou antes, astuciosa e frívola de comunicar seu segredo mais íntimo ao primeiro desconhecido"[98]. Isso para dizer que o século XIX não se entregou a Zola nem a Anatole France, mas sim ao jovem Proust, o "esnobe sem importância, o trêfego freqüentador de salões, quem ouviu, de passagem, do século envelhecido, como de um outro Swann, quase agonizante, as mais extraordinárias confidências"[99].

Ele aponta uma transformação: o que antes (da narrativa da Recherche) era apenas uma época, desprovida de tensões, passa a ser, a partir daí, um campo de forças. O leitor de Proust, nos diz, é constantemente sacudido por sobressaltos. Alusão direta à estrutura do texto pautado pela irrupção do trabalho da "memória involuntária", marca proustiana.

Podemos pensar em certa relação entre o efeito de vertigem e esses momentos quando a memória involuntária de Proust opera a reviravolta? "Bouleversement de toute ma personne" diz o narrador desse efeito explosivo, traduzido por Quintana como "Comoção violenta de todo o meu ser". Nesse ponto do capítulo "Intermitências do coração de *Sodoma e Gomorra*[100], destaquemos do original "bouleversement", mais forte quanto ao efeito de virada, de revolução, avesso, do que "comoção", que perde na tradução a conotação sutil que aponta a uma operação de deslocamento.

---

[98] BENJAMIN, Walter. "A imagem de Proust". In: *Obras Escolhidas – Magia e técnica, arte e política.* Vol I, tradução de Sergio Paulo Rouanet. São Paulo: Brasiliense, 1994. p. 93.

[99] BENJAMIN, Walter. *Op. cit.*, p. 40.

[100] PROUST, Marcel. *Sodoma e Gomorra.* In: *Em busca do tempo perdido*, vol 4. Tradução de Mário Quintana. 7. ed. Porto Alegre, Rio de Janeiro: Globo, 1983.

O acontecimento ocorre quando o narrador visita Balbec pela segunda vez. Na primeira noite no hotel, onde vai com sua mãe – sua avó tendo morrido um ano antes – ele sobe ao quarto, cansado, doente, com cuidado e prudência (está no meio de uma crise de fadiga cardíaca), e curva-se para descalçar-se. Quando toca no primeiro botão, sente o peito inflar. De repente encontra-se em lágrimas; momento de angústia e solidão: aí encontra o rosto terno e preocupado da avó sobre ele, uma "realidade viva" que o toma, pela primeira vez depois daquela morte. A narrativa é impressionante, nesse momento de irrupção em que a operação da memória involuntária produz a "presença" da avó. Em um movimento de retroação sobre si mesmo, esta fulguração produz um instante da perda de si mesmo, o desamparo: nesse momento *realiza* a morte da avó: "[...] eu acabava de saber que ela estava morta"[101].

A presença-perda da avó, nesse instante, retroage sobre ele mesmo, momento desprotegido quando se dá o confronto com a própria finitude, o limite.

> [...] ao senti-la pela primeira vez viva, verdadeira, enchendo o meu coração até afogá-lo, reencontrando-a enfim, eu acabava de saber que a tinha perdido para sempre.
>
> [...] e, por outro lado, logo que eu revivera essa felicidade como presente, senti-la atravessada pela certeza que se lançava, como uma dor física de repetição, de um nada que tinha apagado a minha imagem daquela ternura, destruído aquela existência, abolido retrospectivamente a nossa mútua predestinação e feito de minha avó, no momento em que tornava a encontrá-la como num espelho, uma simples estranha que um acaso fizera passar alguns anos perto de mim, como o poderia ter sido perto de qualquer outro, mas para quem, antes e depois, eu não era nada, não seria nada.[102]

O encontro com a avó aborda a descontinuidade e seu velamento: ao mesmo tempo, *como num espelho* (a ligação identitária, espécie de conti-

[101] PROUST, Marcel. *Op. cit.*, p. 127.
[102] Ibidem, p. 128-9.

nuidade entre as imagens) ou como *uma simples estranha* ("ser nada para", situação em que ela não seria nada para ele, mas em contrapartida, ele seria também um nada). A intensidade que o jogo da memória involuntária proustiana aponta não é apenas sobre o instante em que o narrador recuperaria a avó, ou, no brilhante episódio da Madeleine, o encantamento de ver Combray sair toda de uma xícara de chá. Podemos formular aqui a hipótese de uma aproximação, certo parentesco com o jogo da vertigem, na medida que se articula o "bouleversement": o encanto, o instante que embriaga, com a ruptura, que "lembra" também (não por obra da memória mas em função do retorno incessante), a cada um, o descontínuo da perda.

Há vertigem em Proust, e o texto de Walter Benjamin lida com esses elementos em a *Imagem de Proust*, na configuração da noção das "imagens dialéticas", ponto nodal em sua obra (dimensão inventiva da linguagem, à diferença de seu uso instrumental). A memória involuntária está mais perto do esquecimento do que da rememoração, diz Benjamin[103]. A recordação constitui a trama; o esquecimento, a urdidura. A obra da memória involuntária, o refletir do passado num instante, o choque que condensa. Jogo de avessos.

Benjamin enuncia neste texto a bela metáfora da meia, (tão pregnante em sua obra como talvez a Madeleine em Proust): as crianças lidam muito diretamente com uma certa semelhança onírica, vizinhança entre as coisas diferente do registro da vida desperta do adulto; elas conhecem um indício desse mundo na experiência com a meia, que tem a estrutura do mundo dos sonhos. A meia enrolada na gaveta é, ao mesmo tempo, bolsa e conteúdo, e a criança reedita, brinca sempre com a transformação em uma terceira coisa, a meia desenrolada. Como as crianças que não cessam de operar a transformação, diz Benjamin, também Proust não se cansava de "esvaziar com um só gesto o manequim, o Eu, para evocar sempre de novo o terceiro elemento: a imagem, que saciava sua curiosidade, ou sua nostalgia"[104].

---

[103] BENJAMIN, Walter. *Op. cit.* p. 37.

[104] BENJAMIN, Walter. *Op. cit.*, p. 40.

Walter Benjamin, tradutor de Proust para o alemão, foi profundamente marcado por este trabalho, pelo mergulho na obra; pode-se dizer, pela tentação que o estilo proustiano produzia no tradutor, ao mesmo tempo a necessidade em diferenciar-se, em seus próprios escritos. Se de um lado Benjamin reconhece o peso desses instantes fulgurantes que são concentradores da verdade do sujeito como o caminho de explosão da história como linearidade (o que afirma sua noção de história como ligada à composição de uma constelação), de outro faz a crítica a Proust considerando que o sujeito poderia ficar entregue, no extenso relato autobiográfico, a um devaneio infinito. Ou seja, que os instantes fulgurantes de verdade ficariam repetidamente recobertos pela costura de um continuum, não facilitando a operação de saída. Para Benjamin, é fundamental o "despertar" que vem como conseqüência política desses momentos de encontro com algo da verdade, poderíamos dizer.

Podemos retomar aqui o que esboçamos no capítulo *Uma chinela turca*: Jeanne M. Gagnebin[105] (*História e narração em W. Benjamin*), trabalhando sobre a mudança na narrativa benjaminiana, relata que a mudança da *Crônica Berlinense* para *Infância em Berlim* é homenagem à obra proustiana e, ao mesmo tempo, diferenciação. Ele propõe as "mônadas", sob a forma de relatos curtos, circunscritos[106]. Quando o pensamento pára, bruscamente, numa configuração saturada de tensões, ele lhes comunica um choque, através da qual essa configuração se cristaliza enquanto mônada[107].

A intensidade do relâmpago na série das mônadas, relatos em *Infância em Berlim*, com sua proposta estética, nos remete às passagens (no ponto em que fizemos o destaque no capítulo anterior): "o 'eu' que nelas se diz não fala somente para se lembrar de si, mas também porque deve ceder lugar a algo outro que não si mesmo"[108]. Aqui que podemos

[105] GAGNEBIN, Jeanne-Marie. *Op. cit.* p. 91.
[106] GAGNEBIN, Jeanne-Marie. *Op. cit.* p. 91.
[107] BENJAMIN, Walter. "Sobre o conceito da história". In: *Obras escolhidas*. São Paulo: Brasiliense, 1994. p. 231.
[108] GAGNEBIN, Jeanne-Marie. *Op. cit.*, p. 91.

relacionar a experiência dos pequenos relatos, os "contos"/mônadas, que transportam a intensidade do relâmpago, ao efeito de vertigem com seus desníveis: ambos incluem esse limiar da experiência do singular do sujeito com o campo do Outro.

No que estamos no território dos limiares, as descontinuidades se apresentam. As narrativas benjaminianas trazem os mal-entendidos, os equívocos que não raro pontuam o que, efetivamente, "não fecha", ali onde não há encontro tranqüilo. *O despertar do sexo* e *Notícias de uma morte* são textos marcantes de *Infância em Berlim*[109]. Como avançar sobre as zonas de passagem que as vertigens, assim como as mônadas benjaminianas, situam?

Este capítulo consistiu na construção de um percurso articulado pelo fio das passagens que a expressão "efeito de vertigem" pode concentrar. Primeiro tratamos de situar os elementos que entendemos entrar em jogo no movimento da vertigem e de sua relação fascínio/perturbação, continuidade/descontinuidade. Em seguida, a indicação de que tanto a Literatura quanto a Psicanálise, escritor e psicanalista, pela prática da letra, estão concernidos por esta relação que o efeito de vertigem põe em causa: enigmas da subjetividade, real que não cessa de interrogar. O real emerge para o sujeito em um detalhe, ficção e clínica psicanalítica relacionados; neste particular partimos do passo da Gradiva. O efeito de vertigem como operador de passagem nos levou à leitura de W. Benjamin e sua incursão ao texto proustiano, e aqui nos aproximamos da questão da forma, de uma mudança na narrativa benjaminiana segundo a qual a intensidade e a fulguração nos remetem à relação com a forma "conto"; tudo isto em um contexto de passagem. Percurso que pode nos ajudar na leitura de "A chinela turca" de Machado de Assis, retomando o que enunciamos há pouco: quando o território dos limiares se aproxima, as descontinuidades se apresentam.

[109] BENJAMIN, Walter. "Infância em Berlim por volta de 1900". In: *Obras Escolhidas*. São Paulo: Brasiliense, 1994.

4

TORSÃO E VERTIGEM – A ESTRUTURA E SEUS EFEITOS

Figura 6: *O dentro é o fora*, 1963 de Lygia Clark *Le dedans est le dehors*. Métal/lata
Fonte: Catálogo da Exposição organizada e produzida pela Fundació Antoni Tàpies. Barcelona: 21 de outubro – 21 de dezembro de 1997. p. 163

O trabalho desenvolvido até aqui trouxe a proposição de que há um efeito de vertigem que está no centro de interesse da leitura, quando se trata do conto machadiano. Uma proposição a mais: este efeito está ligado à estrutura, ao movimento da narrativa de uma série de contos em Machado de Assis, talvez os que mais evidenciem o efeito do raio, da fulguração que marca a fala dos escritores quando tratando da forma conto.

Se o efeito de vertigem, na leitura, vem pelo detalhe que se faz acompanhar por certa subversão na narrativa, o movimento que situamos como torsão ganha perspectiva e nos coloca em cheio no interesse sobre a estrutura, forma do conto. A este respeito, pode ser interessante a aproximação com a produção do escritor argentino Ricardo Piglia, que formula hipóteses sobre a operatória formal, a arquitetura em jogo decantada na produção de grandes contistas, desde Poe, Tchekhov, até Kafka, Joyce, Mansfield, e, principalmente, Borges.

4.1 Adentrando na forma do conto – as teses de Piglia

"Teses sobre o conto", em *Formas Breves*, reúne o conjunto de idéias que o autor desenvolve sob o ponto de vista da forma. São duas as teses e uma série de implicações:

Primeira tese: um conto conta sempre duas histórias. Traz com exemplo uma anedota tirada de um caderno de notas de Tchekhov: "Um homem em Montecarlo vai ao cassino, ganha um milhão, volta para casa, suicida-se"[110].

Segundo Piglia, "a forma clássica do conto está condensada no núcleo desse relato futuro e não-escrito. Contra o previsível e o convencional (jogar-perder-suicidar-se), a intriga se oferece como um paradoxo"[111]. A anedota faz, de certa forma, a separação entre a história do jogo e a história do suicídio. Essa divisão que contém um paradoxo seria chave para definir

[110] PIGLIA, Ricardo. *Op. cit.*, p. 89.
[111] Ibidem, p. 89.

o caráter duplo da forma do conto, que trabalha a tensão entre as duas histórias sem nunca resolvê-la. Examinemos essa hipótese mais de perto antes de enunciarmos a segunda tese.

O conto clássico conta a história 1 em primeiro plano, em evidência, no caso, o relato do jogo; e compõe a história dois em segredo – o relato do suicídio. A habilidade, ou mesmo a arte do contista vai, segundo Piglia, de "saber cifrar" a história 2 por entre o relato da história 1, assim a narrativa mais direta oculta uma outra que também está ali; fragmentada, elíptica, entrevista apenas. O efeito de surpresa ocorre quando o fim da segunda história irrompe na narrativa direta.

O texto escolhido para representar esta forma chamada clássica é o de Edgar A. Poe, seus contos. Aqui pode valer a pena deixar ao lado o texto de Piglia para examinar brevemente a hipótese, pelo menos ter uma idéia de como podem funcionar as coordenadas propostas na experiência de leitura.

4.2 Poe e "William Wilson"

Tomemos um conto de Poe, "William Wilson", publicado em *Histórias Extraordinárias.* O narrador, no conto, é quem está à beira da morte. Conta sua história, marcada por uma circunstância inusitada. Refere ter sido uma criança de caráter dominador, tendo ascendência sobre todos os outros, os pares, menos sobre um menino que, curiosamente, tinha o mesmo nome e sobrenome que o seu: William Wilson (justifica que se tratava de um nome comum). Este contrariava sua ditadura, o intimidava profundamente, intimamente, rivalizava consigo, frente a uma "inexplicável cegueira" dos demais colegas, que não percebiam nada.

> Não podia assim encontrar nele senão um ponto vulnerável: era constituído por um detalhe físico que, vindo talvez de uma enfermidade de seu organismo, teria sido poupado por algum outro antagonista menos encarniçado do

que eu: meu rival tinha no aparelho vocal uma fraqueza que o impedia de jamais erguer a voz *acima de um sussurro muito baixo.*[112]

No conto, o detalhe em itálico (lembremos a função do detalhe), inaugurando uma série com outros pontos aqui e ali, dispersos ao longo da história, destaques discretos que indicam que o outro o observa o tempo todo, que a voz do outro vai constituindo-se em um eco de sua própria voz, o mesmo com a aparência física, e assim com outros elementos ao longo da narrativa. O estranho adversário passa a intervir na vida do primeiro, atrapalhando a realização de seus amores, de suas ambições, no exercício de seus atos de má fé, denunciando-o, aparecendo nos momentos decisivos. O narrador tenta fugir em vão. Sempre encontrado e desmascarado pelo sussurro e pela presença do outro (cuja invisibilidade frente aos demais está sempre preservada), decide, em desespero, matá-lo, apunhalando-o em um baile de máscaras (!) onde, claro, estavam identicamente fantasiados. No momento em que o outro agoniza, o narrador vê, de repente, um espelho "que não estava ali", encontra seu próprio corpo banhado em sangue, escuta a si mesmo falando como se ele mesmo fosse o outro: "[...] *vê por essa imagem, que é a tua, como assassinaste absolutamente a ti mesmo*"[113].

O conto tem sua trama desenvolvida com a mestria do grande escritor. Tentemos, então, fazer uma leitura orientada pela hipótese de Piglia: a história 1 é apresentada, o narrador faz o leitor acompanhar o desenrolar de sua vida no embate com um outro que é o responsável por sua desgraça, um outro que é marcado por uma profunda e estranha identificação. A história 2 pode ser lida nas entrelinhas, e principalmente a partir nas marcas inseridas em itálico: o outro está nele mesmo, irrompe com a surpresa do espelho visto no último momento, o ato já realizado, a proximidade da morte. É quando a história 2 retroage sobre a primeira, mas desde sempre tecida junto ao leitor. A tese de Piglia se desdobra: cada

[112] POE, Edgar A. "William Wilson". In: *Histórias Extraordinárias.* São Paulo: Abril Cultural, 1981. p. 92-3.

[113] POE, Edgar. *Op. cit.*, p. 107.

uma das histórias funciona em uma lógica narrativa diferente, como dois sistemas imbricados, apesar de tratarem do mesmo acontecimento.

Vale destacar nesta proposta de leitura o importante acento que o autor coloca sobre os pontos de interseção que articulam as histórias: são os fundamentos da construção, são pontos com dupla função e que funcionam de modo diferente em cada uma das histórias. Assim, os elementos que podem aparecer como "supérfluos" para uma história podem ser, justamente, os articuladores essenciais para a outra. Fiquemos com essas indicações para voltarmos a esse desenvolvimento mais adiante.

Uma observação a mais – a escolha que fiz por este conto, dentre os demais das *Histórias Extraordinárias*, tem uma razão suplementar no fato de que o "outro", no "William Wilson" de Poe faz aparecer o *Unheimlich* freudiano, a noção de estranho/familiar, onde aquilo que parece o mais estrangeiro a cada um, no que diz respeito aos processos subjetivos, pode ser a expressão do que é o mais íntimo, porém recalcado, reprimido. É também relativo à torsão, ao interno/externo. Não estamos, neste ponto, no terreno do jogo com a forma discursiva?

Segunda tese: "a história secreta é a chave da forma do conto e de suas variantes"[114]. O conto é um relato que porta uma espécie de narrativa secreta. Não se trata de um sentido oculto, mas uma história contada de modo enigmático. O que constitui o interesse enquanto enigma não depende de elementos escondidos, de conteúdo, mas principalmente do modo de narrar.

O conto em sua forma moderna – derivada da escrita de Tchecov, Joyce e outros – sofre mudanças, deixa de lado a surpresa no final e a estrutura mais fechada. Piglia diferencia: o conto clássico, como vimos em Poe, encerra uma história e faz o leitor saber que há outra; o conto moderno narra duas histórias mas como se fossem uma só. Piglia faz a aproximação sobre Borges, podemos acompanhar o desenvolvimento de sua abordagem da versão moderna na indicação de vários de seus contos – "A morte e a bússola", "O sul", "A forma da espada", "O Aleph", "Emma Zunz".

[114] PIGLIA, Ricardo. *Op. cit.*, p. 91.

4.3 Borges e "Emma Zunz"

Tomemos, desta vez, "Emma Zunz". O narrador inicia do momento em que a jovem operária da fábrica de tecidos recebe a carta de alguém que noticia a morte de seu pai em um hotelzinho no Brasil – o homem teria ingerido por engano uma dose excessiva de Veronal. Emma sabe que foi suicídio, o pai havia fugido da Argentina depois do escândalo onde havia perdido tudo, alguns anos antes, acusado de dar um desfalque na fábrica de tecidos – a mesma fábrica onde ela trabalha hoje. Mas o pai havia dito para ela, e somente para ela, antes de ir embora: o culpado, o ladrão era Lowenthal. Que é o atual dono da fábrica. Emma guarda "o segredo" por todos esses anos.

Ao receber a notícia da morte, chora. No dia seguinte, o plano já está perfeitamente concebido. Sai com as colegas, as moças falam de cinema e rapazes, todas menos Emma; uma observação rápida do narrador diz dos dezenove anos da moça e de um temor quase patológico que os homens lhe inspiravam. Estamos na véspera, anuncia o narrador. Emma acorda no sábado, aqui o ritmo do conto acelera, ela lê no jornal que o *Nordstjarnan* zarpa à noite (ficamos com esse nome estrangeiro fazendo certo peso, solto na narrativa), liga para Lowenthal, pede para ser recebida por ele à tarde, sob o pretexto de levar informações sobre a greve. Depois do almoço e da sesta, levanta-se, relê a carta, rasga-a. Vai aos bares do porto e acha os marinheiros do *Nordstjarnan*, escolhe o mais grosseiro, deita-se com ele como prostituta. Depois, rasga o dinheiro que o marinheiro deixa, assim como rasgou a carta. Vai até Lowenthal, o encontro marcado, se mostra nervosa no papel de funcionária delatora e amedrontada, consegue que ele vá buscar um copo de água. Quando volta Emma já havia tirado a arma (todos sabiam que ele guardava uma na gaveta do escritório), dispara duas vezes. Inicia a acusação que havia preparado, a idéia era a de fazê-lo confessar a culpa e realizar então seu ato de justiça. Mas o homem já está morto antes mesmo que ela termine de dizer que estava vingando o pai e que não seria castigada. Ela liga para a polícia, diz que aconteceu algo incrível: o senhor Lowenthal a chamou a pretexto da greve, abusou dela, e ela o matou.

O conto termina com a observação do narrador de que a história era mesmo incrível, mas que se impôs a todos, por ser substancialmente certa: era verdade o tom e o ódio de Emma Zunz, "verdadeiro também era o ultraje que havia padecido; só eram falsas as circunstâncias, a hora e um ou dois nomes próprios"[115].

Seguindo a proposição da "segunda tese", Borges narra como segunda história as ações que alguém constrói de forma perversa e secreta, valendo-se do material da história visível. É o caso de Emma Zunz, assim como de "A morte e a bússola", onde o criminoso arma a cilada para o inspetor, que lê a trama, mas não se dá conta de que a armadilha era preparada para ele mesmo. A segunda história seria o rebatimento desse ato que condensa, de certa forma, o destino e o enigmático para cada um. Em Emma Zunz:

> Naquele tempo fora do tempo, naquela desordem perplexa de sensações desconexas, terá Emma Zunz pensado uma única vez no morto que motivava o sacrifício? Tenho para mim que pensou uma vez e que, nesse momento, seu desesperado propósito correu perigo. Pensou (não pôde não pensar) que seu pai fizera a sua mãe aquela coisa horrível que lhe faziam agora. Pensou nisso com leve assombro e se refugiou em seguida na vertigem.[116]

Estrutura de caleidoscópio, onde um ponto cego leva à irrupção de algo da enunciação como desvelamento e corte, aponta Piglia. Surge um efeito de paradoxo, de limite, de inversão. Onde Emma Zunz, ela mesma, podemos dizer, "'é falada" desde o desconhecimento de seu lugar, o que já havia sido anunciado em uma observação aparentemente solta no texto: momento em que Emma está com as amigas, quando elas comentam dos homens; e o narrador observa – nenhuma esperava que Emma falasse... Aí vem a informação dos 19 anos e do afastamento dos homens. Única marca de temor; insinuada em meio à determinação que a conduz. "A

[115] BORGES, Jorge Luis. "Emma Zunz". In: *El Aleph.* Buenos Aires: Emecé Editores, 2005. p. 80.
[116] Ibidem, p.111.

irrupção do sujeito que construiu a intriga define um dos grandes sistemas de desfecho na ficção de Borges"[117].

O que me parece mais interessante nesta incursão sobre a estrutura é que na articulação entre "duas histórias", base das duas teses, podemos destacar uma espécie de terceiro vértice (como um tripé na estrutura), que pode passar inadvertido enquanto tal: em se tratando do conto chamado clássico, esse terceiro na estrutura se encontra nos pontos de interseção, que fazem os pontos pivôs com os quais a estrutura da narrativa conta para produzir seus efeitos; e, tomando o conto em sua versão moderna, o "terceiro" está no acentuar, entre as duas histórias, a linha de tensão que nunca se resolve, mas que põe em cena as cisões, os desconhecimentos, a descontinuidade.

Podemos propor que a função desses pontos de interseção e linhas de tensão sejam lidos como uma espécie de saída, de "respiro"; afastamento do risco de uma leitura mais rápida das teses de Piglia que as aprisionasse no registro de uma dualidade reducionista.

> O conto é construído para revelar artificialmente algo que estava oculto. Reproduz a busca sempre renovada de uma experiência única que nos permite ver, sob a superfície opaca da vida, uma verdade secreta. 'A visão instantânea que nos faz descobrir o desconhecido, não numa remota *terra incógnita*, mas no próprio coração do imediato' dizia Rimbaud.
> Essa iluminação profana converteu-se na forma do conto.[118]

A posição de Piglia destaca a dimensão da duplicidade quando insiste no visível em confronto com um secreto (mesmo na distribuição são duas teses, duas histórias, como já referimos), mas permite novos desdobramentos, se escolhemos dar lugar ao que também está em seu texto como "terceiro", não enunciado como tal, mas no funcionamento do jogo da forma. O secreto não situa um "sentido oculto", mas sim uma forma discursiva.

[117] PIGLIA, Ricardo. *Op. cit.*, p. 110.
[118] Ibidem, p .94.

Este ponto pode ser valioso na consideração da estrutura, na direção de não ficamos inevitavelmente capturados na tentativa de sempre identificar a dupla, a distribuição binária dos lugares em questão. O destaque para a frase de Rimbaud, no que ela traz o imediato, a "superfície" transportando junto o desconhecido permite, mais uma vez, não cairmos na tentação da distribuição binária dos pares complementares, dicotômicos, como superfície – profundidade, que por sinal, constitui uma leitura bastante difundida, porém datada, a respeito dos processos inconscientes, quando no terreno da leitura psicanalítica. Sobre este ponto, Marc Darmon, psicanalista que trabalha com o aporte da topologia, observa:

> A questão do lugar cujas propriedades caracterizam o inconsciente permaneceu não-resolvida em Freud: trata-se do problema tópico. O termo *psicologia das profundezas* não é satisfatório, pois sugere a imagem de uma superfície com partes inferiores, e compromete a técnica psicanalítica diretamente com a via da arqueologia; a cura estaria ligada ao desvelamento, posição que foi, aliás, por muito tempo, a de Freud, até a mudança de suas concepções com relação às resistências.[119]

Darmon nos diz que o inconsciente coloca em evidência um problema de topologia, o que pode nos interessar justamente nesta questão que envolve estrutura e superfície no campo do discursivo.

Nesta altura do desenvolvimento, podemos integrar essas novas considerações ao que vínhamos construindo a partir da vertigem, pensando como a forma narrativa, no conto, permite, ou mesmo cria as condições, na estrutura de um texto, para que surja esse efeito da irrupção de um "desconhecido surpreendente em uma superfície".

4.4 Superfície de subversão: efeitos paradoxais – a banda de Moebius

O que poderíamos avançar, "A chinela turca" como microcosmo e a leitura de Piglia neste último movimento, é que no conto, em sua estrutura,

[119] DARMON, Marc. *Ensaios sobre a topologia lacaniana*. Porto Alegre: Artes Médicas, 1994. p. 11.

se põe em movimento algo além do binário. Podemos recorrer aqui ao que nos ajuda a pensar uma "superfície" específica do campo da topologia, a banda de Moebius, essa figura que Lacan escolhe, em sua obra, para trabalhar a estrutura que dá suporte ao sujeito, ao próprio funcionamento do inconsciente.

O que constitui uma banda de Moebius, e em que isso pode nos interessar, indo direto ao ponto? A banda ou fita de Moebius, como também é chamada, é uma superfície que apresenta uma série de fenômenos paradoxais. Trata-se de uma figura, pode ser um objeto físico, ou seja, podemos construí-lo com facilidade: basta tomar uma fita, uma banda retangular comum, uma tira de papel, operar uma torsão (180º)[120], colando-a sobre si mesma.

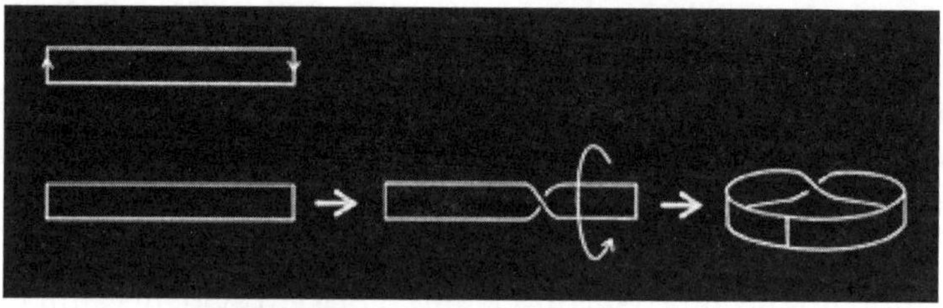

Figura 7: Fita de Moebius
Fonte: http://images.google.com.br/

O resultado dessa operação não é banal: o espaço comum de representação encontra-se alterado, contrariando de muitas formas a experiência que temos com os objetos em nosso mundo físico, comumente. O direito e o avesso dessa fita passam a se achar em continuidade. O uso de "cara ou coroa", ou seja, duas faces, fica aqui subvertido[121]. O direito e o avesso passam a estar contidos um no outro.

---

[120] A operação designada como "meia torção" ou "semitorção" nas traduções dos textos da topologia, trabalhada mais de perto neste capítulo, é a mesma que chamamos simplesmente de torsão, pela escolha da grafia, como já referido na Apresentação, e para podermos utilizar a referência de forma mais ampla, para ressaltar o movimento da operação. Equivale à "torsion" ou démi-tour" – 180º.

[121] Jeanne Granon-Lafont em seu livro *A Topologia de Jacques Lacan* trabalha sobre as características e propriedades da banda de Moebius.

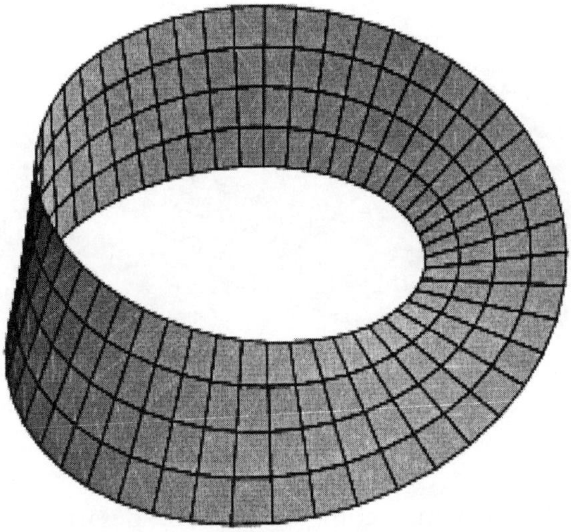

Figura 8: Banda de Moebius
Fonte: http://images.google.com.br/

Situando brevemente, a topologia geral é o estudo, a ciência dos espaços e de suas propriedades. Tem por objeto a noção de espaço e as relações que o estruturam, constituindo assim um estudo da estrutura. Surge como um ramo novo da matemática e, em 1861 Augusto Moebius descobre esta figura que se inscreverá na história sob seu nome: banda de Moebius. O espaço da geometria projetiva é moebiano; "Não se trata, como na geometria euclidiana clássica, ou mesmo na de Lobatchevsky ou de Riemmann, de construir um sistema de cálculos e notações que permitam situar os deslocamentos de um objeto no espaço. Trata-se de descrever, levando-se em conta a invariância do objeto, o próprio espaço"[122].

[122] GRANON-LAFONT, Jeanne. A Topologia de Jacques Lacan. Rio de Janeiro: Jorge Zahar, 1990. p.12.

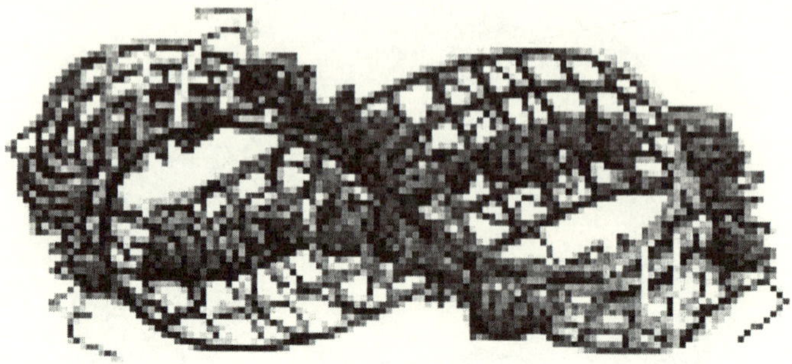

Figura 9: Banda de Moebius
Fonte: http://images.google.com.br/

A estrutura moebiana, com sua torsão, desarticula o duplo e o ultrapassa. O que é curioso é que se tomamos apenas uma parte da banda; ela apresenta perfeitamente a duplicidade do cara ou coroa, mas a fita em seu conjunto tem só uma face e uma borda. A banda de Moebius faz nova subversão, aqui, com relação ao conceito cotidiano das relações das partes com o todo; segundo Granon-Lafont; a análise por partes, por trechos da fita, faz aparecer uma outra dimensão que não comporta o todo.

Se percorrermos a superfície da fita com o dedo sem levantá-lo do papel, ou seguindo a formiga inspirada pelo desenho que Escher faz da banda de Moebius, ao longo de uma volta estaremos no avesso do ponto de partida, e só depois da segunda volta estaremos novamente no ponto de partida. Assim, é só o tempo que permite diferenciar o avesso do direito, pois eles estão separados somente pelo tempo que leva o percorrer da fita. "A dicotomia entre as noções de avesso e direito não comparece senão ao preço da intervenção de uma nova dimensão como a do tempo"[123]. O tempo é que constitui a diferença entre as faces. Isso porque a banda tem apenas uma face e uma borda: "A existência de uma margem única é essencial, pois que uma das definições topológicas da banda de Moebius se apóia justamente sobre esse paradoxo"[124].

[123] GRANON-LAFONT. *Op. cit.*, p.26.
[124] Ibidem, p. 26.

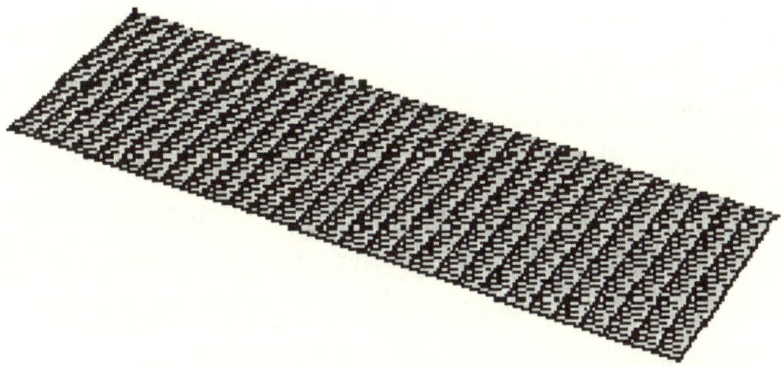

Figura 10: Banda de dupla face
Fonte: http://images.google.com.br/
banda de Moebius

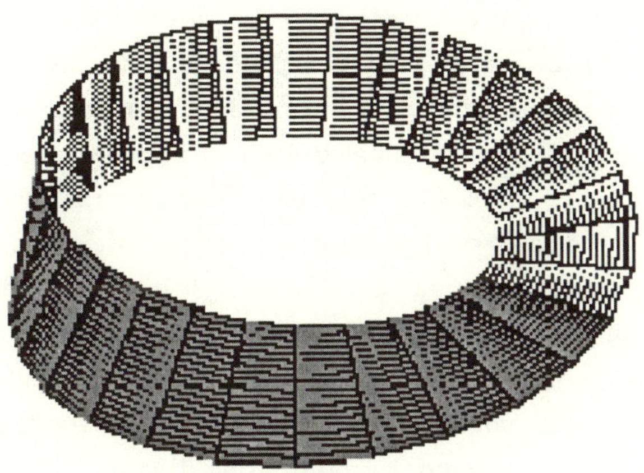

Figura 11: banda de Moebius
Fonte: http://images.google.com.br/

A banda euclidiana (ou dupla face) tem duas faces; duas bordas, dentro e fora, interno e externo. A banda de Moebius tem uma única margem ou borda, uma única face, não possui interno e externo, nem dentro e fora. Assim a formiga, podemos dizer, está simultaneamente dentro e fora, ou ainda, nem dentro nem fora. Assim como o inconsciente não encontra lugar nem no interno do corpo, em algum espaço cerebral, nem no externo – a língua, a sociedade, a realidade sensível[125].

Por que Lacan dá excelência, em sua incursão pela topologia, à banda de Moebius?

Os efeitos paradoxais que referimos com relação a esse espaço moebiano permitem uma consideração muito direta à noção de estrutura. Por isso Lacan se vale da topologia como uma prática (cortar, atar, dobrar), prática que pode fundamentar a própria prática com o inconsciente estruturado como uma linguagem. "A topologia não foi feita para nos guiar na estrutura. Ela é estrutura. Ela é estrutura como retroação da ordem de cadeia em que consiste a linguagem"[126].

Como aparece esse funcionamento no espaço moebiano?

> O problema da dupla inscrição, ou seja, da inscrição de um significante ao mesmo tempo no pré-consciente e no inconsciente; tornou-se sensível através do fato bem conhecido que não basta comunicar a um sujeito um suposto significante latente no inconsciente para surpreender necessariamente o recalcamento. Há uma clivagem entre saber e verdade. A solução desse problema é topológica, pois um significante não é o mesmo quando faz parte da cadeia do discurso consciente ou da cadeia inconsciente; [...]. É a ocasião para Lacan imputar a dupla inscrição à topologia da faixa de Moebius; essa faixa, como se sabe, compreende uma única borda, e sua face tem continuidade com a face do avesso. Podemos conceber a cadeia inconsciente no avesso da cadeia consciente. A unilateralidade da superfície explica que as formações do inconsciente se produzem no discurso consciente sem transpor nenhuma borda; os lapsos, os esquecimentos, se produzem no interior do discurso.[127]

---

[125] Referência do trabalho sobre a banda de Moebius desenvolvida na dissertação de mestrado em Letras, *Um equívoco sempre possível*, de Gustavo Muller, UFSM, 2005, p. 89.

[126] LACAN, Jacques. "O Aturdito". In: *Outros Escritos.* Rio de Janeiro: Jorge Zahar Editor, 1973. p. 479.

[127] DARMON, Marc. *Op. cit.*, p. 31.

Assim como as formações do inconsciente aparecem no discurso consciente sem atravessar nenhuma borda, como feixes que se movimentam misturados, de certa maneira, uma série de "linhas sem ponto"[128], trajetos que possibilitam situarmos alguns espaços em particular (o funcionamento do sujeito na linguagem, por exemplo), algo dessas considerações devem nos servir para pensar o conto, caminho que viemos percorrendo. Considerando o fato de que algo do movimento moebiano do sujeito na linguagem comparece não só na fala como também na escrita, por que não poderíamos recolher alguns de seus índices na literatura?

A posição de Antônio Candido pode ser diretamente lembrada aqui quando debate as relações da obra literária com a realidade social de um tempo ou contexto. Inicia "Crítica e sociologia"[129] dizendo que nada é tão perigoso quanto exagerar uma verdade, pois o que ocorre quando se apara o excesso, o que certamente será feito algum dia, é que o que estava antes cai na categoria do erro, do outro pólo, até que se realize a operação delicada da regulação, do ajuste. Candido trata do estudo da relação entre a obra e seu condicionamento social: passou-se por um tempo em que o significado e o valor da obra dependia de ela refletir, expressar um ou outro aspecto da realidade. Depois, foi-se para uma posição oposta, na defesa da idéia de que a matéria da obra seria totalmente secundária, importando o jogo formal, independente de qualquer questão contextual. Hoje, diz em seu escrito, é preciso combinar texto e contexto como necessários ao trabalho sobre a literatura. E aqui, o "moebiano" em Antônio Candido:

> Sabemos, ainda, que o *externo* (no caso, o social) importa, não como causa, nem como significado, mas como elemento que desempenha um certo papel na constituição da estrutura, tornando-se, portanto, *interno.*[130]

---

[128] Ibidem, p. 32.

[129] SOUZA, Antônio Candido de Mello e. "Crítica e sociologia". In: *Literatura e sociedade.* São Paulo: T.A . Queiroz 2000; Publifolha, 2000.

[130] Ibidem. p. 6.

4.5 O externo que se torna interno é estrutura

Seguindo a delicadeza do trabalho com a estrutura, passemos novamente do geral da literatura para o particular do conto: não seria a estrutura subversiva de Moebius uma via fecunda para formularmos uma contribuição a mais no pensar sobre a estrutura do conto?

Uma leitura apressada da tese "o conto conta duas histórias" sem considerar com cuidado as articulações que a sustentam e que são justamente, enunciadas com fineza pelo autor, correm o risco do reducionismo, onde a simplificação poderia produzir uma leitura na aproximação com uma banda de dupla face: cada face uma história; é o cara ou coroa do exemplo.

Mas se ressaltamos o destaque, o movimento, que o autor pontua em duas histórias *com* a articulação dos pontos pivôs, pontos de intersecção, ou mesmo nas duas histórias *mais* a linha de tensão – elementos terceiros na estrutura mesma, trabalhando as duas histórias –, o acento se desloca em um ultrapassamento moebiano: há uma torsão na estrutura que permite os efeitos paradoxais.

Se realizamos a torsão, subvertendo a duplicidade, exterioridade e interioridade estão articuladas, uma história incidindo sobre a outra, ambas em funcionamento, podemos dizer. De acordo com a primeira tese de Piglia, as histórias poderiam ser desvinculadas, cisão que examinaremos mais adiante (com relação ao corte na banda de Moebius).

Se a habilidade ou a arte do contista depende de saber cifrar a história 2 por entre o relato da primeira, esse ciframento pode ser pensado por perto do movimento de torsão. Ciframento e deciframento, articulados às operações topológicas de torcer e cortar. Ciframento e deciframento, assim como também trabalho da escrita e trabalho da leitura.

Quando em "William Wilson" temos a notícia do "pequeno detalhe" que faz a fraqueza do outro – o *falar em um sussurro* – podemos situar algo da ordem da torsão: esse elemento que parece descritivo. Um entre outros na história (claro que o leitor aí já é chamado pela narrativa a "saber" que se trata de algo especial) e que faz o nó com a segunda via, é um ponto condensador, "torce" junto os dois fios, as duas histórias. Quando incide o olhar no espelho, na narrativa, ali se opera o ponto de corte, de certa forma, de deciframento, fazendo aparecerem as duas histórias em sua simultaneidade. Esse efeito de uma certa *gestalt* onde figura e fundo flutuam, aparecem e somem, em fugacidade. O sussurrar era fundamental, indicador da "exterioridade íntima".

Novo parêntese para permitir seguir – a banda de Moebius quando construída em uma tira de papel, se recortada em toda sua extensão, seguindo seu comprimento, em paralelo à borda, produz uma tira longa que não preserva as propriedades moebianas. O resultado é o da fita de dupla face. Nesta operação, a do corte, Lacan sustenta duas noções fundamentais da prática analítica, a interpretação e o ato analítico. Esse corte é a interpretação, é o ato: o corte, no tempo em que ele se realiza, mostra a superfície da banda e ao mesmo tempo vai destruindo-a – o espaço se apresenta, se revela ao desaparecer, se "esfumaçar" enquanto tal. Momentaneamente ocorre a cisão, aparece o desejo do analisando, que estava mascarado em seu próprio dizer, em meio à série de linhas sem ponto. O corte faz com que o inconsciente seja produzido como um avesso, num momento fugaz de "direito e avesso", como dupla face instantânea que justamente ao se revelar já se desfaz, pois não está mais como inconsciente.

Em Emma Zunz, quando a história secreta (a execução do plano de Emma) se desdobra sobre a primeira (a morte do pai, o que suscita a vingança) temos este momento onde um passo da realização do projeto de morte esbarra no sexual, na torsão que condensa e sobredetermina a vingança. A vingança pelo destino do pai, no roteiro mais amplo, pelo da mãe, no particular do sexual visto como demasiado cru, no roteiro do casal parental? Pelo seu próprio roteiro que fica fixado na realização dos atos como se ela assistisse a um script encenado? Quando o narrador propõe – será que Emma pensou uma única vez, naquele momento, no morto que motivava o sacrifício – ali, para o leitor, aparece a mágica do corte (as histórias ao mesmo tempo, mas separadas, como direito e avesso). Irrupção do insuportável para Emma (a vertigem a qual ela se entrega, gozo?)

4.6 Escrita e passagem

A banda de Moebius se apóia, simultaneamente, entre 1 e 3 dimensões. Ao mesmo tempo em que todas as suas propriedades remetem ao um (uma face, uma borda), o três se impõe a essa estrutura. Outro paradoxo. O ultrapassamento da dimensão dual, isso aparece quando se representa a figura no papel; o que se convencionou para o desenho forneceu à planificação desta figura um estatuto de escrita. Os topólogos "escrevem" a banda, geralmente, com um desenho em linhas retas, com duas dimensões; planificado. Assim, a terceira dimensão do espaço comum (comprimento, largura, profundidade), a profundidade, fica representada pelo cruzamento da linha sobre ela mesma, representando uma dobra, "[...] um por cima por baixo. A descontinuidade da linha não pretende indicar sua interrupção, mas a passagem sob ela mesma num determinado momento de seu trajeto"[131].

Foi esse o desenho que Moebius apresentou à comunidade científica da época:

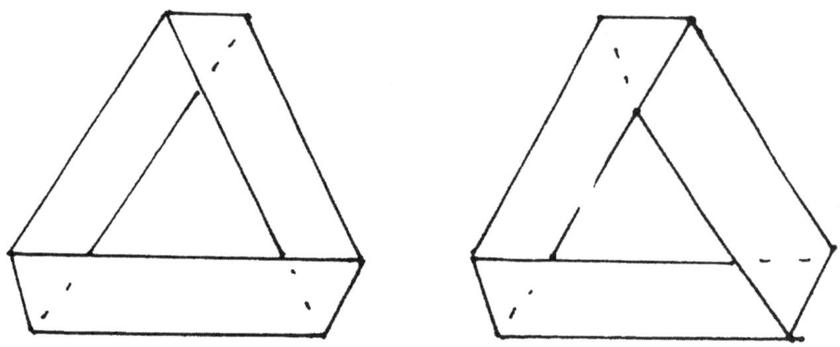

Figura 12: Desenho banda planificada
Fonte: Granon-Lafont, p. 30

No momento da planificação, a banda que era construída com uma torsão (ou semitorção), se desenha como uma banda com três semitorsões. "Para criar uma banda de Moebius, o número de semitorções deve ser ímpar. [...] O três já está, portanto; presente"[132]. O corte da banda, quando

131 GRANON-LAFONT. *Op. cit.*, p. 25-6.
132 GRANON-LAFONT. *Op. cit.*, p. 32.

produz uma única tira longa, faz aparecer a tira com quatro torsões – sem as propriedades moebianas.

Uma última observação sobre o que pode nos interessar nesta banda de Moebius: é comum pensarmos em sua construção como um "passe de mágica" operado pela torsão. Mas é importante perceber a relação desta torsão com o corte, com isso que "não fecha" e que é da ordem de um real em cima do qual se sustenta sua superfície (e todas as relações simbólicas e imaginárias). O psicanalista francês Charles Melman insiste neste ponto:

> Pourquoi cette élection que fait Lacan de l'espace moebien? Les réponses que je serais tenté de donner seraient d'une part que cet espace est organisé non par le geste d'un démiurge qui serait venu prendre, sortir sa ceinture de son pantalon et en retourner les bords pour créer une bande moebienne et le monde du même coup; mais que cet espace moebien est mis en place par la perte, la coupure opérée sur le plan projectif de cet objet particulier que vous savez, et qui va désormais à la fois marquer ce qu'il en est du trou propre à l'agencement, au réseau du signifiant, et en même temps cette particularité du bord constituant ce trou, c'est à dire sa nature borroméenne. [...] pour qu'un objet puisse désormais venir compléter ce trou, il faudra qu'il ait une propriété géometrique parfaitement spécifique. Donc d'abord présence dans la bande moebienne de cet objet coupé, retranché, dont elle a évidemment la mémoire, pas de bande moebienne sans la mémoire de ce trou qui est venu de la constituer.[133]

[133] MELMAN, Charles. "La topologie, ça ne fait pas croix". In: *Bulletin de l'Association lacanienne internationale,* n. 111. Paris: Association lacanienne internationale, 2005. p. 3.
"Por que essa eleição que Lacan faz do espaço moebiano? As respostas que eu estaria tentado a dar seriam, de uma parte, que este espaço é organizado não pelo gesto de um demiurgo que teria vindo pegar, tirar o seu cinto de sua calça e virar suas bordas para criar a banda moebiana e o mundo de uma só vez; mas que este espaço moebiano seja instaurado em seu lugar pela perda, pelo corte operado sobre o plano projetivo deste objeto particular que vocês conhecem, e que vai doravante marcar o que ele tem, em si, de buraco próprio à organização, à rede do significante, e, ao mesmo tempo esta particularidade da borda constituinte desse buraco, ou seja, de sua natureza borromeana. [...] para que um objeto possa a partir de então vir a completar esse buraco, será preciso que ele tenha uma propriedade geométrica perfeitamente específica. Portanto, primeiro a presença na banda moebiana desse objeto cortado, do qual ela guarda evidentemente a memória, não uma banda moebiana sem a memória desse buraco que veio constituí-la."

A "memória" da falta, como diz Melman retoma de certa forma o que está na própria condição subjetiva, a linguagem que vem no lugar da coisa. A possibilidade de um sujeito se fazer representar para além da miragem constitutiva do primeiro par. O três, desde o início.

O três na estrutura, na relação com a literatura, faz-me lembrar uma situação banal, episódio do cotidiano, mas que resultou marcante por ter fixado para mim, de certa maneira, esta elaboração, associação curiosa pela circunstância. Na ocasião eu fazia um primeiro encontro com o texto "A imagem de Proust", de Benjamin, e estava muito impressionada com a leitura. Estava às voltas com a idéia que o autor explicitava, de que se para os romanos, texto significa *o que se tece*, nenhum texto era mais *tecido* do que o texto proustiano. Na obra de Proust, comentava Benjamin, o esquecimento é que teria o lugar fundamental, o tecido de onde retornavam as lembranças (quase como um avesso do senso comum): a recordação estaria como a trama, e o esquecimento a urdidura. Isso me parecia ao mesmo tempo instigante e enigmático, tinha a impressão de não alcançar bem o entendimento da coisa. Justo nesses dias, recebi em meu consultório alguém que me levava um tapete persa, um amigo que é uma autoridade nessa matéria, com relação à técnica da tecelagem, suas diferenças, contextos e culturas. Uma vez o tapete estendido no chão, essa pessoa chamava a atenção para o jogo de claro/escuro, a cor do tapete que se alterava totalmente dependendo de onde se olhava (contra ou a favor do ponto de luz). A propósito dessa diferença, ele passou a explicar sobre a confecção do tapete: a trama e o urdimento (a leitura de Benjamin!). A explicação caiu como uma luva; o urdimento constitui a estrutura da tapeçaria, os fios longitudinais, a franja maior. A estrutura é a base dos nós. O nó é aplicado no urdimento; uma vez cortada a ponta de cada nó, tem a espessura do tapete, os pequenos fios na vertical. A trama, por fim, é constituída com o fio que corre na transversal, que firma o padrão.

Essa breve aula sobre o tecer me ajudou com o texto (hoje penso que fez parte da intensidade desses momentos de convergência que ocorrem quando estamos de fato afetados por algo). Se o esquecimento no texto proustiano poderia ir, de alguma forma, ligado à estrutura (como na tapeçaria), a trama que firma o padrão poderia ser, efetivamente, como a trama, a novela, no texto. O que me pareceu um achado, a partir da explicação, é que há esse terceiro elemento que é o nó. Não se trata de uma estrutura binária. Mesmo que o que apareça mais explicitamente sejam dois elementos, como trama e urdidura; ou mesmo como duas teses, ou duas histórias, ou duas faces.

4.7 Nova volta ao conto

Faço a hipótese de que no conto machadiano a linha de força, de tensão, joga com um efeito de avesso. Mais moebiano do que "cara ou coroa". E que esses efeitos são produzidos na costura (indissociável) entre forma e conteúdo, ao modo de Machado produzir o nocaute ou a queda do raio: ponto de abertura.

Teríamos muitas mediações a fazer entre narrativa textual e a fala em análise; afinal de contas, um escrito não é uma superfície moebiana; portanto aqui é preciso ir com cuidado. O que singulariza uma escrita, no entanto, tem relação com o estilo que ali se produziu, arriscaria pensar que um *efeito de avesso* como o que encontramos em "A Chinela turca", desse saber de que a proximidade do objeto de desejo implica uma borda de desamparo, funciona no estilo de Machado de Assis como nos evocando as relações do sujeito ao campo do Outro em seu funcionamento moebiano (e nesse ponto Machado compartilha o com o leitor o gozo do "achado"). Essa amarração vem do saber inconsciente que se veicula em algo do estilo do autor. Passagens paradoxais. Assim como passagens entre o singular e o coletivo, em seus contos, ou mesmo nas passagens, como já referimos anteriormente, que concernem a posições fantasmáticas que ele recolhe no imaginário social e joga para dentro de sua ficção.

Se seguirmos na elaboração dos elementos que destacamos a partir da leitura de Piglia – os pontos pivôs articuladores, índices do 3, da torsão e do corte na estrutura do conto – podemos propor que o grande articulador da "perda de pé" da vertigem machadiana possa ser examinada mais de perto. Isso se dá a partir de uma "invariante" estrutural em sua obra, da qual ainda não nos aproximamos: a ironia.

A ironia, privilegiada na escrita de Machado, lembremos a condensação exemplar que é a do "passaporte do céu" em "A chinela turca" – ao mesmo tempo a mulher que levaria um homem ao paraíso, metáfora de Cecília (assim como a própria chinela) e o nome do veneno, a "droga do Levante" que mataria Duarte. Passaporte, transporte que faz bem a função desses pontos de vertigem desarticuladores da escolha dual (ou um ou outro), trazendo a simultaneidade, as multiplicidades.

Podemos avançar propondo que tal *efeito de avesso* constitui uma constante estrutural de alguns dos grandes contos machadianos, talvez até daqueles que constituem mais claramente "assinaturas" machadianas (marcas do estilo).

4.8 Um gozo em circulação: ironia e obliqüidade

A ironia constitui um vasto campo de estudo na cultura – literatura, filosofia, retórica, estética – desde Aristóteles, em sua *Ética a Nicômano* e na *Poética,* onde é situada como uma atitude, uma das fundamentais do humano; Sócrates como o representante inaugural dessa postura. Outro marco pode ser encontrado em Schlegel e o conceito de ironia no romantismo, relacionado com a liberdade de espírito. Hegel, Kierkegaard e o conceito de ironia, Bergson, e tantos outros, muitos caminhos. Não poderemos percorrê-los aqui; interessa, neste momento, abordar a ironia arriscando o recorte pontual para seguirmos o fio da "experiência de vertigem" no conto de Machado de Assis. O recorte segue, assim, por elementos que podem vir a auxiliar dentro do eixo de base, entre a literatura e a psicanálise.

O caminho a partir da estrutura, que viemos desenvolvendo, nos aproxima da produção de Phillippe Hamon em *L'ironie Littéraire, essai sur les formes de l'écriture oblique*[134]. De saída, o título me impressionou, pela formulação direta da relação da ironia com a obliqüidade; como uma forma de *escrever* a ironia.

[134] Phillippe Hamon – professor da Université de la Sorbonne Nouvelle. HAMON, Phillippe. *L'ironie Littéraire, essai sur les formes de l'écriture oblique.* Paris: Hachette Livre, 1996.

Reencontro do oblíquo com nova passagem por Machado. Dessa questão tanto me ocupei em *Dom Casmurro,* pela via da obliqüidade do olhar (Capitu e os olhos de ressaca) e que constituiu o eixo de minha leitura – essas espinhas dorsais que só se desenham bem no a posteriori, com uma conclusão: a obliqüidade pode bem ser a forma machadiana de nos apresentar, em *Dom Casmurro,* a operatória do desejo. Como se articula, com o olhar, a questão do desejo? Os olhos de cigana oblíqua e dissimulada dão o que pensar. A propósito deste oblíquo passamos em *Um narrador incerto*[135] pelo desenvolvimento proposto pelos psicanalistas Bergès e Balbo no que concerne à relação mãe-bebê, onde eles observam que, para uma criança, é fundamental que o olhar materno tenha algo de oblíquo, pois a obliqüidade supõe certa leitura, suposição, equivocidade; que é assim, propondo algo do significante, que se pode introduzir para o bebê algo da ordem do desejo. Quando uma mãe não "lê", e sim tenta adivinhar, atribuir em vez de supor, aí pode se produzir o encontro assustador (lembremos a inquietante estranheza, o *Unheimlich* em Freud): ser tomado como pura extensão, onde não se abre espaço para a alteridade.

No mito, no encontro entre Medusa e Perseu, este só se salva porque "angula" o olhar, o faz passar por um caminho oblíquo, a imagem refletida no espelho, "meio de lado". O olhar de Medusa, frontal, sem angulação, transformava os homens em pedra. Capitu tem essa propriedade do oblíquo, que convoca Bentinho. Esse foi o caminho do oblíquo que percorri com *Dom Casmurro*: a relação íntima entre a obliqüidade e o movimento do desejo. Lembremos com Lacan que o próprio inconsciente "só se entrega quando o olhamos meio de lado"[136].

---

135 PEREIRA, Lucia Serrano. *Um narrador incerto entre o estranho e o familiar, a ficção machadiana na psicanálise.* Rio de Janeiro: Companhia de Freud, 2004. cap II.

136 LACAN, Jacques. *O Seminário. As formações do inconsciente.* Livro 5. Tradução de Vera Ribeiro. Rio de Janeiro: Jorge Zahar Editor, 1999. p. 25.

Figura 13: *Tableau de Wagner dans la vitrine de la galerie Romi, rue de Seine, Paris 6* – 1948.
Fonte: Robert Doisneau

Retomando: talvez possamos dizer que Machado ali encontrou uma forma de *escrever* o desejo, assim como Phillippe Hamon propõe o oblíquo como uma forma da escrita da ironia. Ele organiza seu aporte a partir de uma foto tirada por Robert Doisneau[137] que apresenta no livro sob a rubrica de "o olhar oblíquo". Uma fotografia de mestre, bela, comovente, engraçada, onde o efeito instantâneo em que Cortázar reuniu foto e conto, neste caso, é agudo e certeiro: vem pelo efeito da ironia. O casal está olhando a vitrine, ela para o que aparentemente é uma obra de arte, em relação à qual eles estão de frente (o fotógrafo tira a foto desde o interior da galeria); ele com o olhar desviado para o nu feminino do quadro ao lado. Doisneau tem lugar, certamente, na série dos grandes fotógrafos referidos por Cortazar anteriormente, Cartier-Bresson e Brassai.

Em sua foto algo da ironia na obliqüidade é registrado, em uma cena do cotidiano. O oblíquo faz boa parceria, podemos dizer, com o jogo de interno/externo que comparece quase "*myse em abyme*", diz Hamon: "*[...] une photographie que je regarde représente des personnages regardant des images, des personages em extérieur (rue) regardent des images situées à l'intérieur d'une boîte (la vitrine), représentation inversée (monde à l'envers?) de la photographie où une boîte à images regarde de son objectif les personnages du monde extérieur*[138]. A caixa vitrine é associada a uma "caixa de imagens", a própria fotografia, caixa que olha através da lente, "os personagens do mundo exterior".

Na foto, o sistema de valores da conjugalidade pequeno burguesa é pano de fundo evidente, o homem capturado pela nudez feminina situada em oblíquo, e a esposa enquadrada no certo, no reto, no controle (que obviamente, escapa). Segundo Hamon, o que Doisneau oferece aí com sua foto é uma espécie de "adultério do olhar". Propõe ainda que

---

[137] Foto publicada na revista *Photographies Magazine*, número 40, em abril de 1992; *Robert Doisneau*, France, Tours: Actes Sud, 2006, "Tableau de Wagner dans la vitrine de la galerie Romi, rue de Seine, Paris 6 – 1948"; collection Photo Poche, p. 58.

[138] HAMON, Phillippe. *Op. cit.*, p. 8.
"[...] uma fotografia que eu olho representando personagens olhando imagens, personagens no exterior (rua) olhando as imagens situadas no interior de uma caixa (a vitrine) representação invertida (mundo ao avesso?) [...]".

essa *obliqüidade* que Doisneau traz à obra e fixa com a imagem, bem poderia ser uma espécie de invariante estrutural da ironia no discurso.

Isso poderia nos devolver ao caminho machadiano. Se há algo que em Machado é consenso, por parte de seus críticos, é sobre a importância que a ironia tem em sua obra. Por onde a ironia nos permite avançar neste particular que relaciona "forma de escrever" com "efeito de vertigem", ou seja, um modo, uma escolha que participa do estilo do escritor e que ele compartilha, de alguma forma, com seu leitor?

Hamon oferece referências que contam para que possamos tirar as conseqüências dessa interrogação pela ironia no texto literário: importa considerar a ironia como uma forma, uma postura de enunciação integrada ao enunciado, ou seja, "*[...] un texte ironique n'est pas une sucession de calembours ou de traits d'esprit juxtaposés et isolables, et l'ironie globale dont traitera le littéraire ne saurait être réduite à um échantillonage de phrases ironiques, à la somme dês figures locales de l'ironie*"[139]. Entenda-se, quando ele diz de "um texto irônico", uma postura de enunciação da ironia que circula, personagem ou narrador, que se apresenta em um ou outro ponto do texto, sem reivindicar qualquer tipo de fixidez ou presença quantitativa, não constituindo qualquer tipo de regime padrão. Nem fruto de soma das partes, vale a advertência.

Trata-se de jogar com um não-dito que circula, que convoca o leitor compartilhando algo do campo desse não-dito como uma zona de cumplicidade.

Circulação, olhar para as passagens (olhar que nos interessa) que marca, de alguma forma, o "traço", o estilo: "*Doisneau adore les vitrines, les portes, les fenêtres, les passages, tous les lieux qui font jouer de façon ambiguë le dedans et le dehors, tout ce qui scénographie le regard, tout ce qui permet um échelonnement du réel*"[140].

---

[139] HAMON, Phillippe. *Op. cit.*, p. 4-5.
"[...] um texto irônico não é uma sucessão de jogos de palavras ou de ditos espirituosos justapostos e isoláveis, e a ironia global que tratará o literário não poderia ser reduzida a uma amostra de frases irônicas, à soma das figuras particulares da ironia."

[140] Ibidem. p. 11.
"Doisneau adora as vitrines, as portas, as janelas, as passagens, todos os lugares que fazem jogar de modo ambíguo o dentro e o fora, tudo o que cenografie o olhar, tudo o que permita um escalonamento do real."

Justifico a pequena digressão que nos levou de Hamon para Doisneau, é que me pareceu encontrar no trato da obliqüidade via foto um encontro muito particular enlaçando a ironia e o oblíquo, dois traços, sem dúvida, machadianos.

Sem pretender abarcar a descrição e exame da ironia em *L'ironie Littéraire*, pelo menos mais uma ou duas idéias que vem a integrar nosso movimento: a irredutibilidade e o detalhe.

A ironia não se deixa reduzir. Falando da ironia no quadro dos processos sociais, o autor trabalha sobre o fato de que ela não se deixa reduzir facilmente, mesmo que para alguns seja índice de certa autoridade adquirida e marca de superioridade (de casta ou de classe), pode ser também um recurso da resistência à dominação sem produzir um ataque frontal. Não sendo assim nem de dominantes nem de dominados (ele amplia essa discussão da qual só indico notícias), não se rege por oposições binárias que terminam por descartar os "demais", e os "nem tanto", os "um pouco", os "quase nem", ou seja, no binário nada de nuances. Fundamentais na ironia.

Nesta direção a ironia encontra o detalhe: um dos exemplos é o do texto proustiano e de sua *politesse*, os modos de comportamento social que permeiam as situações, as amenidades, as galanterias, as frases de efeito e os preciosismos que compõe todas as gradações e nuances das regras do mundo das conveniências; segue Hamon: "*D'où, plus généralement, le gout de tout ironiste pour le decoupage de tout ce qui se presente comme trop 'massif', pour le détaillage minutieux du reel pour la 'dissection des choses majestueuses' [...]*"[141].

A atenção astuciosa ao detalhe acompanha o prazer pela desorganização das regularidades – a obliqüidade que faz perturbação a tudo o que aparece como dentro do controlável. Desorganização esta que se vale do que o autor situa como campo de tensões:

[141] HAMON, Phillippe. *Op. cit.*, p. 29.
"De onde, em geral, o gosto de todo ironista pelo recorte de tudo aquilo que se apresenta como excessivamente 'massivo', pelo detalhamento minucioso do real, pela 'dissecção das coisas majestosas' [...]."

> 1) tension entre deux parties disjointes et explicites du même énoncé (deux registres, deux champs sémantiques, deux termes d'une comparaison, mis em voisinage hétéroclite); 2) tension entre le narrateur et son propre énoncé, don't il se désolidarise entièrement ou partiallement; 3) tension entre l'énoncé et un autre énoncé extérieur, cité, parodié, pastiché ou simplement mentionné en echo ("mímese"); 4) tension entre le discontinu et le le continu, par introdution de degrees là où il n'y en a pas ou par neutralization de degrés préexistants. Tous ces procédés, bien sûr, sont cumulables et compatibles.[142]

O campo de tensões que encontramos enunciado desde o ponto de vista da literatura se encontra, na leitura freudiana, relacionado aos processos que envolvem o chiste, o dito espirituoso. Não que Freud considere ironia e chiste como equivalentes, mas estabelece certo parentesco; por vezes podem encontrar-se diferenciados; em outros momentos, integrados enquanto funcionamento mais amplo. Ele fala do "chiste irônico"[143], acentuando na ironia o que faz uma característica, seu traço, enquanto "representação pelo oposto".

> Refiro-me à ironia, muito próxima do chiste e contada entre as subespécies do cômico. Sua essência consiste em dizer o contrario do que se pretende comunicar a outra pessoa, mas poupando a esta uma réplica contraditória fazendo-lhe entender – pelo tom de voz, por algum gesto simultâneo, ou

---

[142] Ibidem. p. 40.
"1) tensão entre duas partes disjuntas e explícitas do mesmo enunciado (dois registros, dois campos semânticos, dois termos de uma comparação, colocados em uma vizinhança heteróclita; 2) tensão entre o narrador e seu próprio enunciado, do qual ele se desolidariza inteira ou parcialmente; 3) tensão entre o enunciado e um outro enunciado exterior, citado, parodiado, pastichizado ou simplesmente mencionado em eco ("mímese"); 4) tensão entre o contínuo e o descontínuo, pela introdução de graus preexistentes. Todos estes procedimentos, por suposto, são cumuláveis e compatíveis."

[143] FREUD, Sigmund. Obras Completas. Vol. I, El chiste y su relación con lo inconsciente. p.1068. "Asimismo quando en el *Simplícimus* se publica una colección de inauditos cinismos y brutalidades bajo el epígrafe de ' La bondad humana', se trata también de una exposición antinómica. Mas esto se denomina 'ironía' y no "chiste". La técnica de la ironía es precisamente la representación antinómica. Oímos, además, hablar de "chiste irónico".

(onde a escrita está envolvida) por algumas indicações estilíticas – que se quer dizer o contrario do que se diz.[144]

Freud salienta ainda que a ironia é um recurso que supõe um interlocutor preparado para escutar a nuance, a oposição; mesmo assim não raro o jogo irônico escapa do ângulo do outro, facilmente arriscado ser mal-entendido.

No caso da escrita, voltemos a Machado, precisamos considerar esta condição suposta ao leitor, que deve estar nas condições de sacar o efeito reconhecendo ali o jogo no terreno ambíguo ao qual é convidado. Assim, o leitor ele mesmo joga com o terceiro ausente da escrita, mas incluído na operação do efeito, assim como o chiste tem a produção do instante de gozo pelo terceiro ausente, mas suposto.

A hipótese que trabalhamos com relação ao efeito de vertigem nos contos machadianos toma aí uma de suas linhas de sustentação: Machado de Assis põe um gozo em circulação nesta estrutura moebiana da torsão. E compartilha com o leitor algo que é muito mais da estrutura do que poderia ser do objeto (um tema, um conteúdo). O *passaporte do céu* é a própria torsão, é o chiste, e tem a propriedade de ser ao mesmo tempo sonho e realidade.

4.9 O "passo-de-sentido" – a ironia, o chiste e as passagens

O chiste tem duas faces, Lacan nos reenvia à tese freudiana: uma, o exercício do significante, com toda possibilidade da ambigüidade, da polissemia, do algo arbitrário que ele coloca sobre o sentido. A outra face é aquela do inconsciente[145], colocada em movimento pelo próprio exercício do significante. Os processos que o chiste põe em movimento são aqueles mesmos das primeiras descobertas de Freud sobre o funcionamento do

[144] FREUD, Sigmund. *Edição Eletrônica Brasileira das Obras Psicológicas Completas de Sigmund Freud.* São Paulo: Imago, Sonopress.

[145] LACAN, Jacques. *Op.* cit., 1999. p. 89.

inconsciente; junto com os atos falhos e os sonhos, os chistes constituem suas formações, as formações do inconsciente, os meios por onde a estrutura se revela.

O chiste causa impacto e prazer. Primeiro acontece o impacto por um certo *nonsense* que se apresenta, e depois a "recompensa" na devolução, no aparecimento no próprio *nonsense*, de outra possibilidade de sentido. "[...] a passagem do sentido é aberta pelo *nonsense* que nesse instante nos aturde e nos sidera"[146]. O *nonsense* faz neste ponto a função de enganar, por um momento, tempo suficiente para que sejamos atingidos por um sentido que vem de outro lado, que nos passou despercebido até ali. É esse o ponto em que o chiste se produz, fomos agarrados em sua operação. "Esse sentido, aliás, passa muito depressa, é fugidio, é *um sentido em lampejo*, da mesma natureza da sideração que nos reteve por um breve instante no *nonsense*"[147] (grifo meu).

Lacan nos reconduz com isso ao lampejo, o raio, que de certa maneira acompanha nosso desenvolvimento desde o início deste trabalho, e que faz aqui mais uma de suas aparições – neste caso articulado com o efeito de surpresa que Freud anuncia sempre que se trata, de alguma maneira, das formações do inconsciente. "A dimensão da surpresa é consubstancial ao que acontece com o desejo, desde que ele tenha *passado* ao nível do inconsciente"[148].

Aqui encontramos novamente as duas faces do chiste – o prazer do jogo com o significante e a surpresa da novidade. Lacan vai fazer uma ressalva a respeito do *nonsense*. Não é bem de *nonsense* que se trata, precisa, mas sim de apagamento ou redução de sentido; seria melhor dizer simplesmente *pouco-sentido* (*peu-de-sens*). Não se trata de uma ação do *nonsense* a cada vez que o equívoco entra em questão.

Quando no chiste ou tirada espirituosa o impacto produz a redução de sentido, a mensagem interroga o Outro a esse respeito – *o que isso quer dizer?* – Lacan acentua aí a dimensão do Outro como essencial. Para que

[146] Ibidem, p. 90.
[147] Ibidem, p 90.
[148] Ibidem, p. 97.

a tirada espirituosa aconteça, mesmo que a gente a tenha inventado, ela só acontece quando é "autenticada" pelo Outro. Há o sujeito e o Outro; o sujeito é aquele que vai endereçar a fala ao Outro, a novidade, como dito espirituoso. Para além do próprio interlocutor, para esse lugar que testemunha de que haja um sentido mais além; é nesta direção que se fala do Outro como inconsciente, como a "outra cena" freudiana, lugar, tesouro do significante. O pouco-de-sentido é, por assim dizer (percorrendo o caminho do deslocamento), acolhido pelo Outro que "autentica neste o 'passo-de-sentido', e o prazer se consuma para o sujeito"[149].

Lacan propõe a forma do *passo-de-sentido, pas-de-sens,* termo que joga tanto com o não-sentido, ou o pouco-de-sentido, como com passo-de-sentido na direção de passagem, de fazer passar, "tomar um elemento no lugar onde ele se encontra e substituí-lo por outro"[150], movimento da metáfora, da substituição, mas também do deslocamento.

> Que faz aí a tirada espirituosa? Ela não indica nada além da própria dimensão do *passo* como tal, propriamente dito. Ela é o passo, por assim dizer, em sua forma. [...] Na tirada espirituosa o importante é que a dimensão do passo-de-sentido seja retomada, autenticada. É a isso que corresponde um deslocamento.[151]

O sujeito, o Outro, e o passo-de-sentido; novamente o três na estrutura, justo no que implica as passagens.

Reiteramos aqui a idéia de que o que Machado compartilha com seu leitor no âmbito da ironia associada à vertigem é da ordem da estrutura, do que está na trama com a "urdidura", o mesmo que permite que o texto seja lido e relido: o gozo da repetição (e por isso podemos lê-lo de novo sem esgotá-lo) não é um prazer do acesso direto ao objeto, mas sim um gozo do circuito que contorna o objeto. O escrito machadiano, nesse sentido, é ambicioso: "quer" ir o mais longe possível naquilo em que um autor pode

---

[149] LACAN, Jacques. *Op.* cit., 1999. p. 104.
[150] Ibidem, p. 103.
[151] Ibidem, p.103-4.

ousar compartilhar com seu leitor: ele "visa" (ou mostra; ou ainda acha, por efeito) a estrutura, algo que se compartilha e que está na estrutura da composição do conto.

Não entramos aqui no terreno da transmissão da experiência, como Walter Benjamin a propõe? O que faz laço entre os sujeitos, o que permite compor uma experiência, não é justamente o compartilhar, ao fazer passar para um outro algo do que pode dizer respeito à maneira singular de se estar referido à falta e ao real? Dizendo de outro modo: o ponto máximo da transmissão de um escritor não ocorre bem quando pode fazer chegar ao seu leitor aquilo que diz respeito ao modo pelo qual se deixou tomar na linguagem, ou seja, seu estilo?

Ainda uma observação a propósito dessas passagens que envolvem o estar na linguagem e a estrutura. Paul-Laurent Assoun, faz o link que completa aqui a constelação que envolve, além desses dois termos, a ironia e o inconsciente. Escreve em "*L'ironie comme rhétorique de l'inconscient*"[152] que a ironia designa uma figura retórica, uma vez que ela define uma forma de consciência e uma forma de conceber o mundo. Assoun aproxima-se, neste sentido, da concepção da ética da psicanálise que encontra-se em relação estreita à Quintilhano, para quem a retórica constitui a "ciência do bem-dizer". Lacan retomará o bem-dizer a propósito da psicanálise, dizendo que a ética da psicanálise é, ela mesma, a ética do bem-dizer. Mas adverte: bem-dizer não quer dizer onde está o bem do paciente, mas, sim o de leva-lo a "s'y retrouver dans la structure", ele esclarece: se achar no inconsciente. Assoun traça a ligação: a ironia se relaciona aos fenômenos inconscientes cuja lógica Freud evidenciou. Beth Brait, em seu estudo sobre a ironia, faz um inventário preciso com referência às proposições de Assoun:

> 1) o inconsciente funciona como uma retórica na medida em que se trata para o sujeito de articular sua verdade e sua linguagem a seu desejo; 2) a ironia é a figura de retórica que supõe uma certa posição diante da verdade,

---

[152] ASSOUN, Paul-Laurent. "L'ironie comme rhétorique de l'inconscient" In: *L'ironie*, Analyses et réflexions sur "De l'art de conférer", *Essais* – Livre III – Chapitre 8, Michel de Montaigne, Paris, Paris Marketing, 1980. p. 157-65.

forma invertida; 3) a ironia revela o funcionamento do inconsciente como retórica, na medida em que *a verdade, do ponto de vista do inconsciente, só pode se dizer pelo inverso* [...] a ironia exprime uma *lógica de inversão característica do inconsciente.*[153]

A verdade do sujeito, seu desejo, encontram essa estrutura de torsão que é solidária ao funcionamento da ironia, em sua relação ao chiste (uma das formações do inconsciente freudiano, junto com os lapsos e os sonhos).

4.10 Uma última observação na estrutura – o saber do escritor e a construção do leitor

"Ritmo, respiração penitência... Para quem, para mim? Não, claro, para o leitor"[154].

Umberto Eco em seu *Pós-Escrito a O Nome da Rosa* fala a partir do processo de escrita de seu livro, abordando a questão da construção do leitor. Escreve-se pensando em um leitor, ele afirma, assim como o pintor, depois de uma ou outra pincelada, dá um passo atrás e tenta avaliar o efeito, ou seja, tenta olhar a obra desde o lugar onde supõe encontrar o leitor. Quando a obra está concluída inicia o diálogo entre o texto e os leitores, onde o autor, neste momento, fica de fora. Mas enquanto a obra está em andamento, ocorre um duplo diálogo: um, entre o texto e todos os textos escritos antes; o outro, o diálogo entre o autor que ele supõe ou deseja. Umberto Eco levanta uma perspectiva interessante – um autor não escreve somente para a posteridade mesmo que ele possa afirmar isto, pois só pode imaginar os pósteros a partir do molde de seus contemporâneos. Ele pode escrever para poucos leitores, se imagina que seu leitor modelo tem pouca chance de configurar uma maioria. Mas mesmo assim, diz, ele escreve com

---

[153] BRAIT, Beth. *Ironia em perspectiva polifônica.* Campinas: Editora da UNICAMP, 1996. p. 45.
[154] ECO, Umberto. *Pós Escrito a O nome da rosa.* Rio de Janeiro: Nova Fronteira, 1985, p. 40.

a esperança não muito secreta de que seu texto crie representantes de um novo leitor desejado, encorajado pela leitura de seu texto.

"A diferença, se existir, é entre o texto que quer produzir um leitor novo e o texto que procura ir ao encontro dos desejos dos leitores tais como eles são"[155]. No segundo caso, temos o risco do livro se constituir atrelado ao mercado. Mas quando o escritor planeja o novo, não quer o leitor dependendo do mercado, "quer revelar o leitor a si próprio"[156].

Os editores de *O nome da rosa* pediam a redução das cem primeiras páginas, pesadas e maçantes, alegavam, onde o leitor poderia desistir. Umberto Eco não cedeu, dizendo que essas eram justamente as páginas que permitiam construir o leitor, prepará-lo para o que viria a seguir, para que ele tivesse as condições, (respiração, ritmo, penitência...) para o que viria a seguir. "*Que leitor modelo eu queria, quando estava escrevendo? Um cúmplice, claro, que entrasse no meu jogo [...]. Mas ao mesmo tempo eu queria, com todas as minhas forças, que se desenhasse uma figura de leitor, que, superada a iniciação, se tornasse meu prisioneiro, ou melhor, prisioneiro do texto e pensasse não querer nada mais do que aquilo que o texto lhe oferecia. Um texto quer ser uma experiência de transformação para o próprio leitor*"[157]. O que Umberto Eco gostaria, no limite, ele afirma, seria tornar-se medieval e viver na Idade Média *com o leitor.*

Fazer essa pequena digressão, indo ao depoimento de Umberto Eco, me pareceu importar ao nosso ponto, pois a radicalidade dessa fala, de ir viver junto com o leitor no universo ficcional nos dá algo da intensidade da cumplicidade que me parece ter relação com o "compartilhar algo de um gozo", é mais do que mostrar a Idade Média (o objeto), e sim algo relativo à experiência do processo, de como ele, escritor, produziu ali essa passagem.

Esta "cumplicidade", tomando o termo de Eco, presente nas obras que atravessam os tempos e ganham certo lugar de inscrição na cultura, passa por certa relação do "saber fazer" do escritor. É da ordem de um

[155] Ibidem, p. 42.
[156] Ibidem, p. 42.
[157] ECO, Umberto. *Op.cit.*, p. 44.

saber que molda o estilo, algo que diz respeito a como o escritor achou, em sua escrita, forma de passar "pelas bordas do buraco do real", traçando essas bordas em uma produção discursiva que implica, certamente, um gozo. Experiência que não é comum de compartilhar, mas que, quando lograda, opera como um achado.

Para falar dos processos de criação em arte Lacan lembra a frase de Picasso "Eu não procuro, acho"[158] como um paradigma da criação. É claro que o que é achado é procurado, diz Lacan, mas procurado nos caminhos do significante, via sublimação. E define a operação sublimatória: sublimar é traçar as bordas do buraco do real com significantes[159]. "Em toda a forma de sublimação o vazio é determinante. [...] Toda a arte se caracteriza por um certo modo de organização em torno desse vazio"[160]. Não um velamento, um recobrimento do real, a produção artística vem como um traço forte a marcar as bordas, não evitando o buraco, se podemos dizer assim. A forma de possibilidade simbólica (o simbólico que estruturalmente implica o três, o terceiro, na estrutura subjetiva), de traçado pelas bordas do real vai ser modelada no próprio traçado. E as formas que cada um encontra para se organizar simbolicamente com isso são constitutivas do estilo (do sintoma, das formas de estar com o Outro, no geral, modo de lidar simbolicamente com o buraco do real, assim como o fantasma, nos termos da psicanálise, é a forma de lidar com isso no campo do imaginário).

Tudo isso para lembrar que aquilo que pensamos como algo "compartilhado" com o leitor, com o efeito de vertigem machadiano, tem relação com o modo de "saber fazer com o vazio" de Machado e que se inscreve no que poderíamos pensar como a possibilidade de transmissão possível, na experiência literária. Transmissão, justamente como aquela ligada à experiência, ao "modo de" fazer o achado, e não com um objeto encontrado. Fazer a circulação de uma ficção – desenvolve Ana Costa em seu livro *A ficção do si mesmo* – diz respeito a inscrevê-la na cultura, inseri-

---

158 LACAN, Jacques. *Op. cit.*, 1988, p. 149.

159 Ver ANEXO B sobre a sublimação.

160 LACAN, Jacques. *O Seminário, a ética da psicanálise*, livro 7. Tradução de Vera Ribeiro. Rio de Janeiro: Jorge Zahar Editor, 1999. p. 162.

la no campo do Outro, que, assim como vimos no chiste, faz o processo de autorização e inscrição da experiência[161].

Reunimos, até aqui, elementos suficientes para considerar certa convergência entre a proposição do detalhe e sua função como ponto de abertura na narrativa; a articulação moebiana e seu ponto de torsão (que conta com o campo de tensões enunciado para poder operar); e, ainda, a ironia como desarticuladora da dicotomia, da perspectiva tranqüila de terra firme. Passagem, passo-de-sentido, a partir do que ela compartilha algo da estrutura do chiste, estrutura de funcionamento do inconsciente, e, portanto, da subjetividade. Laço privilegiado que Machado ata com seu leitor – a circulação de um gozo que tem a ver com a estrutura (tanto na relação à estrutura de composição do escrito, quanto à estrutura do sujeito). Caminho de possibilidades de leitura a fim de retomarmos a perspectiva da vertigem nos contos machadianos. Voltemos a eles.

[161] Vide COSTA, Ana. *A ficção do si mesmo.* Rio de Janeiro: Companhia de Freud, 1998. p. 119.

5

PELA RUA DO OUVIDOR, O CONTO MACHADIANO

Sigamos pela Rua do Ouvidor...

Figura 14: Rua do Ouvidor – Rio de Janeiro (RJ).
Fonte: "O Rio Antigo do fotógrafo Marc Ferrez".São Paulo: Ex Libris, 1984.

5.1 Capítulo dos chapéus (a vertigem das passagens)

A tranqüilidade do casal é perturbada, trata-se do chapéu de Conrado. O conto inicia com um narrador distanciado situando o conjugal: o marido é advogado, tem escritório na Rua da Quitanda, e circula (com esse chapéu) pela cidade, nas audiências, no trabalho (só não o leva às recepções e outras ocasiões maiores). Mariana, a esposa, passiva, meiga, "plasticidade de encomenda"[162], é uma mulher do doméstico: "móveis, cortinas, ornatos supriam-lhe os filhos"[163], hábitos quietos, constantes, a repetição acomodando seus trajetos. Mariana lia sempre os mesmos livros, a conta chegava no momento a sete vezes a *Moreninha*, dez vezes *Ivanhoe*, onze o *Mot de l'enigme* ...

Naquela manhã, Mariana faz o pedido inusitado: que Conrado não vá mais à cidade com aquele chapéu, não que ela o ache feio, mas... é para andar na vizinhança, e não para um advogado, na cidade. O chapéu era o mesmo há anos, "um simples chapéu, leve, não deselegante, um chapéu baixo"[164].

Conrado, não acostumado a essas ousadias por parte da mulher, a submete rápida e sutilmente, olhar, gesto e voz, humilhando-a com uma tese sobre o princípio metafísico do chapéu, indo de considerações fundadas desde os astros até os vermes, argumentação onde o chapéu seria como que a "integração do homem", prolongamento da cabeça, escolha necessária e não contingente, talvez fosse mesmo o homem o prolongamento do chapéu; sarcasmo absoluto sobre ela que, envergonhada e magoada, cala.

Toda a cena acontecia porque o pai de Mariana a visitara na véspera, enquanto Conrado estava fora. O pai, defensor ferrenho dos hábitos antigos, comenta com a filha que naquele dia vira o genro na cidade "de palestra com outros chapéus altos de homens públicos"[165], o contraste com

---

[162] ASSIS, Joaquim M. Machado de. "Capítulo dos chapéus". In: ASSIS, Joaquim M. Machado de. *Obra completa.* Volume II. Rio de Janeiro: José Aguilar, 1997. p. 402.

[163] Ibidem, p. 402.

[164] Ibidem, p. 401.

[165] Ibidem, p. 403.

o chapéu baixo do genro é destacado. Óbvio, confessou a ela seu desgosto profundo. O chapéu assume, desde aí a potência de representar os homens, no conto.

Depois do diálogo exasperado com a mulher Conrado sai para a cidade, ela o observa pela janela, o chapéu lhe parecendo, mais do que nunca, ordinário e vulgar. Mariana pensa nos anos de docilidade e resolve sair. Vai à casa de Sofia, colega de escola, quer espairecer, mas com a idéia de não falar nada do assunto. Sofia percebe logo o desgosto, e em vinte minutos Mariana falou tudo. A narrativa segue traçando contrastes, agora entre as mulheres. Sofia diz à amiga que a culpa é dela, Mariana, que é mole com o marido. Ela própria já domesticou o seu: resultado, muita harmonia. Tudo o que ela quer ele faz, mesmo que não tenha vontade, basta fechar a cara que ele obedece logo. Mariana inveja essa "bela definição do sossego conjugal. A rebelião de Eva embocava nela seus clarins; e o contato da amiga dava-lhe um prurido de independência e vontade"[166]. Sofia era não só bastante senhora de si, como também dos outros, namorava, tinha olhos para todos os lados, fascinava. Aproveita a ocasião e faz o convite à Mariana: vamos à cidade. Para quê? Passear, ir ao dentista, tirar retrato... Por que não?

A amiga tinha a propriedade de exercer certo fascínio, virtude de Bonaparte; informa-nos o narrador. Assim, "Mariana ia cantando dentro do coração a marselhesa do matrimônio"[167].

Elas vão ao centro. O centro do mundo, neste contexto: a rua do Ouvidor.

A vertigem, no conto, é justamente o que Mariana vive na Rua do Ouvidor, o burburinho, o movimento, a quantidade de gente, os "chapéus" que passam a se manifestar, e Sofia reinando. "Sofia, prática daqueles mares, transpunha, rasgava ou contornava as gentes com muita perícia e tranqüilidade"[168]. Mariana vivia o atordoamento, os demônios

---

[166] ASSIS, Joaquim M. Machado de. "Capítulo dos chapéus". In: ASSIS, Joaquim M. Machado de. *Op. Cit.*, p. 404.

[167] Ibidem, p. 406.

[168] Ibidem, p. 406.

dos chapéus (aqui masculinos ou femininos), em profusão; ela entra em um corredor, retoma o fôlego – pode olhar a rua, agora, da janela da sala de espera do dentista, fugindo ao atropelo, mas alguns chapéus masculinos parados ali passam a olhá-las. Sem sossego. Ela volta a cabeça para o outro lado, e o encontro se dá na sala com um homem que não via há anos, um antigo namorado. Fica desorientada, ele a aborda, quer relembrar, ela quer ir embora. Mas o moço é também conhecido de Sofia que já entabula conversa, resolve dar uma passada com ele na Câmara dos Deputados, Mariana diz que não, mas "era a pomba discutindo com o gavião"[169]. A rua estava agora mais agitada, Mariana lembra a casa com todas as coisas no lugar, só pedia que as horas passassem; o que tinha ela a ver com a Câmara, com os discursos que não entendia. Com andar feito louca pela rua? Passam um tempo na política, então: Sofia sorria, encontrava um olhar, outro sorriso, o Ministro da Justiça, o discurso do orador, a réplica, um pequeno tumulto. Deixada a tribuna, de volta à rua, Mariana encontra-se de novo atarantada no meio de tanta agitação, a alma dilacerada, só pensa em se livrar. Quatro horas da tarde, por fim, Sofia decide iniciar o caminho de volta.

> Mariana respirou. A rola estava livre do gavião. Levava a alma doente dos encontrões, vertiginosa de diversidade de cousas e pessoas. Tinha necessidade de equilíbrio e saúde. A casa estava perto [...] Mariana sentia-se restituída a si mesma. Chegou finalmente; entrou no jardim, respirou. *Era aquele o seu mundo; menos um vaso, que o jardineiro trocara de lugar.*[170]

Ela, imediatamente: "João, bota este vaso onde estava antes"[171]. Depois de tudo, pondera consigo mesma sobre a implicância com o chapéu do marido; conclui que a principal culpada era ela mesma, afinal o pai fora exigente demais, qual o problema com o chapéu? Examina a casa, os objetos, admira a quietude e organização de tudo. Tenta ler *Ivanhoe,* mas

---

[169] Ibidem, p. 408.

[170] ASSIS, Joaquim M. Machado de. "Capítulo dos chapéus". In: ASSIS, Joaquim M. Machado de. *Op. cit.*,p. 410.

[171] Ibidem, p. 410.

não consegue fixar o sentido, se desvia para saborear uma coisa ou outra, a correção da cortina, a santa monotonia. Conrado chega com o bonde, entra lentamente, e, surpresa, o chapéu é outro, o que ela havia pedido de manhã.

> O espírito de Mariana recebeu um choque violento, igual ao que lhe dera o vaso do jardim trocado, – ou ao que lhe daria uma lauda de Voltaire entre as folhas da *Moreninha* ou de *Ivanhoe*... Era a nota desigual no meio da harmoniosa sonata da vida.[172]

Mariana recebe-o com um abraço, ele pergunta – passou? Ela faz uma carícia e um pedido: "bota fora esse, antes o outro"[173].

O conto abre, com o detalhe do chapéu, diversos cruzamentos que põem em jogo as reviravoltas desde as quatro paredes, o doméstico (ou domesticado), o íntimo, até à dimensão do espaço público em plena transformação. "Capítulo dos chapéus", neste ponto, pode ser tomado como uma referência, no quadro dos contos machadianos, dessa relação com as passagens de um mundo a outro, podemos dizer. O declínio do tradicional patriarcal provinciano, a coexistência deste com uma outra concepção de cidade, de circulação, da diferença que isso passa a insinuar-se no conjugal e nas relações homem mulher. O privado e o público, os efeitos ainda hesitantes da modernidade que alcança o Rio de Janeiro no final do século XIX.

O chapéu é o detalhe que articula as linhas de tensão na trama. Homem e seu detalhe, homem e seu chapéu, relação quase intrínseca, onde um não vive sem o outro, podendo um ser o complemento do outro, em reciprocidade. A mulher também pode, por sua vez, ocupar esse lugar de "ornamento do homem", neste sentido, causa uma revolução quando se propõe ela mesma como tendo voz.

---

172 Ibidem, p. 410-1.
173 Ibidem, p. 411.

Mariana é apresentada como encarnação de passividade e até mesmo de certo automatismo servil, com todas as leituras repetidas que faz dos mesmos livros, ou com seu olhar de dona de casa que acaricia as linhas retas. Sua "revolução" é orquestrada pela voz do pai, o que a joga em uma via de retorno, ou seja, não se trata de algo fora da mesma autoridade do "cabeça" da família, o homem. E o pai, no conto é levado quase à caricatura do homem aferrado aos hábitos antigos. Mas há uma novidade sem contorno no conto: é a possibilidade nova de circulação que permite que uma mulher adentre em espaços onde a delimitação apontada pela tradição enfraquece.

A cidade, a Rua do Ouvidor, as poucas quadras que Mariana cruza trazem certo choque. Lembremos a passagem da "queda da auréola" do poeta de Baudelaire ao atravessar a rua da cidade que se modifica. Eco da estética do choque que ele desenvolve: o homem que mergulha na multidão como em um tanque de energia elétrica. Walter Benjamin aponta o tema da metrópole e dessa profunda modificação, como tema que encontra lugar especial nos autores do século XIX. A cidade, a transformação do urbano que se anuncia com a modernidade, em detrimento da cidade colonial. A Rua do Ouvidor constitui o desfile da moda, do comércio, dos affaires, da política, e, do contraste. Sofia é a mulher que vai achando lugar nesta circulação, mas com os claros ingredientes da coqueteria, de uma circulação um tanto promíscua, onde o espaço público, a Câmara e cia. é franqueado ao preço de certa histerização, é como sedutora que ela se encontra com desenvoltura nesta nova face do mundo. Como pretensa dominadora dos "chapéus", a começar pelo marido, e a seguir por todos com os que ela puder jogar o jogo que lhe abre os espaços. Aqui o mais agudo da revolução: são eles os que passam à condição de objetos do capricho feminino, e se esta operação inscreve, ironicamente, certo voto de triunfo ou de vingança, isso é bem dito na orientação de ir dobrando as circunstâncias, devagar, com jeito, até finalmente o "pôr o pé no pescoço" do homem. A epígrafe de Molière que Machado escolhe e que dá nome ao conto tem aí seu lugar, trata-se da vingança feminina[174].

---

[174] Epígrafe: "GÉRONTE *Dans quel chapitre, s'il vous plaît?* SGARANELLE *Dans le chapitre des chapeaux.* MOLIÈRE.". In: ASSIS, Joaquim M. Machado de. "Capítulo dos Chapéus". *Op. cit.*, p. 401. O diálogo vem de uma farsa de Molière intitulada *Le médicin malgré lui*, onde a mulher,

Mariana encena o outro pólo da mesma questão (a linha de tensão se arma entre o domínio e a submissão) e a ironia faz o contraste entre as duas mulheres, ampliando o confronto inevitável entre um mundo velho (como o pai, ferrenho), um mundo que está terminando, antigo, tradicional, colonial, e o outro que se inaugura, moderno urbano, veloz e, de certa maneira voraz como essa abordagem da rua que faz Sofia. Como achar nele seu lugar?

Mariana traz consigo a perplexidade, o temor, a vertigem que a agitação de toda essa novidade produz. Não flerta, sente-se mal com os olhares interessados dos homens (mas admira alguns: "Na verdade, o chapéu era bonito"[175]), não quer saber da rua (mas vai espiá-la da janela, quando não se vê tão exposta), não quer falar com o ex-namorado (mas "a presença de um tal homem lhe atava os sentidos"[176]), não quer, ao final, que o marido troque o chapéu (mas bem que "sentiu-se tomada de ódio por essa peça ridícula")[177].

Não é para mudar o vaso de lugar, ela ordena sem nenhum prurido, quase feitora do jardineiro. Ele põe o vaso de volta; o marido, pode-se supor, também vai ter de volta seu chapéu, ambos vão ter de novo suas respectivas chinelas, não turcas, neste caso, mas velhas, sempre familiares e domesticadas.

Sigamos a observação de Luiz Roncari[178] em seu artigo sobre o "Capítulo dos Chapéus", onde ressalta, a propósito do vaso, que Machado sabia muito bem, como leitor dos clássicos, que o *vaso* constituía a representação da mulher na sociedade patriarcal grega; lugar onde o homem depositaria a semente que viria a transmitir a linhagem masculina.

Martine, quer se vingar de Sgaranelle, o marido que bebe e bate nela. Surge uma situação onde é necessário achar um médico para curar a filha de Géronte da mudez, e Martine aproveita a oportunidade dizendo que seu marido é um excelente médico, mas que isso só é admitido quando ele apanha, é preciso que ele seja batido para que se revele sua habilidade; a trama parte dessas coordenadas.

175 Ibidem, p. 407.

176 Ibidem, p. 407.

177 Ibidem, p. 404.

178 RONCARI. Luiz. "Machado de Assis: o aprendizado do escritor e o esclarecimento de Mariana". In: *TERESA* Revista de literatura brasileira – *Machado de Assis*, 34. ed. São Paulo: Imprensa Oficial, 2006.

Será possível pôr o vaso de volta? A questão é justamente esta: será que tem via de retorno? Mariana vive o impacto, atravessa o Ouvidor; louca para voltar, e de fato festeja cada milímetro do conhecido. Machado nos faz crer, discretamente – e talvez aí a vertigem, a indefensibilidade, a propriedade "moebiana": por instantes, em meio ao choque, ela registrou tudo isso que ainda talvez só pudesse ser olhado por si mesma entre parênteses e com horror. Nesse sentido, o caminho de volta pode ser buscado, até mesmo parecer encontrado e festejado. Mas acontece que não consegue retomar a leitura de uma página sequer do *Ivanhoe* no retorno a casa (mesmo que a interrupção da leitura fosse para acariciar as cortinas, o fato é que não conseguiu). A vertigem do urbano e de tudo o mais é representado em Mariana porque, de alguma forma, ela também está ali, cruzando aquela rua, de alguma forma, já afetada, pela marselhesa e por tudo o que a rua expôs. Não é demais lembrar que a marselhesa foi o hino da Revolução que marcou justamente a ruptura com o Antigo Regime.

Quando Mariana sofre o choque de ver Conrado com o novo chapéu, assim como aquele produzido pelo vaso trocado, a observação do narrador segue, levando o choque a uma analogia a mais: o fora de lugar comparado com o mesmo choque que produziria uma folha de Voltaire entre as folhas da *Moreninha* ou de *Ivanhoe.* O narrador aponta "era a nota desigual no meio da harmoniosa sonata da vida".

O lugar alterado do vaso, uma página de Voltaire, a marselhesa e Bonaparte (a sedução de Sofia) todos estes representantes da Revolução, introduzidos por Molière (que é autor do séc. XVII, pré-revolucionário) formam um conjunto de traços que remetem ao mesmo tempo à premência da mudança e à "hesitação no passo" que os tempos de transição produzem como efeito.

Figura 15: Chapéu-de-Sol – Rio de Janeiro (RJ), subscrito a 27 de novembro de 1909.
Fonte: VASQUEZ, Pedro Karp. *Postaes do Brasil.* São Paulo: Metavídeo SP Produção e Comunicação LTDA.

5.2 Singular ocorrência (a nostalgia da lama)

Neste conto, dois amigos conversam perto da igreja da Cruz; o narrador é um deles, temos um relato em primeira pessoa. Um aponta ao outro a mulher de preto que entra na igreja, e trata de contar-lhe a singular ocorrência que envolveu a vida desta mulher, anos atrás. Agora, diz ele, ela deve estar pelos quarenta e seis; conservada, comentam. Hoje deve chamar-se Maria de tal, na época *florescia* com o nome de Marocas... Linda, "não era costureira, nem proprietária, nem mestra de meninas; *vá excluindo as profissões e lá chegará*"[179].

O personagem que faz a narrativa da história conta ao outro da situação de Andrade, o homem com que se passa o ocorrido; era seu amigo. Andrade, um rapaz de 26 anos na época, "meio advogado, meio político" era casado com uma mulher bonita, afetuosa (e resignada), os dois tinham uma filhinha de dois anos. No diálogo o outro pergunta " – Apesar disso, a Marocas...?" Ao que o personagem-narrador responde rapidamente "É verdade, dominou-o"[180]. E conta como se deu o encontro: Marocas vinha pela rua, no Rocio[181], Andrade já a tinha visto, registrando-a como uma mulher bonita, ficando já um pouco no alvoroço com sua aproximação; ela faz como quem procura algo na rua, parando e olhando. Se detém perto de Andrade, e, com vergonha e medo, estende a ele um pedacinho de papel, perguntando onde ficava o número que ali estava escrito; Andrade deu as explicações, "ela cortejou com muita graça; ele ficou sem saber o que pensasse da pergunta"[182] (assim como eu estou, comenta o amigo que escuta a narrativa).

Era simples, Marocas não sabia ler, mas Andrade não se deu conta, na ocasião. À noite foi ao Ginásio, estava dando a *Dama das Camélias*, ele vê Marocas que chora como criança, no último ato. Foi o suficiente,

---

[179] ASSIS, Joaquim M. Machado de. "Singular ocorrência". In: ASSIS, Joaquim M. Machado de. *Obra Completa.* Volume II. Rio de Janeiro: José Aguilar, 1997. p. 390.

[180] Ibidem, p. 390.

[181] O Rocio era como se chamava, familiarmente, a atual Praça Tiradentes no Rio de Janeiro.

[182] ASSIS, Joaquim M. Machado de. "Singular ocorrência". In: ASSIS, Joaquim M. Machado de. *Op. Cit.*, p. 390.

ao final de quinze dias amavam-se loucamente; ela dispensa os outros namorados (e havia "alguns capitalistas" bem bons); passa a viver para ele. O personagem-narrador convive com o casal, tinha a confiança dos dois. Andrade comenta com ele que se fez professor, ensinando Marocas a ler e escrever; ela, por sua vez, mostra-se muito devotada ao amor, o que aparece no comentário de Andrade com o narrador, por ocasião de uma viagem de Andrade com a família:

> Marocas, ao despedir-se, recordou a comédia que ouvira algumas semanas antes no Ginásio – *Janto com minha mãe* – e disse-me que, não tendo família para passar a festa de S. João, ia fazer como a Sofia Arnoult da comédia, ia jantar com um retrato; mas não seria o da mãe, porque não tinha, e sim o do Andrade.[183]

O narrador-personagem segue relembrando a situação, dizendo que Andrade ia beijá-la por isto, mas que ela, por estarem a três (pois ele estava presente), afastou-o delicadamente com a mão. O amigo que escuta o relato comenta " – Gosto desse gesto. – Ele não gostou menos. Pegou-lhe na cabeça com ambas as mãos , e, paternalmente, pingou-lhe o beijo na testa"[184].

Andrade tece elogios à Marocas, conversando com o amigo; diz da modéstia da moça que só aceita o necessário para suas despesas, ele pensa em encontrar uma casa para ela "em algum arrabalde" assim que tenha dinheiro. O amigo reforça a idéia pois, comenta com Andrade, já ouviu falar que ela andou empenhando as jóias para pagar a costureira. Ele fica muito comovido; tudo isso é falado entre os dois em meio às festas que freqüentam juntos, no feriado. Quando volta, Andrade deixa a família na Lapa e vai ao trabalho, tinha alguns papéis para providenciar. Pouco depois do meio dia, ele encontra Leandro, um tipo meio reles e vadio, ex-agente de outro advogado. Leandro lhe pede um dinheiro, Andrade cede, nota

[183] ASSIS, Joaquim M. Machado de. "Singular ocorrência". In: ASSIS, Joaquim M. Machado de. *Op. cit.*, p. 391.

[184] Ibidem, p. 391.

que Leandro está muito risonho e resolve perguntar o motivo. "O Leandro piscou os olhos e lambeu os beiços"[185].

Aqui a narrativa do episódio faz um pequeno *break*, volta ao presente, os dois (o narrador-personagem e o amigo) vendo Marocas (agora Maria) saindo da Igreja, elogiam sua beleza, seu porte de duquesa. O que narra comenta "– Não olhou para cá; não olha nunca para os lados. Vai subir pela Rua do Ouvidor..."[186]. Ao que o outro responde " – Sim senhor. Compreendo o Andrade". Volta à narrativa: Leandro responde a Andrade dizendo do acontecimento extraordinário da noite anterior; o encontro no Rocio com uma dama vestida com simplicidade, bonita, vistosa de corpo, que caminha atrás dele, e que "ao passar rentezinha a ele fitou-lhe muito os olhos, e foi andando, devagar, como quem espera"[187]. Leandro achou que, apesar da simplicidade, ela era demais para ele, mas ela insistiu, "Foi andando; a mulher, parada, fitou-o outra vez, mas com tal instância, que ele chegou a atrever-se um pouco; ela atreveu-se o resto..." Ah! um anjo! E que casa, que sala rica! Cousa papa-fina. E depois, o desinteresse..."[188]. Leandro diz ainda – Era na Rua do Sacramento, número tal...

Andrade se desespera, não acredita, Leandro afirma a veracidade dos fatos, Andrade, ferido, propõe pagá-lo em vinte mil-réis para ir à casa da moça e confirmar tudo em sua presença. Vão, acontece a cena, Marocas empalidece ao ver Leandro que confirma ser aquela a moça, "com voz sumida, porque há ações ainda mais ignóbeis do que o próprio homem que as comete"[189]. Andrade fica fora de si, "ela rojou-se-lhe aos pés, agarrou-lhe as mãos, lacrimosa, desesperada, ameaçando matar-se; e ficou atirada ao chão, no patamar da escada; ele desceu vertiginosamente e saiu"[190].

Voltando ao diálogo dos dois amigos: "Na verdade, um sujeito reles, apanhado na rua; provavelmente eram hábitos dela? – Não. – Não?"[191].

---

185 Ibidem, p. 392.
186 Ibidem, p. 392.
187 ASSIS, Joaquim M. Machado de. "Singular ocorrência". In: ASSIS, Joaquim M. Machado de. *Op. cit.*, p. 392.
188 Ibidem, p. 392.
189 Ibidem, p. 393.
190 Ibidem, p. 393.
191 Ibidem, p.393.

Andrade procura o amigo, tenta fugir à realidade, mas esta vinha a ele, a palidez de Marocas, a sinceridade de Leandro. O narrador-personagem diz "Quanto a mim, cogitava na aventura, sem atinar com a explicação. Tão modesta! Maneiras tão acanhadas!" O outro responde " – Há uma frase de teatro que pode explicar a aventura, uma frase de Augier, creio eu: 'a nostalgia da lama'. – Acho que não, mas vá ouvindo"[192].

O conto caminha para a conclusão, Marocas desaparece, a criada pede ajuda a Andrade, por fim a encontram no outro dia profundamente abatida em um hotelzinho barato. Caíram nos braços um do outro, nada se explicou, Andrade a instalou em uma casinha no Catumbi, ainda tiveram um filho que morreu aos dois anos, depois de algum tempo morre Andrade, Marocas pôs luto, se considerou viúva. Passam-se os anos e os dois amigos terminam o diálogo:

> – Pois senhor, é curioso. No meio de uma paixão tão ardente, tão sincera... Eu ainda estou na minha; acho que foi a nostalgia da lama.
> – Não: nunca a Marocas desceu até os Leandros.
> – Então porque desceria naquela noite?
> – Era um homem que ela supunha separado, por um abismo, de todas as suas relações pessoais; daí a confiança. Mas o acaso, que é um deus e um diabo ao mesmo tempo... Enfim, cousas![193]

Singular ocorrência, o título do conto, se diz como algo de certa maneira trivial, como uma curiosidade, mas que ao mesmo tempo, no recorte, vai circunscrever um enigma que envolve os dois homens, suas hipóteses, e uma interrogação que não se resolve preto no branco. É como um comentário en passant que a cena se arma, na circunstância de ver a mulher que entra na igreja, enquanto "se joga conversa fora", na rua. Fala-se de Andrade e Marocas.

A lembrança vai ao tempo em que Andrade além de "meio advogado, meio político" (o que já chama atenção sobre uma certa vacilação das

---

[192] Ibidem, p. 393.

[193] ASSIS, Joaquim M. Machado de. "Singular ocorrência". In: ASSIS, Joaquim M. Machado de. *Op. cit.*, p. 395.

posições às quais ele responde) é apresentado, pela lógica que Machado imprime, como "meio casado" – tinha uma mulher bonita, afetuosa e, aí o detalhe discreto no contraste: *resignada*. Por que resignada? Machado nos leva a adicionar mais um elemento na série dos meios, lógico, "meio mulherengo".

Marocas, por sua vez, é dita econômica e suficientemente em uma palavra: ela *florescia*. Flor que rapidamente se alinha no suposto sugerido da camélia; assim como Margarida Gautier, a Dama das Camélias, ela tem a origem na promiscuidade e na prostituição: " ...vá excluindo as profissões e lá chegará". Esses poucos traços destacados de um e de outro são suficientes para dar o tom do encontro; fica claro que Andrade já se apresentou, em seu alvoroço, antecipando a aproximação daquela mulher bonita, na rua, como aquele que estaria sensível à abordagem, e, nesse sentido é ele quem se oferece à Marocas; ela, nesse primeiro momento faz o exercício de seu ofício, mapeia, e, mais do que se oferecer, efetivamente o escolhe. O drama dentro do conto. Encena-se a Dama das Camélias, no teatro do Rio, ambos assistem, ele a observa: ela chora, se identifica. A história se delineia, Marocas será devotada a Andrade como Margarida a Armando, com todos os sacrifícios, dispensando os bons capitalistas que a sustentam, merecendo a pureza do beijo na testa. É como Margarida que empenha todos os seus bens, os diamantes, devolve os cavalos comprados a crédito, vende sua linda capa, tudo para pagar suas dívidas e deixar a "vida anterior". Marocas, por sua vez, penhora suas jóias para pagar a prosaica conta da costureira, também em silêncio, sem queixa. Margarida, apesar de todas as renúncias, sabe muito bem o seu lugar: "[...] quero tomar-lhe o coração, nunca hei de lhe tomar o nome. Há coisas que uma mulher não apaga de sua vida, Nichette, e que dariam ao marido o direito de censurá-la"[194]. A *Dama das Camélias*, importante lembrar, estreou em Paris em 1852, e fez sucesso no Rio de Janeiro, em 1856. Segundo Gledson[195], a regeneração por amor da cortesã Margarida Gautier suscitou, na época, vários contra-ataques, dos

[194] DUMAS FILHO, Alexandre. *A dama das camélias*. São Paulo: Brasiliense, 1965. p. 56.

[195] Nota de John Gledson. In: ASSIS, Joaquim M. Machado de. *Contos:* uma antologia. Vol. II. São Paulo: Companhia das Letras, 1998. p. 51.

quais a peça de Émile Augier foi um dos mais conhecidos. Em Augier[196] "*la nostalgie de la boue*" tem a ver com a personagem Olympe Taverny, ex-cortesã, que casa com um conde, mas que por tédio ou "nostalgia da lama" retoma seus antigos roteiros.

Duas posições antagônicas, marca João R. Faria, em seu texto "Singular ocorrência teatral"[197], onde examina o conto na relação às três peças em movimento, na intertextualidade. Em Dumas a virtude que pode ser encontrada e resgatada da "lama"; em Augier se trata da posição conservadora, com a qual Machado não concorda[198], enunciada na peça pela voz do marquês que afirmará que um pato levado a um lago de cisnes inevitavelmente sentindo falta de seu charco, voltará a ele. Otto Maria Carpeaux faz também o assinalamento da diferença entre Dumas e Augier; dizendo que este previne os pais contra o perigo das aventuras eróticas para os filhos, o que poderia corromper a família, enquanto Dumas Filho fazia a defesa da "liberdade erótica dos filhos contra as convenções rigorosas da família francesa, das quais a "prostituta virtuosa" se torna a vítima"[199].

Em "Singular ocorrência", um elemento a mais: a moça não era uma cortesã nos moldes europeus ligada à riqueza e ao luxo que circulam nas altas rodas, e sim uma prostituta pobre em sociedade de origem colonial e escravocrata. Os lugares na circulação social estão bem delimitados, é pacífico que o feriado de Andrade é com a família; Marocas aceita o fato com humor – vai jantar com o retrato – e sem nenhuma reivindicação. Ele comove-se com a situação de Marocas, apontada pelo amigo (em conversa, confortavelmente entre os seus, nas festas da família, bem claro), ali aparece

---

[196] A peça de Augier, em questão, se intitula *Le marriage d'Olympe,* tendo sido traduzida para o português em 1857. A partir da pesquisa realizada por John Gledson sabemos que a peça foi proibida pela censura naquela época; mais adiante, em 1880, foi representada no Rio, com sucesso.

[197] FARIA, João. "Singular ocorrência teatral". In: *Revista da USP* de junho, julho, agosto de 1991, p. 161.

[198] Segundo João Roberto Faria o *Casamento de Olympia* foi comentado por Machado de Assis em uma crônica escrita em 8 de janeiro de 1860, onde ele estabelece diálogo entre esta e as idéias de Dumas filho.

[199] CARPEAUX, Otto Maria. *História da Literatura Ocidental,* vol. V. Rio de Janeiro: Alhambra, 1978. p. 2124.

a solução devida, o lugar merecido a ser coroado com...uma casinha no arrabalde.

O bom equilíbrio se perde quando irrompe a simultaneidade dos funcionamentos, as "faces" bem separadas apresentam o moebiano de seu movimento: repentinamente tudo se desorganiza. O que era da ordem da promiscuidade estava confinado pela ordem temporal, era coisa do passado; reaparece ali no tempo onde nada é reivindicado por Marocas, mas que produz um intervalo, o tempo do feriado, uma volta a mais que permite que o avesso entre em cena. Os lugares ocupados por cada um entram em vertigem: Andrade que era tão amoroso e protetor (dentro dos contornos possíveis de sua circunstância) não economiza na crueldade; Leandro representado no sumidouro da voz que atesta o efeito da ação que o confirma em um lugar reles; Marocas em desespero se desgarra pela cidade, como se deixando morrer de dor, indo para um lugar qualquer em abandono, depois de ter se deixado tomar pelo circuito de um gozo que a fez repetir pontualmente o passeio pelo Rocio. Disso, do gozo, não se tem dúvida, Marocas escolhe Leandro porque não pode escapar disso que acontece disparado por um olhar, pelo "olhar intenso", nada a ver com romance. Leandro fica perplexo, abalado com o desinteresse dela ao final. Não se tratava mesmo de Leandro, mas sim de *um* Leandro, um que permitisse que algo outro emergisse, essa face que se supunha *separada* do mundo de Marocas com Andrade por um abismo.

Machado realiza no conto a experiência da coexistência, e nisso a desarticulação da suposta dupla face. Ela se torna ao mesmo tempo a mulher pura que o amor cristão propõe, amorosa, modesta e, sobretudo, casta, ou seja, idealizada; e a mulher degradada que "retorna", *desce* e transgride; o enigma que deixa o narrador e o amigo na rua ainda com um ponto de interrogação e algumas hipóteses. Mulher idealizada, mulher degradada são as posições para as quais Freud chama a atenção, no mesmo final de século, como uma distribuição de lugares que não raro um homem supõe, para desde ali poder abordar uma mulher: a idealizada, que se aproxima da mãe e que, portanto, fica um tanto intangível ou para fora do desejo sexual, a esposa – mãe dos filhos; e a mulher degradada, algo de prostituta, com quem se pode ter o prazer do sexo, o trato do objeto sexual. Uma para o amor; outra, para o sexo.

Machado dá a fisgada: pelo detalhe do endereço (genial, pois endereço, afinal de contas, é o lugar de cada um), *Rua do Sacramento número tal...* faz coincidir na mesma mulher as duas posições: afinal, o "endereço" é o mesmo... A ironia do acaso junto com a complexidade das posições que atravessam a subjetividade.

Cito o clássico de Jankélévich a propósito da ironia, ela mesma, no trato da simultaneidade do par virtude/pecado; o autor discorre sobre a consciência irônica:

> [...] c'est là sa force, mais aussi sa faiblesse; elle est consciente à l'extrême, avec des vastes zones d'inconscience; sensible au dehors, anesthésiée au-dedans, elle ressemble à ces grans moralistes que devore soudain une violente fièvre de vertu et qui n'ont jamais d'yeux pour leur propre bassesse.[200]

Deus e o diabo no mesmo movimento.

Por onde se deu a passagem, qual o objeto que recortado produz como resto o dar-se à mostra do funcionamento moebiano? O objeto que se recorta em Singular ocorrência nos devolve para o olhar. O olhar de Andrade, que se prepara para a aproximação de Marocas, na rua, alvoroçado; o olhar dela que o escolhe; o olhar para Leandro, intenso, insistente, o olhar que se volta e fita outra vez, convida, chama e se atreve; por último o olhar dos dois homens que acompanha "Maria" em seus trajetos, da igreja ao Ouvidor. Olhares que sustentam o enigma, a nostalgia da lama.

A nostalgia da lama[201] pode ser lida como esse "vício" pelo viés da discussão dos valores em pauta no contexto, que as peças teatrais e seus autores, convocados por Machado, tratam de interrogar e que os personagens debatem. Mas a leitura do conto permite também uma

---

[200] JANKÉLÉVITCH, Vladimir. *L'ironie.* France: Flammarion, 2005. p. 24.
"[...] aqui está a sua força, mas também a fraqueza; ela é consciente ao extremo, com vastas zonas de inconsciência; sensível ao fora, anestesiada no interior, ela parece com esses grandes moralistas que de repente devora uma febre violenta de virtude e que nunca têm olhos para a sua própria baixeza."

[201] Devo ao professor Flávio Loureiro Chaves, com suas observações e notas de leitura, o desdobramento das vias de cruzamento que envolvem a "nostalgia da lama".

possibilidade a mais, aproximando a expressão nostalgia da lama, da maneira pela qual Machado posiciona a sua inclusão no conto, como um saber do funcionamento do humano para além das intenções, algo que Freud vai formular mais adiante, por ocasião da virada importante em sua própria obra, abordando o tema da compulsão à repetição: o que se repete e está além do princípio do prazer, o gozo vicioso que acena sempre com algo do mortífero, da "lama", a fantasia que organiza a posição de cada um como um objeto entregue ao gozo do Outro, cena da fantasia primordial que implica a queda, mesmo que fugaz, da condição de sujeito (para ocupar o lugar de objeto, tomado irresistivelmente no circuito da repetição). Não poderíamos considerar que Marocas encena, na ficção, para além da prostituta virtuosa ou não, a irrupção dessa espécie de areia movediça?

5.3 A cartomante (uns giros concêntricos)

Camilo brincava com Rita, por ela ter ido a uma cartomante na véspera. Ela afirma que esta sabia tudo: adivinhara o motivo da consulta antes mesmo que fosse revelado. "Apenas começou a botar as cartas, disse-me: "A senhora gosta de uma pessoa..." "Confessei que sim, ela continuou [...]"[202]. A cartomante tranqüiliza Rita do temor de que Camilo a esquecesse. Camilo jura que lhe quer muito, que caso receasse algo ele mesmo seria a melhor cartomante, o imprudente era ser vista por essas casas, vá que Vilela ficasse sabendo...

Rita fala do cuidado que tomou, a cartomante morava na Rua da Guarda e ninguém a viu entrar. Camilo quer saber se ela acredita mesmo nessas coisas:

> Foi então que ela, sem saber que traduzia Hamlet em vulgar, disse-lhe que havia muita cousa misteriosa e verdadeira nesse mundo. Se ele não acredita-

[202] ASSIS, Joaquim M. Machado de. "A cartomante". In: ASSIS, Joaquim M. Machado de. *Obra Completa.* Volume II. Rio de Janeiro: José Aguilar, 1997. p. 477.

Figura 16: Panorama do centro da cidade, c. 1895 – Rio de Janeiro (RJ).
Fonte: "O Rio Antigo do fotógrafo Marc Ferrez". São Paulo: Ex Libris, 1984.

va, paciência; mas o certo é que a cartomante adivinhara tudo. Que mais? A prova é que ela agora estava tranqüila e satisfeita.[203]

Camilo não queria tirar-lhe as ilusões, ele mesmo havia sido muito supersticioso quando criança, e ainda depois, diz o narrador em terceira pessoa, que vai posicionando o relato. "Teve um arsenal inteiro de crendices, que a mãe lhe incutiu e que aos vinte anos desapareceram"[204]. Quando caiu "essa vegetação parasita", e restou só o tronco da religião, Camilo, como havia recebido da mãe ambos os ensinamentos "envolveu-os na mesma dúvida, e logo depois em uma negação total. Camilo não acreditava em nada"[205]. Mas o narrador observa que, limitando-se a negar tudo, Camilo não afirmava a incredulidade, somente dava de ombros ao mistério; ao mesmo tempo, sentia-se lisonjeado pelo ato de Rita em procurar uma cartomante como sondagem sobre seu amor.

Vilela e Rita formavam o casal, com Camilo, o triângulo. Os dois homens eram muito amigos; quando Vilela chegou ao Rio de Janeiro, voltando do interior, casado, foi Camilo quem os recebeu. Teve boa impressão de Rita, graciosa, bonita e viva nos gestos. O narrador pincela: Vilela, traços graves; parecendo mais velho que ela; Camilo, ao contrário, um ingênuo na vida, tanto na moral quanto na prática. O casal, especialmente Rita, cuidou de Camilo quando este perdeu a mãe; quando ele se deu por conta, estava entregue. Ele não soube bem como chegaram ao amor, mas percebeu os olhares mais longos dela, consultando-o antes que ao marido, as mãos frias, e, por último, houve um bilhete que ela lhe escreveu, cumprimentando-o pelo aniversário. O bilhete era tão rascunhado e simples que se denunciou pelo avesso, pode se dizer.

> Camilo quis sinceramente fugir, mas já não pôde. Rita, como uma serpente, foi se acercando dele, envolveu-o todo, fez-lhe estalar os ossos num espasmo, e pingou-lhe o veneno na boca. Ele ficou atordoado e subjugado. Vexame,

[203] Ibidem, p. 478.
[204] Ibidem, p. 478.
[205] Ibidem, p. 478.

sustos, remorsos, desejos, tudo sentiu de mistura; mas a batalha foi curta e a vitória delirante.[206]

Camilo afastou-se da casa dos Vilela, deu desculpas vagas, o romance seguindo. Mas nisso acontecimentos se precipitaram, chega uma carta anônima, chamando-o de imoral e pérfido, dizendo que a aventura não é segredo. A intranqüilidade se acentua. Chegam outras cartas para Camilo, Rita diz que Vilela anda sombrio, os dois se preocupam. Combinam de não se encontrarem por um tempo, separam-se em lágrimas. No dia seguinte, Camilo recebe um bilhete de Vilela: "Vem já, já, à nossa casa; preciso falar-te sem demora"[207].

Camilo imagina cenas – Rita chorando, Vilela escrevendo o bilhete, certo de que ele viria, esperando para matá-lo. Tem medo, passa em casa para ver se há alguma notícia de Rita, nada. Pensa que a denúncia anônima chegou a Vilela, que ele deve ter associado isto ao rarear de suas visita; a comoção cresce pouco a pouco, pensa em ir armado, a voz insiste em soar como num sussurro constante, "vem já, já...". Entra num tílburi, pensa que quanto mais cedo melhor, quer ir de uma vez. A angústia cresce no conto.

Ocorre um imprevisto no caminho, a rua por onde Camilo segue para a casa dos Vilela encontra-se, de repente, obstruída. Há burburinho, aconteceu algo logo ali à frente, ele não sabe bem o que, espera. Passam-se alguns minutos, o suficiente para que ele se dê conta de onde está na Rua da Guarda, justo na frente da casa da cartomante. Observa; nessa altura dos acontecimentos as janelas das casas vizinhas estão todas abertas vendo a questão da carroça que caíra na rua, a curiosidade, menos aquela: "Dir-se-ia a morada do indiferente Destino"[208], o narrador indica. Camilo se recosta no tílburi, para não ver nada:

[206] ASSIS, Joaquim M. Machado de. "A cartomante". In: ASSIS, Joaquim M. Machado de *Op. cit.*, p. 479.

[207] Ibidem, p. 480.

[208] ASSIS, Joaquim M. Machado de. "A cartomante". In: ASSIS, Joaquim M. Machado de. *Op. cit.*, p. 481.

> A agitação dele era grande, extraordinária, e do fundo das camadas morais emergiam alguns fantasmas de outro tempo, as velhas crenças, as superstições antigas. O cocheiro propôs-lhe voltar à primeira travessa, e ir por outro caminho; ele respondeu que não [...] era a idéia de ouvir a cartomante, que lhe passava ao longe, muito longe, com vastas asas cinzentas; desapareceu, reapareceu, e tornou a esvair-se no cérebro; mas daí a pouco moveu outra vez as asas, mais perto, fazendo *uns giros concêntricos*... Na rua gritavam os homens, safando a carroça:
> - Anda! agora! empurra! vá! vá![209]

E ele vai até ela, o sangue latejando, a curiosidade. A cartomante o leva por uma escada ruim e obscura, a casa com paredes sombrias, trastes velhos, um ar de pobreza. Ela, as unhas mal-cuidadas, desleixadas, as mãos magras que embaralham as cartas enxovalhadas, uns olhos sonsos, mas agudos, "[...] olhava para ele, não de rosto, mas por baixo dos olhos"[210]. A partir das três cartas sobre a mesa, ela diz: " – Vejamos primeiro o que é que o traz aqui. O senhor tem um grande susto..."[211].

Camilo fica maravilhado e diz que sim. A partir daí o narrador deixa claro o clima de deslumbramento e alegria. Camilo quer beber uma por uma as palavras da mulher, tudo se apazigua, ela diz que os dois se amam, que ele não tenha medo de nada, nada de mau aconteceria nem a ele, nem a sua amada. Camilo paga, mais do que o comum, afinal, ela lhe deu algo muito valioso, paz de espírito.

Tudo está diferente, a rua já está livre, o céu límpido, e ele imagina felicidades e reconciliações, os termos do bilhete de Vilela tinham sido os da intimidade, onde ele pensou em ameaça? Quer retomar a amizade, quer chegar sem demora, como explicar esse atraso ao amigo? A cartomante adivinhara tudo, o motivo da consulta, o estado em que ele se encontrava, por que não adivinharia o resto? "*O presente que se ignora vale o futuro.* Era

[209] Ibidem, p. 481.
[210] Ibidem, p. 482.
[211] Ibidem, p. 482.

assim, lentas e contínuas, que as velhas crenças do rapaz iam tornando ao de cima, e o mistério empolgava-o com as unhas de ferro" [212] (grifo meu).

"Vá, *ragazzo inamoratto*"[213], haviam sido as palavras dela. E ele vai. Vilela o recebe, ele pede desculpas por não chegar mais cedo, pergunta o que há. Vilela não responde, leva-o a uma sala onde está Rita, morta e ensangüentada. Vilela segura-o pela gola e, com dois tiros, deixa-o morto no chão.

Em "A cartomante" a imagem destacada das palavras da narrativa, "os giros concêntricos" podem nos auxiliar a percorrê-lo. Uma escolha em diálogo com a interrogação pela vertigem, mas não uma escolha forçada. Tudo gira, de alguma maneira, entre o amor e a morte, a crença e o limite; entre os três que compõem o triângulo, onde a cartomante funciona como que um pivô; entre o contingente e o necessário: acaso e destino, onde as palavras da cartomante operam, no pano de fundo, com tudo o que pode animar um efeito de oráculo.

O incontornável apresenta-se desde o início quando Rita posiciona a cartomante para Camilo: esta sabe tudo. Um saber que vai, também, em giros que se somam; saber da mulher amada, mais o enigmático depositado em uma cartomante, mais o saber que se organizou junto à mãe, com todas as superstições e ainda a fé religiosa, Machado arremata.

Ao mesmo tempo a narrativa posiciona em paralelo a linha do contraste, o que dá o tom do irrisório dessa arquitetura dos saberes e garantias, basta tomarmos a frase que Rita escolhe como sustentação da sua afirmação de que aquela sabe tudo: a frase mais banal enunciada pela cartomante, a obviedade ao início da consulta: "A senhora gosta de uma pessoa...". Como se pode crer, a partir daí, que Rita tomou cuidados? Cuidado nenhum, nem ela nem ele, ambos estão prontos a se deixar capturar pelo que o enamoramento produz; o que inclui, em um giro mais amplo, a própria relação à fala da cartomante. Ela é também parte da "vegetação parasita" que o endereçamento amoroso com seu engodo permite surgir.

---

212 Ibidem, p. 483.

213 ASSIS, Joaquim M. Machado de. "A cartomante". In: ASSIS, Joaquim M. Machado de. *Op. cit.*, p. 483.

"Aquele a quem eu suponho o saber, eu o amo"[214], diz Lacan. A cartomante fica investida desta autoridade da suposição de saber, e é nesse sentido que suas palavras podem ser escutadas como vindas do lugar da verdade. E também é assim que as superstições soterradas que Camilo deixara para trás, recalcadas (assim como aconteceu com o personagem da Gradiva), retornam como que pelo mesmo fio, pela voz dessas outras mulheres "que sabem". Camilo bem que tenta resistir, (diz rindo para Rita, ao início, que a cartomante errou), mas a imagem sobreposta de mais uma volta dos círculos concêntricos, agora na figura da serpente literalmente enrolando a presa, esmagando seus ossos, pingando o veneno, é poderosa. Principalmente porque ele está incluído no par, na cena, "hipnotizado e hipnotizador".

Estamos em cheio no terreno da vertigem de Caillois; onde, lembremos, o poder da vertigem é o do consentimento, um abandono comandado pelo fascínio que aliena. A idéia de ouvir a cartomante, idéia que voa em círculos sobre ele, ave cinzenta, garras de ferro, já prenuncia o lugar que o espera: ele será a carniça, objeto resultante do mortífero dessa entrega, o "deixar-se aspirar pelo abismo". Como no Vertigo[215], de Hitchcock, também orientado pelo que pode funcionar como fatal ligado a uma mulher, com as imagens concêntricas pontuando todo o filme (o movimento que circunda os olhos, fechando o zoom nas pupilas, e o detalhe mais inusitado que já referimos, o foco da câmera diretamente levado ao círculo vazio do buraco do coque, do penteado de Madeleine).

E é assim que Camilo se vê simultaneamente empurrado e puxado, o que constitui um dos momentos mais fortes do redemoinho, da irrupção dos "fantasmas de outro tempo" e que se misturam, se confundem com as vozes que tratam de arredar a carroça, o "obstáculo" ao caminho livre na rua (ponto máximo da torsão forma/conteúdo, no conto): "– Anda! agora! empurra! vá! vá!"[216] Máxima tensão compartillhada com o leitor, a

---

[214] LACAN, Jacques. *O Seminário. Mais ainda.* Livro 20. Rio de Janeiro: Jorge Zahar Editor, 1982. p. 91.

[215] *VERTIGO, Um corpo que cai,* produção e direção de Alfred Hitchcock, Paramount, 1958.

[216] Ibidem, p.481.

voz que empurra, como que vinda de trás (do que na sua história restou como terreno fértil ao fascínio) para que ele adentre mais e mais nesse girar, ao mesmo tempo sofrendo a força que puxa desde o sumidouro – a cegueira amorosa, o engano implicado em cada amor, o " inclinar-se em direção ao vazio". Machado nos oferece o homem fascinado, transmutado, ele mesmo, em carroça...

Acreditando, paradoxalmente, que agora é que o caminho está livre do obstáculo, (e pressionado pelo temor e pela angústia) a crença irrompe, ele se entrega de todo, como Rita, à primeira frase da cartomante. Ela "olha sob os olhos", novamente a obliqüidade do olhar machadiano, e diz do susto (ele nesse momento é também, ainda, o menino supersticioso).

As palavras de Vilela fazem a função de imperativo que produz uma espécie de injunção; o "vem já, já" é escutado em sussurro, sai do "externo" para perturbar tudo o que é da ordem do "interno", dele mesmo (como o sussurro em William Wilson). Desenha-se mais uma volta; é traçado o pensamento de Camilo, veiculado pelo narrador, na relação direta com os fatos: ele pensa que foi, sim, um traidor da confiança de Vilela, se dá conta de que os cuidados que tomou com Rita devem ter sido absolutamente insuficientes, e que, com o surgimento das cartas denunciadoras, ele pode ser alvo de um ódio mortal. Em seguida, abre-se a curva que distende todo este pensamento, considerando melhor acreditar no saber que ele supõe ao Outro, no caso, à cartomante, como em qualquer relação de suposição amorosa; e, ao final, o engano da escolha.

Desde que Camilo encontra essa mulher, tudo no conto indica sua cegueira. Vai a primeiro plano o enxovalhado da cartomante, o sujo, o oportunista – ela deixa que ele situe o valor da consulta apostando no efeito que suas palavras exerceram – ele paga cinco vezes mais a "consulta", feliz, nada disso passa por qualquer dúvida. As dúvidas ficaram no início do conto, só o suficiente para lembrar que o rapaz não havia completado a operação do se desfazer da superstição que o universo materno constitui (e que aqui evoca a crença no saber materno que sustenta cada filho ou filha na primeira infância, um saber que se acredita ilimitado, a primeira grande crença), ele simplesmente dava de ombros ao mistério, mas não afirmava a incredulidade.

O que pensar desse momento que se abre em Camilo como um oásis no limite, logo depois da saída da cartomante e imediatamente antes da chegada ao seu destino? Marcado por outro imperativo, "*vá, ragazzo inamoratto*", ele é todo amor para com Rita, para com Vilela, ele imagina a reconciliação e o estreitamento dos laços, o mundo é banhado pela benção. É quando a palavra da cartomante opera como efeito de oráculo, como saber do destino. Mais um engano.

"A morada indiferente do Destino", temos no conto. Uma palavra que venha de um lugar de saber suposto pode evocar algo dos oráculos, estamos na tradição de Delfos, nossa cultura. Michael Wood em seu livro "*The road to Delphi, the life and afterlife of Oracles*"[217] afirma que não só o nome de oráculo sobrevive, como por exemplo nomeando um dos sistemas de informática mais utilizados no mundo inteiro (Oracle), mas também em práticas na atualidade que funcionam como que oraculares. Podem ser na interpelação a um deus, mas também aparecem nos lugares mais inusitados, como na economia ou na medicina. Mas o importante de lembrar é que a relação ao oráculo não pode ser, de qualquer maneira, uma relação direta. Um oráculo propõe uma palavra que precisa ser trabalhada. A pergunta do senso comum, em geral, é: a interpretação do oráculo foi certa ou errada? O que Wood trabalha e que me pareceu muito preciso: os desígnios não são verdadeiros nem falsos quando proferidos, eles aguardam confirmação – adquirem significação pelo posicionamento do que foi dito. As predições têm que se tornar histórias, narrativas que posicionam.

Dialoguemos com outra cartomante da nossa literatura: em *A hora da estrela*[218], de Clarice Lispector, a moça recebe a palavra da cartomante, da "madama" com esse efeito oracular. Sai radiante, só que a luz que atinge sua vida não é o fulgor do grande amor que vem como um príncipe de cavalo branco, o gringo rico que está destinado a ela; sim os faróis do carro que a atinge, enlevada (como Camilo) pela miragem. Quando ela cai no chão pensa – a queda foi só um empurrão, a predição já começou a

[217] Michael Wood é escritor e professor de Literatura em Princeton. WOOD, Michael. *The road to Delphi, the life and afterlife of Oracles.* Nova York: Farrar, Sraus and Giroux, 2003.
[218] LISPECTOR, Clarice. *A hora da estrela.* Rio de Janeiro: Rocco, 1998.

Figura 17: Terminal Marítimo na Gamboa – Rio de Janeiro (RJ).
Fonte: "O Rio Antigo do do fotógrafo Marc Ferrez". São Paulo: Ex Libris, 1984.

acontecer (pois ela viu que o carro era de alto luxo)... minha vida começou agora... Morre, envolta na idéia de que agora, finalmente, nasceu.

Mas aqui o interessante é justamente o efeito: a narrativa é que produz o lugar onde o oráculo terá sempre acertado, sempre falando a verdade. "Joga com" e subverte a idéia do "livro já escrito do destino". "*But strictly oracles don't mean. They play a verbal card, and the card is picked up [...]. When the player picks the wrong name, he hasn't exactly missed the oracle meaning. He has chosen one meaning and ceased to look for others*"[219].

Camilo escolheu logo, sem dúvida. Mas sua cartomante, ao mesmo tempo, não produziu um desígnio ou um enigma digno do lugar de onde era esperada sua palavra (do lugar da verdade). Cartomante não é oráculo, Machado evidencia. Ela era o que era, enxovalhada, disse o que ele queria ouvir para que pagasse mais. A morada indiferente (e aí também a ironia machadiana) do Destino.

5.4 Noite de almirante (o tombadilho em temporal)

Deolindo Venta-Grande (apelido de bordo) acabara de desembarcar, sua corveta voltava de uma longa viagem, oito ou dez meses, assim que teve licença se foi pela rua de Bragança, louco para cair nos braços da Genoveva. Ele era "a fina flor dos marujos", ia cheio de felicidade nos olhos, os companheiros brincando: "Ah! Venta-Grande, que noite de Almirante você vai ter, ceia, viola e os braços de Genoveva...colozinho de Genoveva..."[220].

Tinham se apaixonado, três meses antes dele embarcar. Ficaram morrendo um pelo outro e Deolindo quase largou tudo para ir não desgrudar de Genoveva, caboclinha jovem, esperta, olhar atrevido. Foi a

---

[219] WOOD, Michael. *Op. cit.*, p.53.
"Nesse sentido, o oráculo não significa (mean), ele joga uma carta verbal. Aquele que consulta escolhe uma carta e deixa de procurar/achar outras."

[220] ASSIS, Joaquim M. Machado de. "Noite de Almirante". In: ASSIS, Joaquim M. Machado de. *Obra Completa.* Volume II. Rio de Janeiro: José Aguilar, 1997. p. 446.

velha Inácia que aconselhou ir com calma, não dar cabeçada. Ele então embarcou, mas antes fizeram a jura de fidelidade:

> Ele diz: " – Juro por Deus que está no céu. E você?
> – Eu também.
> – Diz direito.
> – Juro por Deus que está no céu; a luz me falte na hora da morte.[221]

Estava feito o contrato. Ele embarcou, ela chorou demais, ficou sentindo um aperto, como se fosse lhe dar uma "coisa". Não deu nada, felizmente, nos diz o narrador em terceira pessoa, distanciado, mas metido na história com esse tempero irônico.

E era no clima do reencontro que Deolindo voltava correndo, pensando em uma palavra para dizer no grande momento. Formulou esta: "Jurei e cumpri". Ao mesmo tempo lembra todas as mulheres que viu pelo mundo, italianas, turcas, algumas muito lindas; muitas não seriam para ele, é verdade, mas não importa. É que só pensava em Genoveva. À custa de muita economia, comprou para ela um par de brincos em Trieste.

Cheio de expectativa chega na casa da velha Inácia, já imaginando o júbilo, pergunta pela amada, e a velha diz " – Não me fale nessa maluca...". Surpresa total. Ela diz que Genoveva virou a cabeça por causa de um tal de mascate. O mascate não saía da porta, eram conversas e cochichos, até que se foi com ele. Apaixonados. Dona Inácia ainda informara – Genoveva vivia agora com o mascate na praia da Formosa. A velha meio arrependida, ainda lhe deu avisos de prudência, mas o marinheiro não escutou e foi andando.

O narrador vai muito perto de Deolindo que não conseguia nem pensar. "As idéias marinhavam-lhe no cérebro como em hora de temporal, no meio de uma confusão de ventos e apitos. Entre elas rutilou a faca de bordo, ensangüentada e vingadora"[222].

---

[221] Ibidem, p. 446.

[222] ASSIS, Joaquim M. Machado de. "Noite de Almirante". In: ASSIS, Joaquim M. Machado de. *Op. cit.*,p. 448.

Passa a Gamboa, o Saco dos Alferes, e entra na praia da Formosa. Pensa em perguntar, mas o acaso tinha colocado Genoveva sentada na janela, costurando. Ele a viu e parou, ela vendo o vulto de homem levanta os olhos e dá com o marujo. Pergunta, espantada, quando é que chegou "seu Deolindo".

Convidou Deolindo para entrar, comenta que ele está mais gordo, pediu notícia da viagem, nenhuma comoção ou intimidade. Talvez a velha tivesse mentido e ainda houvesse esperança... Ele pensa a seguir que, faltando a faca, ainda tinha as mãos para estrangular Genoveva e, por uns momentos, só pensou nisso.

> – Sei tudo, disse ele. – Quem lhe contou? [...] Fosse quem fosse, disseram-lhe que eu gostava muito de um moço?
> – Disseram.
> – Disseram a verdade.[223]

Ele sentiu um ímpeto, ela o segurou com o olhar, dizendo que se abrira a porta é que o tinha como um homem de juízo. E aí contou tudo, as saudades que tivera, as propostas do mascate, suas recusas, até que um dia, sem saber dizer como, amanhecera gostando dele...

"- Pode crer que pensei muito e muito em você. Sinhá Inácia que diga se eu não chorei muito...Mas o coração mudou...Mudou...Conto-lhe tudo isto como se estivesse diante do padre, concluiu sorrindo"[224].

A explicação era de simplicidade e candura, sem culpa, e aqui o narrador observa "faltava-lhe o padrão moral das ações"[225]. O que a moça dizia, em resumo, é que era melhor não ter mudado, dava-se bem com Deolindo, a prova é que quisera fugir com ele, mas, "uma vez que o mascate venceu o marujo, a razão era do mascate, e cumpria declara-lo"[226], conclui o narrador. Deolindo a faz lembrar do juramento de despedida,

[223] Ibidem, p. 448-9.
[224] Ibidem, p 449.
[225] Ibidem, p. 449.
[226] Ibidem, p. 449.

um compromisso eterno, razão pela qual ele concordou em não fugir e embarcar: "Juro por Deus que está no céu...", ela disse; se ele embarcou foi por causa disso, com essas palavras é que andou, viajou, esperou e voltou.

> – Pois sim, Deolindo, era verdade. Quando jurei era verdade...mas vieram outras cousas...Veio esse moço e eu comecei a gostar dele...
> – Mas a gente jura é para isso mesmo; é para não gostar de mais ninguém...
> – Deixa disso, Deolindo. Então você só se lembrou de mim? Deixa partes...[227]

Deolindo pergunta que horas volta o mascate, ela pergunta por que, o que é que o mascate tinha lhe feito? "Que mal lhe fez ele?"

"Que mal lhe fez essa pedra que lhe caiu de cima?"[228]. Queria matá-lo. Como Deolindo continuava falando de ingratidão, Genoveva perguntava: que ingratidão? Que perjúrio? Ela já não tinha dito que quando jurou era verdade? Nossa Senhora sabia o quanto ela padecera. E ele, que falava tanto em fidelidade, tinha se lembrado dela pela viagem? Ele pôs a mão no bolso e tirou os brincos. De mau gosto, mas vistosos. Ela contente experimentou, se olhou no espelho, agradeceu, faceira. Pede que Deolindo conte algo da viagem, ele recusa, no início, mas tem um resto de esperança que insiste. Chegou uma vizinha na casa, ela exibiu os brincos e a convidou para ouvir "as bonitas histórias que o seu Deolindo estava contando"[229]. A vizinha elogia os brincos, e por um momento Deolindo saboreia "o prazer exclusivo e superfino de ter dado um bom presente[230].

Cai a noite, Genoveva o acompanha até a porta, a vizinha só escuta ela dizendo "Deixa disso, Deolindo" e ele "Você verá". Genoveva entra,

[227] ASSIS, Joaquim M. Machado de. "Noite de Almirante". In: ASSIS, Joaquim M. Machado de. *Op. cit.*,p. 449.
[228] Ibidem, p. 449.
[229] Ibidem, p. 450.
[230] Ibidem, p. 451.

elogia muito o marujo para a vizinha, seus modos, sua simpatia, diz para a vizinha: "Sabe o que ele me disse agora?

> – Que foi?
> – Que vai matar-se.
> – Jesus!
> – Qual o que! Não se mata não. Deolindo é assim mesmo, diz as cousas, mas não faz.[231]

Deolindo não se matou. No dia seguinte, os companheiros bateram-lhe nos ombros, perguntando noticias de Genoveva, se chorara muito, se estava bonita, cumprimentando pela noite de almirante. "Ele respondia a tudo com um sorriso satisfeito e discreto, um sorriso de pessoa que viveu uma grande noite"[232].

Em "Noite de Almirante", a linha de tensão é direta: a promessa de fidelidade marca a direção da narrativa, a jura trocada entre Genoveva e Deolindo e que marca, desde o início de sua história amorosa, a expectativa do prêmio que se anuncia como resultante da espera, da contensão da paixão. O impulso de largar tudo para não desgrudar de Genoveva é negociado com a ponderação e temperança que deve sempre recompensar. O conto é o jogo lúdico das inversões da lógica que orienta nosso senso comum, mas que no encontro com o imprevisto e, podemos pensar, no encontro com algo da ordem da alteridade, é insuficiente. A descontinuidade irrompe e, produz, paradoxalmente, um grande encontro, ainda que outro do que o previsto.

Deolindo se agüenta, na viagem, sustentado pelas palavras que se imagina podendo oferecer à caboclinha, na volta, junto com os brincos: "jurei e cumpri". Se faz representar aí como homem de palavra. Resiste às outras tantas tentações em terras longínquas, mulheres estrangeiras, algumas lindas, o exótico aqui também com seu fascínio implícito. Mas,

---

[231] Ibidem, p. 451.

[232] ASSIS, Joaquim M. Machado de. "Noite de Almirante". In: ASSIS, Joaquim M. Machado de. *Op. cit.*,p. 451.

detalhe, ele sabia que muitas delas não seriam para o seu bico, como se diz. Algo da "renúncia" a "todas" essas mulheres sustenta também a fantasia de um acesso que na verdade seria impossível; ele não é, de fato, "almirante". Mas o compromisso com a mulher amada, a reciprocidade amorosa tem como estabelecer, de certa forma, o milagre: essa potência de elevar um homem à altura de seu ideal. Deolindo é ao mesmo tempo um marinheiro michuruca e um almirante "empossado" pela mulher, pelo pacto amoroso que tem a propriedade de elevar seu valor; garantia de que ele terá a noite que condiz com seu lugar. Assim "almirante", no conto, mesmo que condense uma expressão, não diz respeito somente à expectativa da grande noite, mas à própria condição que confere a Deolindo a altura do lugar de onde irá cair. A hierarquia serve como medida do vão.

Mas Genoveva é só uma jovem caboclinha esperta e atrevida, e não "A" mulher do grande navegador. Nem ela é Penélope, nem ele um Ulisses, mas essa referência está implícita e faz a graça irônica do conto. Deolindo vai pelo mundo, presta suas provas, e mantém a palavra apesar das tentações. Na Odisséia, Ulisses ultrapassa os perigos de toda a ordem e todo seu trabalho, na errância dos mares, é o de voltar para casa. A maior tentação com a qual luta Ulisses na Odisséia é a do esquecimento – Gagnebin (2006), em sua leitura da Odisséia, destaca o primeiro desafio, o episódio onde Ulisses e seus marinheiros aportam na ilha dos Lotófagos. Povo pacífico e perigoso: não eram violentos, não matavam, ao contrário, o que ofereciam aos marinheiros era o loto, doce como o mel, cujo perigo era o de produzir o esquecimento. Quem o comia não queria mais saber de nada, nem de notícias, nem de voltar, droga que envolvia para sempre no esquecimento do regresso.

> Este episódio indica, desde o início, que a luta de Ulisses para voltar à Ítaca é, antes de tudo, uma luta para manter a memória e, portanto, para manter a palavra, as histórias, os cantos que ajudam os homens a se lembrarem do passado e, também, a não se esquecerem do futuro.[233]

[233] GAGNEBIN, Jeanne Marie. *Lembrar escrever esquecer.* São Paulo: Editora 34, 2006. p. 14.

Deolindo é também o marinheiro que luta por manter a jura e o regresso. E a mulher? Penélope não só espera Ulisses como ainda cria artifícios para garantir a não aproximação dos outros homens, o adiamento. Ela tece e desfaz. Com Genoveva tudo se inverte. Inclusive o emblemático das posições tradicionais entre o masculino e o feminino: a figura do marinheiro em nossa cultura é quase um paradigma; marinheiro é o protótipo do homem que tem um amor em cada porto (a figura do mascate também reforça este traço, ele é também mais um que circula). À mulher ficava reservada, na tradição, à função da espera do homem que circula pelo mundo. Aqui, não, Deolindo vai pelo mundo e mantém o mesmo, Genoveva não sai do lugar e produz o máximo do deslocamento.

A terra firme se perde sob os pés de Deolindo, ele está em alto mar na tempestade, o balanço do tombadilho, aqui o mais perto da vertigem, o auge da tensão, "as idéias marinhavam-lhe no cérebro como em hora de temporal", os ventos e apitos, o brilho da faca, o instante assassino.

Genoveva não "jura direito" desde o primeiro momento. Simplesmente mudou, diz a ele. Acordou um dia e o amor tinha mudado; só restava assumir o acontecido sem culpa, como um fato da vida. O "esquecimento" a "falta de padrão moral" que o narrador enuncia pode ser lido como o apontamento sutil que Machado de Assis faz da diferença entre os sexos, das dissimetrias. Neste ponto, nada se inverte, a relação é direta: o contraste se faz trazendo de um lado uma ética guerreira, masculina, do compromisso, onde a disputa é entre os homens – o mascate venceu o marujo. "Que mal o mascate lhe fez?", ainda pergunta a mulher; "que mal lhe fez essa pedra que caiu em sua cabeça?", é o que vive Deolindo. Nesse instante queria matá-lo. Nessa ética a verdade não é contingente. Ele jurou, e isso está acima de qualquer circunstância.

Do outro lado, uma abertura, deslocamento feminino, a verdade leva em conta o momento, é contingente. A "falta de padrão moral" pode ser tomada não tanto como um julgamento, e mais como uma indicação da diferença de posição relativa a que ela, Genoveva, uma mulher, não estava totalmente circunscrita por esse padrão, não toda submetida àquela métrica que rege o gozo masculino que se sustentava do "jurei e cumpri". A mesma contingência que faz Genoveva receber e exibir os brincos: eles eram horríveis, mas faziam uma vista... e lá estava ela gozando-os com a vizinha. Genoveva ainda tenta levar Deolindo para esse lugar um tanto feminizado, o fazendo de confidente, quase como se faz com uma amiga mulher, uma comadre, logo ele que era um exemplar da masculinidade marinheira. Ele se equilibra em um fio, por um momento aproveitando do "prazer superfino" de, pelo menos, ter dado um bom presente.

E Machado ainda brinca, uma última vez, com a inversão, com o comentário final de Genoveva com a vizinha: se matar o Deolindo? Que nada, ele é assim mesmo, diz as coisas, mas não faz...

Resta a Deolindo, frente aos comentários e às hipóteses dos companheiros, o discreto e enigmático sorriso, como uma Monalisa, quase outra volta...

Figura 18: Santa Casa de Misericórdia – Rio de Janeiro (RJ), postado a 8 de fevereiro de 1908.
Fonte: VASQUEZ, Pedro Karp. *Postaes do Brasil.* São Paulo: Metavídeo SP Produção e Comunicação LTDA.

5.5 O enfermeiro (um atordoamento, crime ou luta?)

O enfermeiro[234] é o personagem narrador, homem à beira da morte que se dirige a um interlocutor indefinido, que pode se supor escritor. O episódio de sua vida que vai narrar pode não ser agradável, avisa, mas é, de alguma forma, seu acerto de contas, seu oferecimento, junto com seus sapatos de defunto – sua miséria, no limiar da morte. "Pediu-me um documento humano ei-lo aqui. Não me peça também o império do Grão-Mogol, nem a fotografia dos Macabeus: peça, porém os meus sapatos de defunto e não os dou a ninguém mais"[235].

O personagem, Procópio, relata o episódio que acontece aos seus quarenta e dois anos; se fez teólogo, diz, mas logo retifica – copiava os estudos de teologia de um padre que em troca lhe dava cama e mesa. Enfarado de tantas citações e fórmulas o copiador aceita "com ambas as mãos" o encaminhamento que o padre lhe faz de se ocupar como enfermeiro do coronel Felisberto, mediante bom ordenado. O problema é que o coronel "gastava mais enfermeiros que remédios"[236], havia quebrado a cara de dois deles, homem cruel, insuportável, exigente, informação que Procópio recebe ao chegar na vila. O padre confirma, recomendando a ele mansidão e caridade. Ao recebê-lo, o Coronel já anuncia que nenhum de seus enfermeiros havia prestado para nada, e ainda dois eram gatunos. Pergunta se Procópio é gatuno, e diz que vai chamá-lo somente pelo primeiro nome (considera que Valongo, o sobrenome, não é nome de gente).

Mas acha o candidato simpático, e observa isso ao vigário. "A verdade é que vivemos uma lua de mel de sete dias"[237], relata Procópio. No oitavo dia ele cai na série dos predecessores, uma vida de cão, injúrias, não dormir, não pensar em mais nada, semblante de resignação e conformidade. Com

---

[234] ASSIS, Joaquim M. Machado de. "O enfermeiro". In: ASSIS, Joaquim M. Machado de. *Op. cit.* p. 529.

[235] Ibidem, p.529.

[236] ASSIS, Joaquim M. Machado de. "O enfermeiro". In: ASSIS, Joaquim M. Machado de. *Op. cit.* Vol II. p. 529.

[237] Ibidem, p. 529.

o tempo, apanha de bengala, pede demissão, o coronel se arrepende e lhe pede que fique. São só rabugices de velho, alega. Na verdade, quer Procópio rezando ao pé de seu túmulo, quando se for.

> – Você crê em almas do outro mundo, Procópio?
> – Qual o quê!
> – E por que é que não há de crer, seu burro? Redargüiu vivamente, arregalando os olhos.
> Eram assim as pazes; imagine a guerra.[238]

A situação vai piorando, o narrador-personagem diz que com o tempo vai ficando calejado e submisso às injúrias, é burro, camelo, moleirão, "... era tudo. [...] era eu sozinho para um dicionário inteiro"[239]. Procópio pensa de novo em ir embora, o coronel piora da doença, anda agora às voltas com seu testamento; na noite de 24 de agosto o doente vai ao limite, tem um acesso de raiva, despeja ameaças, atira no enfermeiro um prato de mingau que achou frio, o acusa de ladrão, o atropela. Na madrugada, Procópio vai ser acordado com os gritos do coronel que lhe acerta uma moringa no rosto; neste momento, o transborde, a dor não o deixa ver mais nada e a reação a todos esses atos vem num só: "[...] atirei-me ao doente, pus-lhe as mãos no pescoço, lutamos, e esganei-o"[240]. Mata o coronel.

> Não posso mesmo dizer tudo o que passei, durante esse tempo. Era um atordoamento, um delírio vago e estúpido. Parecia-me que as paredes tinham vultos; escutava umas vozes surdas. Os gritos da vítima, antes da luta e durante a luta, continuavam a repercutir dentro de mim, e o ar, para onde quer que eu me voltasse, aparecia recortado de convulsões. [...] eu ouvia distintamente umas vozes que me bradavam: assassino! Assassino![241]

---

[238] Ibidem, p. 530.

[239] Ibidem, p. 530.

[240] ASSIS, Joaquim M. Machado de. "O enfermeiro". In: ASSIS, Joaquim M. Machado de. *Op. cit.* Vol II. p. 531.

[241] Ibidem. p. 532.

Procópio se desorienta, tem um crime às costas, vê o cadáver, a boca aberta e os olhos arregalados, a marca das suas unhas no pescoço "Caim, que fizeste de teu irmão?"[242]. Pensou em fugir, mas terminou por amortalhar o cadáver (com o auxílio de um preto velho e míope); disfarçou os sinais do embate, não saiu de perto do morto no velório, de medo que descobrissem algo, mãos trêmulas, todos os indícios da culpa à vista, mas que aos olhos dos outros eram atribuídos à sua dedicação ao velho. Procópio aproveitava para elogiar o defunto, assim se convencendo do que ele próprio quer fazer acreditar, pelo menos por instantes.

Passada uma semana, recebe uma carta no Rio de Janeiro, fora encontrado o testamento; ele era o herdeiro universal do coronel. Uma fortuna. Procópio é tomado de surpresa, pensa em recusar a herança, fica nisso três dias, depois pondera que a recusa poderia levantar suspeitas; decide então recebê-la e distribuí-la aos poucos e às escondidas, resgatar o crime com um ato de virtude. Volta, então, e o que acontece a partir daí, no trajeto, à medida que vai se aproximando da vila, é o retorno da cena terrível, a sombra do coronel parecendo surgir de cada canto, os gestos, as palavras, o horror daquela noite.

E aqui, o inusitado: Procópio pensa "Crime ou luta? Realmente, foi uma luta em que eu, atacado, defendi-me, e na defesa... Foi uma luta desgraçada, uma fatalidade. Fixei-me nessa idéia"[243]. E assim vai, fixando-se em pensamentos que costuram a mesma versão, não era culpa do coronel e sim da doença que o levava à loucura, por isso ele deve ser desculpado; já não era vida, e além do mais ele deveria morrer mesmo em poucos dias; "E quem sabe mesmo se a luta e a morte não foram apenas coincidentes?"[244].

No receber a herança segue ouvindo os elogios por sua dedicação. Ao mesmo tempo, passam a referir os casos do coronel – o boticário, o escrivão, todos – ações perversas, a afirmativa de que ele havia sido o diabo, uma cobra; Procópio ouvia no princípio com curiosidade, aos poucos com

---

[242] Ibidem, p. 532.

[243] Ibidem, p. 534.

[244] ASSIS, Joaquim M. Machado de. "O enfermeiro". In: ASSIS, Joaquim M. Machado de. *Op. cit.* Vol. II. p. 534.

um prazer que aumentava, "espécie de tênia moral, que por mais que a arrancasse aos pedaços, recompunha-se logo e ia ficando"[245]. Reduziu a idéia de distribuir a herança, deu uma esmola à Santa Casa, fez um donativo aqui e ali, ao todo trinta e dois contos, e ainda um túmulo todo de mármore para o coronel, obra de um italiano. Conclui:

> Adeus, meu caro senhor. Se achar que esses apontamentos valem alguma cousa, pague-me também com um túmulo de mármore, ao qual dará por epitáfio esta emenda que faço aqui ao divino sermão da montanha: "Bem aventurados os que possuem, porque eles serão consolados.[246]

O conto não esconde, desde o início, a impostura do narrador. A narrativa é apresentada em primeira pessoa, onde Procópio situa que "se fez" teólogo, corrigindo em seguida – copiador. Na verdade, ele copiava os estudos de um padre – disso para dizer-se teólogo parece não precisar muito, o narrador já nos é apresentado como alguém que não observa limites ou fronteiras. Da mesma forma, "se fez" enfermeiro, também exercício que logo revela o precário de seu estofo, já que um enfermeiro tem por princípio zelar pela vida de seu doente, e não matá-lo. Na seqüência do relato, ainda investe na sustentação da imagem do caráter paciencioso e dedicado aos olhos dos outros que falam da insuportabilidade do coronel; isso vai lhe permitindo alimentar a "tênia moral", o gozo que se repete misturado com a culpa, tanto o excesso produzido pelo ódio que o fez atirar-se ao coronel, quanto o gozo das "coisas ocultas" (voltaremos a essa idéia mais adiante).

O avesso está sempre presente no andamento do conto, marcando a trama com as oposições em confronto. A primeira preocupação do coronel frente ao novo enfermeiro traz a desconfiança para com os gatunos, resulta que ele vai cair justo frente ao ladrão maior, aquele que lhe tira a vida e ainda por cima recebe e usufrui dos seus bens; avesso que aparece também

---

[245] Ibidem, p. 534.

[246] Ibidem, p. 535.

com a obediência à qual Procópio é forçado pois o excesso de submissão acaba funcionando como alavanca para o revide, o ataque ao coronel. Fica claro que Procópio não faz seu crime com premeditação, o conto apresenta a circunstância à qual ele é submetido desde o primeiro momento – a alegação de que seu nome não era nome de gente, o que, no caso, só poderia aludir a uma posição: a de escravo. A aparente lua de mel, que faz supor certa paridade, logo revela a dissimetria. Burro, camelo, sozinho para um dicionário inteiro de injúrias, Procópio era tudo, e, paradoxalmente, por isso mesmo é que ele herda; o coronel não tinha mais ninguém que o agüentasse. Um prato de mingau frio arremessado é o disparador (a vingança é um prato que se come frio, diz o ditado), e tal como Procópio tomou o emprego de enfermeiro "com ambas as mãos", assim ele agarra o pescoço do coronel. Momento seguinte, recua apavorado quando vê que o doente está morrendo, grita sem ser escutado, encontra-se de cara com seu ato. Aqui o atordoamento, a perda, a "virada do fio", o "enfermeiro" que mata o doente. É o momento da saída do fascínio da paixão – do ódio, para a aparição da descontinuidade – a morte. Breve tempo do delírio, das vozes, das sombras em que o narrador é envolto.

A Bíblia ecoa; Caim matando Abel. A dupla vertente segue, por um lado ele se desespera pelo que fez, por outro vive o temor de que seu ato seja descoberto; logo começam os pensamentos na direção dos ajustes, das conciliações: o que fez foi terrível; mas se não vier à tona, nem tanto. Afinal, ele é o enfermeiro. A tentativa de validar esse funcionamento aparece, porta de passagem do ato perverso, das corrupções, da falcatrua justificada. Procópio passa a elogiar o morto, posar de enfermeiro exemplar, tentando a paz do lado dos homens (o disfarce do crime), mas ainda na lida com um resto de intranqüilidade na consciência. Sete dias depois, o mesmo tempo que durara a lua de mel com o coronel, faz-se necessária a negociação maior (consigo mesmo), uma vez que é nomeado herdeiro absoluto do coronel. Indo para a vila, tendo que se virar com a nova condição, a cena daquela noite ameaça irromper, retornar, é o mal assombrado como obstáculo, novamente lembrando-o de seu lugar de criminoso.

Machado nos oferece, então, a inversão genial: "crime ou luta?" Procópio se interroga. Assassino ou vítima de uma contingência? Ladrão ou herdeiro?

Se Procópio funciona, a princípio, com uma espécie de submissão escrava, quando se dá a reviravolta ele se instala num pólo inusitado para o leitor, como se aparecesse sem disfarce um traço do "senhor". Tales A. M. Ab'Sáber[247] salienta o traço do gozo, do capricho da posição do senhor brasileiro e colonial lido com relação a Brás Cubas – o descompromisso irônico com o leitor estampado desde a primeira frase: "A obra em si mesma é tudo: se te agradar, fino leitor, pago-me da tarefa, se não te agradar pago-te com um piparote, e adeus" – e propõe:

> O descompromisso com qualquer alteridade revela aqui, neste mínimo passo, de forma jocosa, o seu fundo de violência particular e real. O seu saldo, de soma zero final, é do interesse e do ganho exclusivo de Brás Cubas; ao mesmo tempo o seu efeito é o de esvaziamento radical de tudo o que possa vir a estruturar a cultura. O Outro, toda ordem de valor partilhado com qualquer outro, tem validade apenas estratégica, na medida geral do gozo qualquer de Brás.[248]

Procópio mimetiza esse traço do "senhor". A incrível solução se descortina, a cena do crime vai perdendo a cor, as frases de confirmação de sua dedicação ao doente sempre sendo retomadas; o coronel era isso ou aquilo, Procópio sempre o defensor. O conto segue, evidenciando o necessário e constante trabalho de "manutenção" enunciativa da versão do narrador para consigo mesmo, pois apesar da solução encontrada, essa porta não fecha, tem sempre uma fresta. É sempre uma versão inacabada, um constante "empurrar" para viabilizar a vigência da inversão, da substituição do crime por luta, para que o gozo da herança indevida seja sustentado, para que o ato seja justificado.

O conto encerra produzindo a ironia em seu ponto máximo, uma vez que o Sermão da Montanha é justamente referente, no texto sagrado,

---

[247] Psicanalista, autor do artigo "Dois mestres: crítica e psicanálise em Machado de Assis e Roberto Schwarz". In: CEVASCO, Maria; OHATA, Milton (org.) *Um crítico na periferia do capitalismo.* São Paulo: Companhia das Letras, 2007.

[248] Ab'SABER, Tales A. M. "Dois mestres: crítica e psicanálise em Machado de Assis e Roberto Schwarz". In: *Op. cit.*, p. 281.

ao consolo dos pobres de espírito, dos despossuídos. Procópio inclui a modificação para que conste no seu epitáfio: "Bem aventurados os que *possuem*, porque eles serão consolados" (grifo meu). Retoma, desta maneira, a referência feita no início: "Não me peça também o império do Grão-Mogol, nem a fotografia dos Macabeus [...]"[249].

Grão-Mogol é a referência a um município situado ao norte de Minas Gerais que, ao final do século XVIII, é ligado à notícia da existência de diamantes em sua região, o que atraiu, na época, um grande número de aventureiros. A mensagem cifrada dirigida ao interlocutor retorna, recaindo sobre o próprio narrador, ele mesmo o aventureiro no exercício dos ofícios e na posição de herdeiro.

Uma última observação sobre o conto, acentuando o fio condutor que faz seu eixo, a questão das "coisas ocultas": no Livro II dos Macabeus, na referência bíblica (o sacrifício pelos mortos, 38 a 45) Judas, o macabeu, combatente sob a proteção do Senhor, recolhe com seus soldados os corpos dos seus que haviam caído, para que os sepultassem junto aos antepassados. Ao recolherem os corpos, algo se revela, os soldados percebem embaixo das túnicas dos mortos objetos consagrados aos ídolos de Jâmnia, cujo uso a Lei vetava aos judeus. Ficou assim evidente a causa das mortes: Macabeus – 42: "Bendisseram todos a ação do Senhor, o justo Juiz que *torna manifesta as coisas ocultas*"(grifo meu)[250]. Os macabeus a partir daí rezam, suplicando o perdão pelo pecado cometido.

No deslocamento de crime para luta, o interlocutor de Procópio e mesmo o leitor, podem ser convidados, sutilmente, ao lugar de cúmplices-testemunhas das "coisas ocultas", talvez até para dar algum crédito à versão de inocência e apaziguamento que o narrador propõe. Afinal, ele havia sido a vítima do coronel. É a "lei particular" que Machado põe às claras em sua ficção: os efeitos do contexto de origem escravocrata, onde o gozo do corpo do outro na condição de objeto é permitido. Quem sabe o relato a um outro possa funcionar (cruza do conto com a vida) como a palavra

---

[249] ASSIS, Joaquim M. Machado de. "O enfermeiro". In: ASSIS, Joaquim M. Machado de. *Op. cit.*,, p. 529.

[250] *BÍBLIA Sagrada*. São Paulo: Círculo do Livro, Vozes, 1982. p. 625-26.

Largo São Francisco de Paula, c.1875

Ainda existia esse pequeno e delicioso jardim, que vai ser destruído, como podemos ver na foto da página seguinte. Ao centro a estátua de José Bonifácio de Andrada e Silva, obra do escultor francês Luiz Rochet, inaugurada em 1872. Do lado esquerdo, as interessantes fachadas das casas da Rua do Teatro.

Figura 19: Largo São Francisco de Paula (à esquerda, Rua do Teatro) – Rio de Janeiro (RJ).
Fonte: "O Rio Antigo do fotógrafo Marc Ferrez". São Paulo: Ex Libris, 1984.

que pode evocar expiação, dentro de um quadro onde fica bem evidente que a culpa não é da ordem de uma dívida que se possa ter com relação a uma lei simbólica ou à alteridade, e sim, ironia, da ordem do narcisismo, produzindo as negociações sucessivas e necessárias que só tem uma direção: a preservação de uma dimensão de gozo.

5.6 Umas férias (queda de um sonho)

Um homem desconhecido vem falar com o mestre-escola, na classe. Entra um tipo rude, cabelos compridos e sem sinal de pente, roupa amarrotada e provavelmente parda, um roceiro. Desconhecido para os outros, não para o personagem narrador. Era seu tio Zeca, que conversa em voz baixa com o professor. "- Sr. José Martins, pode sair"[251]. A sensação do menino é de prazer, oportunidade para folgar, não gostava de estudar; aquilo vem com espanto mas mais como festejo. Esse tio, irmão mais novo do pai, veio do interior. Deve ser dia de festa, ele pensa, mas não sabe – o tio não diz nada, e José não se atreve a perguntar. Passam na escola da irmã, Felícia, e vão pela rua. As duas crianças param às portas das vendas, ela admirando as bonecas; ele, os papagaios. A curiosidade solta sobre a rua, mas, principalmente, sobre a festa suposta os esperando em casa. Mas ao mesmo tempo José registra "Tio Zeca é que nos tirava do espetáculo industrial ou natural. – Andem, dizia ele em voz sumida"[252]. Eles conjeturam, Felícia diz que não deve ser aniversário do tio Zeca, ele parece meio triste. José acha que o tio parece carrancudo, mais do que triste, e quem faz aniversário deve ter cara alegre. Talvez seja aniversário de um padrinho ou de uma madrinha, mas porque a mãe os teria enviado para a escola se fosse dia de festa? Outras hipóteses são construídas: talvez a mãe não soubesse, mas deveria haver festa grande, doce, dança. Talvez festa sem aniversário; a sorte grande ou as eleições, ele pensa, mesmo

[251] ASSIS, Joaquim M. Machado. "Umas Férias". In: ASSIS, Joaquim M. Machado de. *Machado de Assis – Obra completa.* Volume III. Rio de Janeiro: José Aguilar, 1997b, p. 699.

[252] Ibidem, p. 699.

que não entendesse bem disso. Não sabia que o dia era sexta e as eleições seriam no domingo, (a narrativa é a rememoração em tempo posterior), a imaginação trazia bandas de música, as crianças pulando, cocadas, palmas e vivas. Como quando havia ido ao teatro. Neste ponto, a intensidade: "Talvez houvesse espetáculo à noite; fiquei meio tonto"[253]. Lembra que uma vez tinha ido ao teatro, voltara dormindo para casa, mas no dia seguinte revivia a excitação da noite, apesar de não ter entendido muito da trama restavam as impressões – os tronos, as lanças compridas, os príncipes, as bailarinas, as capas e espadas; enquanto ele se entusiasma no reencontro com o espetáculo rememorado, ocorre uma parada, tio Zeca fala com alguém na rua. O menino segue imaginando, como diz, trinta mil coisas; passam dois moleques de carapuça vermelha, ele e Felícia derivam os pensamentos para as alegrias das festas das noites de S. João e Santo Antônio, fogueiras, rodinhas, danças; ele pensa num momento que seria bom jogar o livro da escola na fogueira...

Tio Zeca e o desconhecido se aproximam; "O desconhecido pegou-nos nos queixos e levantou-nos a cara para ele, fitou-nos com seriedade, deixou-nos e despediu-se"[254]. Combinam às nove horas. Algo, algum compromisso, seria a festa? Então eles não precisariam deitar às nove, como sempre, pensa o menino. Seguem o caminho, pulam uma poça de lama, tio Zeca olha com reprovação, outra parada, um casal vindo da roça, montados em burros, o tio vai falar com eles. "Era o dia dos desconhecidos"[255], não se ouviu a conversa, mas desta vez, um indício a mais: o menino registrou um ar de curiosidade mas também de pena (ou algo assim) sobre eles.

Dobrando a esquina de casa, o encontro com os portais da casa forrados de preto, o espanto, o olhar interrogativo para o tio que só consegue segurar as mãos das crianças e entrar, as palavras não saem. O negócio da família (o armarinho) estava com as portas meio fechadas, os curiosos na rua, nas janelas os vizinhos olhando, por fim o encontro com a mãe que num salto

---

[253] Ibidem, p. 700.

[254] ASSIS, Joaquim Maria Machado de. "Umas Férias". In: ASSIS, Joaquim M. Machado de. *Op. cit.*, p. 700.

[255] Ibidem, p. 700.

vem abraçá-los chorando, desvendando o mistério: "– Meus filhos, vosso pai morreu!"[256].

A comoção é grande para José "Morto como? morto por quê?"[257]. Nesse momento, ele não entendia nada "Ouvi as palavras de minha mãe, se repetiam em mim, e os seus soluços que eram grandes"[258]. A mãe os arrasta para a cama para beijar a mão do pai morto, "Tão longe estava eu daquilo que, apesar de tudo, não entendera nada a princípio; a tristeza e o silêncio das pessoas que rodeavam a cama ajudaram a explicar que meu pai morrera deveras"[259]. Nisso o efeito de atordoamento, e o personagem narrador diz do abalo de todas as coisas:

> Não se tratava de um dia santo, com a sua folga recreio, não era festa, não eram as horas breves ou longas, para a gente desfiar em casa, arredada dos castigos da escola. Que essa queda de um sonho tão bonito fizesse crescer a minha dor de filho não é coisa que se possa afirmar ou negar; melhor é calar. O pai ali estava defunto, sem pulos, nem danças, nem risadas, nem bandas de música, coisas todas também defuntas.[260]

Ele lamenta o engano brutal – se tivessem dito logo o motivo, na escola, a alegria não teria se instalado em seu coração, de onde era expulsa, agora, a "punhadas". A combinação das nove horas era a do enterro, no dia seguinte. Os gritos da mãe novamente ecoam, as palavras abafadas, o caixão que é carregado, os passos, o féretro. "Lá iam meu pai e as férias"[261].

Durante a semana de luto, vêm as visitas e os pêsames, quase não se fala, a mãe se mantém calada entre uma visita e outra. É a partir do que escuta nessas visitas que se arma a cena da morte do pai, apoplexia, tinha ido beber água, enchia um copo... Ele decorava toda a história. E a volta

256 Ibidem, p. 701.
257 Ibidem, p. 701.
258 Ibidem, p. 701.
259 Ibidem, p. 701.
260 ASSIS, Joaquim Maria Machado de. "Umas Férias". In: ASSIS, Joaquim Maria Machado de. *Op. cit.*, p. 701.
261 Ibidem, p. 702.

à rua, até a volta à escola passa a ser surpreendentemente desejada. A mãe não permite saída, ele deve estudar em casa, de luto. Mas as idéias voam, a mãe percebe um momento de devaneio com o livro na mão, e José, que voltava nesses dias a pensar novamente nos foguetes, nos realejos e nas danças, responde à chamada dizendo que estava pensando no pai, o que a faz chorar. Não era verdade, mas também não totalmente mentira. Ao ver a irmã triste, acompanhando a mãe, enxugando suas lágrimas, o toque de mestre na narrativa: "Meio vexado, pensei em imitá-la, e meti a mão no bolso para tirar o lenço. A mão entrou sem ternura, e, não achando o lenço, saiu sem pesar"[262].

Ele pensa em ir para o armarinho, não pode, a mãe proíbe, sufocando mais esse sonho. Chora de raiva, tem de voltar ao livro que, nesse momento, lembra a escola, e desta vez, a imagem da escola aparece como consolo. A prisão que tinha deixado tão feliz pela mão do tio agora parecia um céu; a missa de sétimo dia no sábado o liberta, finalmente. Ainda não era a alegria completa, que viria só na segunda feira, dia de aula: "uma grande alegria sem férias".

O conto "Umas férias" tem lugar especial em minha leitura de Machado de Assis, pois, junto com alguns outros, compôs o microcosmo da hipótese do efeito de vertigem e da força de seu encontro nos contos que lidam com as questões do sexo ou da morte. A arquitetura deste conto se apresenta "tão moebianamente", se podemos dizer assim nesta altura do texto, que produz dificuldade de registrar – é desses escritos que produzem no leitor lampejos fugazes, idéias tão rápidas que se recobrem quase que ao mesmo tempo da leitura: os contrastes estão colocados a cada passo e junto a isso tudo é, praticamente, mentira e verdade. Tal qual a notícia de uma morte importante: um real que não se absorve de uma vez, e que vai precisar dos rituais e do tempo do luto para processar todas as voltas que permitam que isso se registre, que saia da dimensão verdade/mentira. Saída parcial, de qualquer modo, a simultaneidade da verdade/mentira de certa forma sempre poderá estar aí, na vida psíquica, pela mesma razão que

[262] Ibidem, p. 703.

nos transporta no conto: por um fato de estrutura, que pode se mostrar na escrita e que organiza nossa subjetividade, trabalho do inconsciente.

O incrível no conto é que a experiência de atordoamento que vamos compartilhar com o menino, quando ele dobra a esquina, literalmente, é anunciada desde o primeiro momento. Dessa vez partilhamos da vertigem e *ao mesmo tempo* participamos de sua construção, acompanhamos a "obra" passo a passo, como se o autor quisesse levar ao limite essa possibilidade. A presença do tio, esse roceiro deslocado e sem recurso de fala com as crianças, figura parda, anuncia o fora de lugar desde o início. Soma-se a isso o olhar no chão, o silêncio (da morte), o carrancudo, a tristeza. Traços à disposição do menino que narra, e que são ao mesmo tempo, novamente, percebidos e não: às vezes isso é notado, mas também, às vezes, pouco importa, não é o principal para José, ele tem uma profusão de coisas na cabeça, está fora da escola inusitadamente, o mundo o convoca, a festa, a excitação, se o tio Zeca está assim ou assado não é o principal.

Nisto temos também a bela narrativa que dá conta de uma espécie de diferença de mundos onde as passagens são enigmáticas, não evidentes; no entanto, centrais, mundo da infância e mundo adulto. É comovente a fabulação que vai de um evento a outro, aniversário, a sorte grande, e mesmo as coisas do mundo dos adultos que as crianças não entendem bem, mas que conseguem ligar-se perfeitamente à intensidade e ao clima que captam e compartilham – as eleições, mesmo que José não soubesse o que era candidatura ou vereação: "tanto ouvira falar em vitória próxima que a achei certa e ganha"[263]; o encantamento do teatro, a tontura que experimenta ao simplesmente pensar que poderia ter espetáculo à noite (pequena vertigem, índice do excesso, do transbordamento).

São as trinta mil coisas que fazem com que o mesmo trajeto seja vivido de ângulos totalmente diferentes, e cuja radicalidade aparece no auge no contraste do encontro da criança com os atos e as palavras do adulto. São os ditos e não-ditos, as diferentes formas de leitura e em especial o trabalho

[263] ASSIS, Joaquim Maria Machado de. "Umas Férias". In: ASSIS, Joaquim Maria Machado de. *Op. cit.*, p. 699-700.

de construção e criação que constitui o principal da infância. As mônadas de Walter Benjamin aqui se ligam com "Umas férias", por tratar dessas passagens acentuando essa dissimetria, mundo de equívocos que trabalha entre uns e outros, a partir do que cada um tem a atravessar. Talvez fosse aniversário do tio Zeca (como, com aquela cara?) e se ele caminhava olhando para o chão era "provavelmente para não cair"[264].

Condensa-se, no caso, a "morte" que o menino vive na experiência da escola, o aprisionamento com o qual tem que lidar, onde o tempo dos livros é para ele a perda do tempo precioso dessa outra coisa que é a festa (que é mais a festa da imaginação, da fantasia, acessível sem precisar quase nada) com a morte do pai, o impacto brutal.

Apesar de advertidos, porque lemos do ponto de vista de adultos os indícios plantados, acontece a inevitável identificação com José no momento do encontro com os portais forrados de preto. Aqui o desfalecimento, aqui a vertigem, o momento da comoção grande "por mais que o confuso e o vago entorpecessem a consciência da notícia"[265]; momento onde ele praticamente se perde na mãe. Do texto de Ravel Giordano Paez, sobre esse momento do conto: "Entorpecimento que chega a se traduzir numa espécie de suspensão das faculdades cognitivas, reduzindo o menino a um reflexo das palavras e soluços da mãe, que se 'repetiam' nele"[266].

Machado constrói no conto a subida, a elevação, para então produzir o giro. A gente tonteia com o menino, é sua queixa, se tivessem contado logo ele não precisaria lutar tanto, ele reclama. Será? Não sabemos. O que sim acompanhamos é que, a partir daí, há um corte onde as referências se abalam, giram, se misturam de vez, verdade e mentira – a tristeza é pelo confinamento do luto ou pela morte do pai? Ele sofre porque lembrou do pai ou para disfarçar para a mãe sobre os devaneios? A morte é a escola, ou lá, agora, sua alegria? A felicidade de uma criança são as férias, mas

---

[264] ASSIS, Joaquim Maria Machado de. "Umas Férias". In: ASSIS, Joaquim Maria Machado de. *Op. cit.*, p. 699.

[265] Ibidem, p. 40.

[266] Artigo "De pontos, linhas e fugas: três contos de formação" de Ravel Giordano Paz, publicado em *Teresa,* Revista de literatura brasileira 6/7, USP, Editora 34, Imprensa Oficial, 2006.

Figura 20: Largo do Paço e rua Primeiro de Março – Rio de Janeiro (RJ).
Fonte: "O Brasil de Marc Ferrez". São Paulo: IMS, 2005.

como viver os "oito dias de nojo"? A missa de sétimo dia é a liberdade – para os mortos, para os vivos? Nada se exclui; as vertentes coexistem nesse momento. Fiquemos com o que o conto põe no lugar central, bem dito pelo menino: "Era o dia dos desconhecidos".

5.7 Missa do galo (figura e fundo, a sedução)

Realizamos neste ponto uma inversão da ordem cronológica de apresentação dos contos para encerrarmos nossa leitura com "Missa do galo" (anterior a "Umas férias"). O conto foi publicado em *Páginas Recolhidas*, em 1899, tempo da maturidade de Machado de Assis como autor – o estilo inovador, a abertura estética e seu trabalho de elaboração ficcional já consolidados.

"Missa do galo" é revisitado a cada vez que a obra de Machado está em questão, com razão: concentra em sua estrutura a densidade produzida pelo cruzamento de vertentes distintas, escritas do contexto e da subjetividade, multiplicidade de entradas e leituras. Sigamos de perto o fio da rede que se destaca para a consideração do efeito de vertigem.

"Nunca pude entender a conversação que tive com uma senhora, há muitos anos, contava eu dezessete, ela trinta"[267]. As primeiras palavras do conto nos introduzem diretamente a essa zona da memória, obscuridade, fechamento e abertura que pauta e orienta uma das mais belas narrativas machadianas.

Quem narra o episódio é o adolescente, Nogueira, e esse primeiro parágrafo nos entrega o essencial: vai tratar do encontro desse jovem com Conceição, "a mulher de trinta". É noite de Natal, e o título do conto vem por contigüidade – o episódio é justo o que antecede o momento em que Nogueira vai à Missa do galo na Corte. O ano é o de 1861 ou 62, no Rio de Janeiro. O jovem encontra-se hospedado na casa do escrivão Menezes,

[267] ASSIS, Joaquim M. Machado de. "Missa do galo" In: ASSIS, Joaquim M. Machado de. *Op. cit.*, p. 605.

que havia sido casado em primeiras núpcias com uma de suas primas. Nogueira vinha de Mangaratiba para o Rio, a estudo, e instala-se junto a Menezes e Conceição, a segunda esposa. As observações do narrador dão o tom da rotina: a família era pequena, deitar cedo, vida doméstica. "Costumes velhos"[268] é o dizer do clima da casa, a não ser por um detalhe, o "teatro". Nogueira nunca tinha ido ao teatro, Menezes ia regularmente, uma vez por semana. Quando Nogueira lhe pede para ir junto, o riso é compartilhado entre dona Inácia (mãe de Conceição) e as criadas, o jovem fica excluído do sentido da piada. O teatro era "um eufemismo em ação"[269]. Todo mundo sabia na casa que esta era a palavra que designava o encontro com a amante com a qual Menezes passava aquela noite da semana.

"Teatro" vai além da noite com a amante, e situa algo a mais no conto, o destaque para "as aparências", tão importante na determinação dos movimentos e das contradições dos personagens (*como o chapéu de Conrado*). Conceição de início sofrera com a existência da amante do marido e com as noites dormidas fora. Aos poucos se resigna, vai acostumando, até achar que era muito direito: "aceitaria um harém, com as aparências salvas"[270]. Assim como em *Dom Casmurro*, que "mata" Capitu com a crueldade socialmente aceitável, o exílio; as aparências salvas.

As aparências funcionam ainda como véu da cena principal do conto, dando a impressão ao leitor de que ali *tudo* pode ter acontecido no viés da intensidade das emoções, e, ao mesmo tempo, *quase nada*, pela ótica das aparências (*como Procópio propõe entre crime ou luta*). O conto articula momentos, pulsações, picos de ansiedades e excitações que funcionam como lampejos de claro/escuro. O que se passou nem o narrador pode buscar como lembrança bem-estabelecida. Restam as nuances tramadas entre memória, esquecimento e fantasia.

Conceição é curiosamente apresentada ao leitor como "a santa", de tanta facilidade em aceitar os esquecimentos do marido. O destaque

---

[268] Ibidem, p. 606.

[269] Ibidem, p. 606.

[270] ASSIS, Joaquim M. Machado de. "Missa do galo" In: ASSIS, Joaquim M. Machado de. *Op. cit.*, p. 606.

do narrador é para a condição subjetiva dessa mulher sem extremos: temperamento moderado, Conceição não transborda jamais, nem muitas lágrimas nem muitos risos, nem bonita nem feia, poderia se dizer simpática. "Tudo nela era atenuado e passivo"[271]. Não falava mal de ninguém, "Não sabia odiar; pode ser até que não soubesse amar"[272].

Nessa noite, a da missa do galo, tudo se passa como de costume. É a noite em que o escrivão vai ao "teatro", os demais se recolhem cedo apesar de ser noite de Natal, Nogueira fica na sala da frente, pronto, esperando o momento de sair para a missa do galo na Corte. Enquanto espera lê *Os três mosqueteiros*, "vai às aventuras", e é neste momento que Conceição aparece na sala, um ar de visão romântica como que em continuidade com seu livro. Ela vem de roupão branco, chinelas, algo de desalinho e intimidade.

Neste ponto inicia a equivocidade e a sedução. Conceição diz ter acordado, ele duvida, achando que os olhos não pareciam de alguém que já tivesse dormido, mas não ousa, na ocasião, seguir o rumo que esse pensamento abriria. Talvez fosse excessivo (e inclusive difícil de suportar) pensar que ela ficara acordada por sua causa. Nogueira narra em flashback, observando a inexperiência da época. Conceição evoca o desconhecido, o obscuro, no entabular a conversa. "Não tem medo de almas do outro mundo?"[273].

E não estavam eles justo tocando nas bordas de outro mundo? Ela fala de leituras, da Moreninha, o romântico na linha de frente, ainda muito de leve o sensual. O grande giro do conto: como se opera a passagem daquela mulher em "banho maria", mediana, descolorida e sobretudo passiva, para o lugar das mulheres dos quadros do conto, quase uma Cleópatra sedutora?

Como os jogos de gestalt, de figura e fundo, ela, que era fundo, passa agora a ser figura. Domina a cena, passagem do pólo da passividade

[271] Ibidem, p. 606.
[272] Ibidem, p. 606.
[273] ASSIS, Joaquim M. Machado de. "Missa do galo" In: ASSIS, Joaquim M. Machado de. *Op. cit.*, p. 607.

para o da atividade. É ela quem enfia os olhos e quem lambe "os beiços": "Conceição ouvia-me com a cabeça reclinada no espaldar, enfiando os olhos por entre as pálpebras meio cerradas, sem tirar os olhos de mim. De vez em quando passava a língua pelos beiços, para umedecê-los"[274].

A cena de sedução pauta-se do início ao fim pelo movimento de seu corpo de mulher, meio dizer, meio fazer envolvente, sutil. Deflagra-se uma seqüência de cruzar os dedos, pousar o queixo, cotovelos apoiados nos braços da cadeira, e os braços, sempre os braços em Machado de Assis como um indicador metonímico, parte pelo todo, braços por mulher, espécie de ímã oferecido ao olhar masculino.

"Não estando abotoadas as mangas, caíram naturalmente, e eu vi-lhe metade dos braços, muito claros [...]"[275]. E completa – "A vista não era nova para mim, posto que também não fosse comum; naquele momento, porém, a impressão que tive foi grande. As veias eram tão azuis, que apesar da pouca claridade, podia contá-las do meu lugar"[276].

Se Conceição "de costume tinha os gestos demorados e as atitudes tranqüilas"[277] agora é a mulher que ergue-se rapidamente, atravessa a sala, balanço no andar, o corpo excedendo o que de outro lado não dá conta: era estreito o círculo de suas idéias. A conversa é absolutamente banal. O corpo em movimento é o que ganha lugar, cotovelos no mármore da mesa, rosto entre as mãos espalmadas...

Conceição faz a frase da coqueteria – estou ficando velha – o jovem calorosamente desmente, ela se faz sorriso frente ao ímpeto da resposta. Confirmação: está se tornando uma mulher desejável aos olhos dele. Metamorfose.

"Afinal, cansou, trocou de atitude e de lugar"[278]. Podemos tomar essa expressão do narrador observando o deslocamento de Conceição pela

---

[274] Ibidem, p. 608.

[275] Ibidem, p. 608.

[276] Ibidem, p. 609.

[277] ASSIS, Joaquim M. Machado de. "Missa do galo" In: ASSIS, Joaquim M. Machado de. *Op. cit.*, p. 608.

[278] Ibidem, p. 609.

sala como paradigmática do movimento que a própria narrativa do conto imprime: no ativo da sedução ela se revela uma mulher que transborda ao estilo machadiano. O excesso vem apenas sugerido, elegante, corpo tensionado assim como a voz do narrador. Ela vem sentar-se ao lado dele, vê-se furtivamente o bico das chinelas, acaba de cruzar as pernas, bate com as pontas do cinto sobre o joelho, inclina o corpo pretensamente para ouvir melhor, o rosto mais perto...

Quanto mais a cumplicidade vai sendo tecida no registro do corpo e do desejo, mais Nogueira fala emendando um assunto no outro sem saber por que (*como José, o menino entusiasmado pela rua*). Ele fala das festas da roça e da cidade para vê-la sorrir, os olhos, os dentes, o rosto, quando acaba uma narração ela logo inventa uma pergunta ou explicação, ele falando novamente, os dois aos cochichos "mais baixo, mais baixo..."[279] para não acordar a mãe, diz ela... Mas na narrativa funciona como que para que as vozes possam estar elas também na modulação da intimidade. Continuidade (um assunto entra no outro) e descontinuidade; pausas, Nogueira não sabe se ela dorme ou se o movimento de abrir e fechar os olhos é relativo a poder ver melhor. Conceição percebe o olhar de Nogueira perdido sobre ela.

Esse é um dos momentos do conto que nos diz o quanto ele, adolescente, fica mergulhado, entregue ao encantamento. Ele já não sabe bem de nada. "Há impressões dessa noite, que me parecem truncadas ou confusas. Contradigo-me, atrapalho-me"[280].

Nogueira só sabe que nesse momento operou-se a mágica, essa mulher que lhe era praticamente indiferente, marcada pelas meias medidas e pelos meios termos, de repente ficou linda, lindíssima. Não seria ela uma versão da Cleópatra, emblema de domínio e de sedução? Conceição chama a atenção para as duas gravuras penduradas na parede, que o narrador apresenta ao leitor com tendo sido escolha de "Chiquinho" (como ela chamava o marido): "Um representava "Cleópatra"; não me recordo o

---

[279] Ibidem, p. 609.

[280] ASSIS, Joaquim M. Machado de. "Missa do galo" In: ASSIS, Joaquim M. Machado de. *Op. cit.*, p. 610.

assunto do outro, mas eram mulheres. Vulgares ambos; naquele tempo não me pareciam feios"[281].

A observação de "vulgares ambos" permite um deslizamento de sentido – vulgares ambos os quadros, os quadros das mulheres, elas próprias. Conceição teria preferido a imagem de Nossa Sra. da Conceição na substituição à Cleópatra. As figuras da santa e da sedutora, (*algo da Marocas na rua e na Igreja)* verso e reverso enigmático e simultâneo das mulheres: Conceição, Cleópatra, e, por que não, Cecília? De volta às chinelas, em "Missa do galo". E ainda, nessa série poderia inscrever-se Capitu (curiosa seqüência de mulheres cujo ponto de partida é sempre a letra inicial do nome de Carolina...).

Imagens sobrepostas, a magia que opera em Nogueira diz respeito a cada vez que é possível situar o jogo entre o desejo e o gozo (*como com o Duarte às voltas com sua chinela turca)*, o momento fulgurante que propõe ao mesmo tempo encontro e perda. Encontro, nisso que se fixa por um momento, por um traço, um detalhe, causando a fisgada do desejo, que nesse instante modifica toda a distribuição dos lugares dos sujeitos em questão: Conceição, que era somente simpática, agora deslumbra; ele, que era um menino da roça querendo ver a missa da Corte, por um momento é já um homem. O narrador, no tempo em que rememora, nos dá a impressão de situar o episódio como um momento quase que inaugural de si mesmo no encontro com uma mulher. Perda, no que precipita aquele que é capturado por esse gozo em uma "espécie de sono magnético, ou o que quer que me tolhia a língua e os sentidos"[282]. Ele diz do atordoamento, aqui lembrando novamente a vertigem se avizinhando da hipnose que a luz produz sobre o inseto, ou do pássaro siderado pela serpente: Nogueira queria e não queria tirar os olhos dela.

A saída vem do exterior, o amigo batendo na janela, a voz que chama para a missa do galo. "Já serão horas?" sai Nogueira do encanto, a cena se desenlaça. Durante a missa, a imagem de Conceição perdura entre ele

[281] Ibidem, p. 610.
[282] Ibidem, p. 610.

e o padre, os restos da experiência ainda nos olhos. Um grande evento esperado para aquela noite, o jovem o teve (*assim como o marujo Deolindo)*, também deslocado do esperado; no caso, da missa para o encontro.

No dia seguinte, a mulher da noite já não está lá, resta a do cotidiano. Só retorna na trama da recordação e na urdidura do esquecimento (ao modo da leitura benjaminiana sobre o trato ficcional da memória em Proust).

Vertigem e ironia, abertura do pequeno para o grande, "Missa do galo" tem, sem dúvida, essa propriedade; aponta, no encontro circunstancial entre os personagens, o desdobramento possível do movimento entre desejo e gozo; o contexto que anima o exercício das posições entre o feminino e o masculino; o social na relação aos lugares que costuram verdade e aparência, e tantos outros pontos de abertura. Assim como em "A chinela turca", o olhar encontra uma visão de mulher elevada, que tem a ver com o imaculado, o branco (e com umas chinelas), para em seguida jogar com a subversão, com uma espécie de mal magnético, pulsional, olhos semicerrados que enxergam, *como na cartomante*, "por baixo".

5.8 Retomando a vertigem e as torsões: um princípio de composição

Percorremos este conjunto de contos buscando situar o efeito de vertigem em cada narrativa, de acordo com a orientação já referida em Houaiss – vertigem como movimento de rotação, giro, na derivação do latim *vertere*, voltar(-se), desviar, mudar, traduzir. Seguimos a relação com o movimento moebiano, as voltas que situam os contrastes, as contradições que estão em movimento ao mesmo tempo. Encontramos a partir daí a simultaneidade dos elementos, a impressão da continuidade, ao mesmo tempo, a desarticulação na vertigem, os momento de sua irrupção, os detalhes que articulam esses giros na estrutura dos contos.

O interessante vai também de encontrar a força do efeito dessas operações nas narrativas nestes contos que vão perto de questões fundamentais da subjetividade, como já situamos: sexo e morte. "A chinela turca" com seu passaporte do céu e "A cartomante", com seus círculos concêntricos e o abandono ao fascínio articulam ambos: sexo e morte. Em "Singular ocorrência", com a nostalgia da lama; "Noite de almirante", com o temporal na cabeça do marinheiro que tem que lidar com a subversão da lógica da fidelidade, e em "Missa do galo" trazendo a operação transformadora da sedução, temos em destaque as questões relativas ao encontro (e desencontro) com o sexual. Em "O enfermeiro" com seu "crime ou luta?" e "Umas férias", onde o festejo é confrontado com a perda, a questão com a morte está em pauta. E o início, a escolha de "Capítulo dos chapéus" traz no particular o conjugal e o sexual, mas vale neste conjunto como representante das passagens que implicam o tempo que percorre a maturidade machadiana, já escrita da cidade na entrada da modernidade: dois mundos convivendo, o antigo rural e colonial com o novo urbanismo e a aspiração a alcançar a referência européia; a vertigem e a moderna rua do Ouvidor, as novas circulações e as variações quanto aos lugares estabelecidos pela tradição e que passam a sofrer mudança (novos chapéus).

O giro na narrativa dos contos aparece viabilizado tanto naqueles em que o narrador relata em primeira pessoa – "O enfermeiro", "Umas férias" e "Missa do galo", como nos que o narrador aparece distanciado, em terceira pessoa – "A chinela turca", "Capítulo dos chapéus", "Singular ocorrência", "A cartomante" e "Noite de almirante". O narrador transita, em ambos os casos, em uma estrutura que opera o efeito desacomodador que se produz para o leitor. Seja em um relato que "testemunhe" de uma experiência, ou naquele abordado desde um ponto de vista exterior à cena.

Reunindo esses elementos como os de uma constelação que sustenta estas narrativas, podemos considerar que o efeito de vertigem é mais do que um recurso utilizado ao acaso nestes grandes contos do autor: pode ser lido como um princípio de composição estrutural que se reapresenta na escrita desses contos, um princípio que Machado utiliza de forma criativa, altamente produtivo em seu estilo e que vai se construindo ao longo de sua obra.

5.9 Um tempo anterior – Miss Dollar

Examinemos uma narrativa anterior à chamada virada machadiana, já situada em Brás Cubas, no romance, e por volta de *Papéis avulsos*, nos contos.

"Miss Dollar", por exemplo, que é um dos contos mais conhecidos da chamada primeira fase do autor.

O narrador inicia o conto dizendo que seria conveniente que o leitor ficasse algum tempo sem saber quem era *Miss Dollar,* mas que sem sua apresentação precisariam muitas digressões às quais o narrador não se dispõe, por isso vai ao ponto. Diz que se poderia imaginar que ela fosse como uma criação shakespereana, vaporosa, fala de harpa e leitura de Tennyson; ou então que fosse uma americana robusta, mais mãe de família, atividade, boa mesa e bom copo, nada de poesia; ou uma inglesa aposentada que viesse ao Brasil procurando matéria para escrever um romance; ou ainda que fosse uma brasileira cujo nome quereria dizer simplesmente que se tratava de uma moça rica. Mas "a *Miss Dollar* do romance não é a menina romântica, nem a mulher robusta, nem a velha literata, nem a brasileira rica. Falha desta vez a proverbial perspicácia dos leitores; *Miss Dollar* é uma cadelinha galga"[283].

O narrador, em terceira pessoa, diz da perda da cadelinha e do anúncio que aparece nos jornais, oferecendo duzentos mil réis para quem a encontre. Introduz na narrativa a figura do Dr. Mendonça, homem que vive com uma coleção de cães que considera sua família – "gostava de cães como outros gostam de flores. Os cães eram as suas rosas e violetas"[284]. O homem encontra a cadelinha e vai devolvê-la por solidariedade para com quem a perdeu, sem querer receber recompensa alguma. É recebido em uma casa elegante por D. Antônia, tia da dona de Miss Dollar, Margarida. Ele impressiona-se com a beleza de Margarida, cuja descrição evidencia os primeiros tempos machadianos: "O vestido de seda escura dava singular realce à cor imensamente branca de sua pele, [...] adivinhava-se por baixo do tronco de mármore modelado por escultor divino"[285]. E na seqüência ainda os olhos que vão ser fonte de desconfiança para Mendonça, em estilo rebuscado: "Mas a grande distinção daquele rosto, aquilo que mais prendia

[283] ASSIS, Joaquim M. Machado de. "Miss Dollar". In: ASSIS, Joaquim M. Machado de. *Machado de Assis – Obra Completa.* Volume II. Rio de Janeiro: Nova Aguilar, 1997. p. 28.

[284] Ibidem, p. 28-9.

[285] Ibidem, p. 30.

os olhos, eram os olhos; imaginem duas esmeraldas nadando em leite"[286].

Mendonça se apaixona, freqüenta a casa, Margarida o recebe muito bem, desde que não avance a intimidade, ela não aceita que o rapaz lhe faça a corte. Andrade, amigo de Mendonça é quem informa das circunstâncias de Margarida: viúva, teve vários pretendentes (ele, inclusive), mas ela não permitiu que nenhuma dessas relações fosse adiante. Esse é o enigma que anima o conto: o que acontece que a faz rejeitar a aproximação amorosa? As conjeturas são muitas, Mendonça se perturba, chega ao ponto de chutar um ou outro de seus cães – uma coleção de nomes de homens ilustres, César, Diógenes, Calígula... Há mais um obstáculo, ele não está tranqüilo em gostar de uma mulher de olhos verdes, pois havia escutado uns poemas que associavam o verde dos olhos à cor do mar, e este às tempestades. O narrador esclarece que Mendonça tinha lá seu calcanhar de Aquiles, apreciava de maneira especial uma frase bem-dita, os dizeres românticos. "Era homem como os outros, outros Aquiles andam por aí que são da cabeça aos pés um imenso calcanhar"[287]. O ponto fraco de Mendonça era o amor de uma frase – "sacrificava uma situação a um período arredondado"[288].

A um dado momento, frente à esquiva de Margarida, ele escreve a ela uma carta, perguntando das razões dessa esquiva; ela responde, também por escrito, que perdoa a iniciativa da carta uma vez, mas que não perdoaria a segunda. E pede à tia para passarem uns dois meses no interior. Ele arrisca, escreve de novo, e mais – vai uma noite até o jardim da casa de Margarida; em um impulso entra na casa e a encontra. É a vergonha, ele pede desculpas, ela o despacha.

No dia seguinte, a tia vai à casa de Mendonça, para fazer uma revelação: a sobrinha é apaixonada por ele. Mendonça não acredita, recebeu tantas recusas, deve ser engano da tia. Mas a leitura do diário da moça é uma verdade irrefutável; a tia explica que a recusa era devido à desconfiança de que cada homem só se aproximara dela por dinheiro. O diário é claro neste

[286] Ibidem, p. 30.

[287] ASSIS, Joaquim M. Machado de. "Miss Dollar". In: ASSIS, Joaquim M. Machado de. *Op. cit.*, p. 32.

[288] Ibidem, p. 32.

ponto, havia sido assim desde o primeiro homem que casara com ela só para gozar de sua riqueza.

O desfecho: Margarida adoece por dois dias, ao fim dos quais chama Mendonça dizendo que o casamento é inevitável depois da desonra e da maledicência que pode surgir a partir de sua visita noturna. Mendonça fica perplexo com o termo: inevitável? Casam em cerimônia reservada e modesta; depois do que Mendonça anuncia a Margarida que casou para salvar-lhe a reputação, e que não vai impor-se como marido a um coração que não o pertence: serão amigos. "[...] a formalidade do casamento foi simplesmente o prelúdio do mais completo divórcio"[289].

O conto termina com Margarida convencendo-se do amor de Mendonça e finalmente o casamento é consumado; o narrador informa, na seqüência, a morte da cadelinha atropelada por um carro. Margarida derrama algumas lágrimas e a enterram na chácara, uma simples inscrição na lápide "A MISS DOLLAR"[290].

O interessante no conto, pensando na evolução ao longo da obra de Machado, é a coexistência do tom doce dos primeiros contos e romances, com elementos que já produzem a agudeza do toque da maturidade. Do primeiro: a descrição dos olhos como "as esmeraldas nadando em leite", conjugados com o clássico "tronco de mármore" esculpido por um escultor divino, por exemplo; assim como a própria resolução do enigma de Margarida, que surge pela leitura de um diário. Do segundo, o humor e a ironia da relação entre os homens e os cães, Mendonça e seus "homens ilustres", Margarida e Miss Dollar (a impagável analogia entre cães e flores, vide o nome da moça); o amor de Mendonça "por uma frase", Aquiles e os calcanhares.

O escritor Luis A. de Assis Brasil diz, a propósito do conto "Miss Dollar":

> Não é excepcional, mas tenho por ele uma afeição quase arqueológica: gosto de descobrir, ali, os elementos que depois viriam a consagrar Machado: o

---

[289] ASSIS, Joaquim M. Machado de. "Miss Dollar". In: ASSIS, Joaquim M. Machado de. *Op. cit.*, p. 44.

[290] Ibidem, p. 44.

vocativo ao leitor, a finura psicológica, a ironia, o sarcasmo, a difícil diplomacia amorosa.[291]

O que podemos observar é que, justamente, o conto traz os elementos que anunciam o grande conto machadiano, mas ainda não faz a excepcionalidade, se podemos dizer assim. A grande operação ainda não se produz, e todo o jogo que pode situar o nome da cadelinha com a hesitação de Margarida – ao receio de que cada homem se aproxime dela pelos "dólares" ou mil réis é apresentada de forma linear, onde a tia lê, literalmente, o mistério da coisa para Mendonça. É como se Machado de certa maneira descrevesse a operação, aqui, sem ainda ousar o "looping". Os desníveis e obscuridades são resolvidos pelo preenchimento das lacunas que o narrador encarrega Andrade e D. Antônia de fornecerem a Mendonça. Arqueologia, como diz Assis Brasil, comparado ao movimento que organizam esses não sabidos com a perda do chão, com as torsões inusitadas que encontramos nos contos que examinamos. A Miss Dollar que morre não teria a ver, afinal, com a morte da posição que mantinha a moça em renúncia amorosa? O temor de que entre ela e um homem se interpusesse sempre o dinheiro a situava ela mesma capturada, fixada, uma espécie de "Miss Dollar" (a metonímia do cão pelo dono), cadelinha galga, raça que sempre evoca certa elegância e altivez (cadelinha que tinha se perdido uma vez), ou seja, o argumento do conto já fornece a matéria-prima da torsão; a estrutura do conto do "grande Machado" já está esboçada, mas a operação ainda não está posta de todo; é como se Machado, em boa medida, amparasse a narrativa em elementos da trama em vez de fazer a virada.

5.10 Esboço da expansão da hipótese – indo ao romance

A questão que se apresenta quase que imediatamente diz respeito à extensão de rendimento do que esboçamos como um princípio de

[291] BRASIL, L. Antônio de Assis. "O Machado desconhecido". In: *Entre Livros.* Ano 3, número 30, outubro de 2007, São Paulo. p. 33.

Figura 22: Carceler, c. 1880 – Rio de Janeiro (RJ).
Fonte: "O Rio Antigo do fotógrafo Marc Ferrez". São Paulo: Ex Libris, 1984.

composição: qual seu alcance no romance, na obra machadiana? Abre-se aqui uma vertente a mais de trabalho que não poderemos acompanhar em sua amplitude neste estudo, mas fiquemos pelo menos com algumas indicações que possam funcionar, elas mesmas, como pontos de abertura. Examinemos em Quincas Borba o episódio que envolve a escolha entre os tílburis e a reminiscência. John Gledson chama a atenção para esta passagem que qualifica de fascinante pelo dilema que Rubião vive, concentração de traços que implicam o social, o político e o histórico do Brasil escravocrata, vertentes que o personagem não tem como dar conta com a consciência, assim como Machado não teria como explicar, mas que encontra neste ponto da narrativa ficcional uma forma muito especial de apresentá-las.

Neste capítulo, Rubião desce o morro, à noite, vindo da residência do casal Sofia e Palha, aturdido pela forma pela qual abordou a mulher e declarou-lhe seu amor. O narrador diz da perturbação do personagem. A ocasião não era própria, ele havia sido maluco, havia os outros, o próprio marido. Rubião se culpa pela traição, deve lealdade ao amigo, mas a paixão por Sofia recobre tudo, e ele vai pelo caminho confuso e desorientado. Quando decide tomar um tílburi e ir para Botafogo, três deles vêm ao seu encontro, os cocheiros disputando o cliente, cada qual oferecendo os serviços e louvando principalmente os cavalos: "- Meu amo, entre, que o animal é bom. [...] Os outros dois cocheiros diziam-lhe a mesma cousa, quase por iguais palavras: – Meu amo, venha aqui e verá... – Olhe o meu cavalinho..."[292].

Rubião hesita, não sabe em qual entrar, termina por ficar com o que se achava mais à mão e "dá por si" dentro do tílburi, neste momento vem a lembrança:

> Então lembrou-se de um velho episódio esquecido, ou foi o episódio que lhe deu inconscientemente a solução. Uma ou outra cousa. Rubião guiou o pensamento com o fim de escapar às sensações daquela noite.[293]

[292] ASSIS, Joaquim. M. Machado de. "Quincas Borba", In: *Obra completa.* Volume I. Rio de Janeiro: José Aguilar Editora, 1997. p. 678.

[293] Ibidem, p. 678.

A lembrança era de quando rapaz e pobre. Havia saído de casa pela manhã, chateado pela idéia de que estava já há quatro semanas na casa de um amigo, este começando a dar sinal do incômodo de sua presença. Pensava nisto quando um ajuntamento de gente chama sua atenção, um homem que lê uma sentença judicial, dois pretos, um a vítima que seria enforcada, o outro com a corda na mão. Vai acontecer o enforcamento, Rubião fica impactado, por instantes fica como agora, diz o narrador, à escolha do tílburi. "Forças íntimas ofereciam-lhe seu cavalo, umas que voltasse para trás ou descesse para ir aos seus negócios, – outras que fosse ver enforcar o preto"[294]. Ele hesitava.

> – Era tão raro ver um enforcado! Senhor, em vinte minutos está tudo findo! Senhor, vamos tratar de outros negócios! E o nosso homem fechou os olhos e deixou-se ir ao acaso. O acaso, em vez de levá-lo pela Rua do Ouvidor abaixo até à da Quitanda, *torceu-lhe o caminho* pela dos Ourives, atrás do préstito.[295] [grifo meu]

Ainda dava para fugir, diz o narrador. Irresistivelmente Rubião vai se deixando levar até o enforcamento, vê o preto subir à forca e o carrasco agir.

> Foi aqui que o pé direito de Rubião descreveu uma curva na direção exterior, obedecendo a um sentimento de regresso; mas o esquerdo, tomado de sentimento contrário, deixou-se estar; lutaram alguns instantes... – Olhe o meu cavalo! – Veja, é um rico animal! – Não seja mau! – Não seja medroso! Rubião esteve assim alguns segundos, os que bastaram para que chegasse o momento fatal. [...] O instante fatal foi realmente um instante; o réu esperneou, contraiu-se, o algoz cavalgou-o de modo airoso e destro; passou pela multidão um rumor grande, Rubião deu um grito, e não viu mais nada.[296]

---

[294] Ibidem, p. 679.
[295] Ibidem, p. 679.
[296] ASSIS, Joaquim. M. Machado de. "Quincas Borba", In: *Op. cit.*, p. 679.

A indecisão causada pela extrema comoção cruza as duas cenas, a do presente e a da lembrança, via o detalhe da hesitação – qual tílburi tomar, qual caminho escolher entre ficar ou ir embora. Vacilação, pequeno intervalo que faz a abertura e a coincidência (o caminho *torcido*) a irrupção de tudo o que pode passar pelo "buraco": o horror, a brutalidade da escravidão; o gozo, escravidão do apaixonado, o escravo e a posição animal – cavalo de um amo, a condição de descartável (Rubião quase despejado), por fim a vertigem, a perda dos sentidos. Um "enforcado" – condição na qual Rubião mesmo é tomado, no presente, pelo amor de Sofia; no passado pela pobreza que o faz necessitar dos favores.

As palavras que situam a narrativa do desencontro dos pés e que resultam no desequilíbrio produzem uma condensação, tramam a fala dos cocheiros da cena do presente oferecendo os cavalos com a voz do Outro em Rubião, interna, que ao mesmo tempo trava – "não seja mau" – e empurra – "não seja medroso" – para ver o enforcamento. Tal qual o momento do puxa – empurra que desequilibra Camilo na frente da casa da cartomante.

Uma palavra a mais sobre o efeito de vertigem no romance machadiano: a proposição de que esse princípio de composição atinge seu desdobramento maior em Dom Casmurro. Volto aqui ao ponto de partida, pois de certa forma foram estes indícios das incertezas, dos vacilos do narrador o que me fez pensar no fio da navalha em que caminhamos na sua leitura, do interjogo entre domínio e perda, vertigem do "narrador incerto" que enlaçam o leitor. São passagens na narrativa de Bentinho que se aproximam do *Unheimlich* freudiano, a inquietante estranheza, a isso dediquei o trabalho em *Um narrador incerto entre o estranho e o familiar*[297]. Aqui fica situada a relação entre este estudo e o anterior, configuração do caminho que percorri, o tílburi que quando me dei por conta já estava em andamento. A ponte está feita, e fica em *Dom Casmurro*, portanto, apenas a indicação desse momento exemplar que já referi quando abordamos a vertigem como operador de passagem, e que retomo nas palavras de Machado sobre a captura de Bentinho pelos olhos de Capitu.

[297] PEREIRA, Lucia Serrano. *Op. cit.*

> Traziam não sei que fluido misterioso e enérgico, uma força que arrastava tudo para dentro, como a vaga que se retira da praia, nos dias de ressaca. Para não ser arrastado, agarrei-me às outras partes vizinhas, às orelhas, aos braços, aos cabelos espalhados pelos ombros; mas tão depressa buscava as pupilas, a onda que saía delas vinha crescendo, cava e escura, ameaçando envolver-me, puxar-me e tragar-me. Quantos minutos gastamos naquele jogo?

Vertigem excepcional, das mais fortes em nossa literatura, em grande estilo. Quantas voltas Machado nos oferece neste jogo?

Figura 21: Ressaca – Rio de Janeiro (RJ).
Fonte: "O Rio Antigo do fotógrafo Marc Ferrez". São Paulo: Ex Libris, 1984.

6

CONCLUSÃO

O trabalho que desenvolvemos partiu do conto "A chinela turca", pois foi, inicialmente, uma impressão de leitura no trabalho com esse conto, que possibilitou que a hipótese começasse a se delinear, espécie de microcosmo de onde partimos para o que se configurou como uma incursão na leitura dos contos de Machado de Assis. A surpresa causada em sua leitura veio junto com um efeito de "perda de chão", o engano produzido pela mistura do sonho com a realidade, na narrativa; com a movimentação de um narrador que interpela, conduz, despista, joga com o leitor; e, em especial, com a presença do equívoco posicionado de maneira tão especial que organiza um umbigo da trama e da estrutura do conto: *passaporte do céu*, elemento condensador que faz com que Duarte – o personagem apaixonado por Cecília (e que tem que suportar os impedimentos que se interpõem ao encontro entre os dois) – se encontre ao mesmo tempo com o enlevo da mulher amada, e com o veneno que o condena à morte, "uma droga do Levante", como diz o narrador. Saímos da leitura vacilantes, sem muita certeza, fantasia e realidade, a narrativa promove viradas que afetam o leitor. Mais que uma impressão de vacilação, se produz algo que situamos como um "efeito de vertigem" e que tratamos, a partir daí, de circunscrever, pois com a leitura de outros contos significativos na obra de Machado isso parece se reeditar, em contextos variados, mantendo algo em comum na estrutura.

Essa foi a hipótese com a qual avançamos: a de que há uma linha de tensão que percorre os contos e que produz um "efeito de vertigem" que não é somente forjado por elementos da trama, mas que participa da própria forma conto na escrita machadiana, como pontos estruturais que dão conta de lugares onde o conto faz a abertura "do pequeno para o grande", nas palavras de Cortázar. Lugares de condensação e de corte, abertura do singular para o coletivo, para o campo do Outro, na subjetividade humana, e lugares, na escrita de ficção, por onde "passam" para dentro do texto os elementos fantasmáticos que povoam e constituem o imaginário social, índices do tempo e contexto em que Machado escreve e que simultaneamente constituem referências, traços que se transportam ao campo do Outro, cultura onde nos constituímos como sujeitos.

Examinamos a partir daí o termo da vertigem com a constelação que situa: a experiência de desfalecimento, de tontura, sensação de queda, *vertigo* na raiz, reforçando a indicação de deslocamento, movimento, a rotação, o giro. A vertigem nos pareceu o termo justo para dar conta do efeito por colocar em simultaneidade uma face de fascínio e outra de perturbação, verso e reverso, gozo e horror. O que poderia se dizer como continuidade, o fascínio do hipnotizador sobre o hipnotizado – indicações de Roger Caillois no campo da antropologia, vertigem como o "deixar-se aspirar pelo abismo" – por exemplo, a atração, vertigem que se experimenta ao olharmos, de um lugar alto, o vão que parece puxar quem olha; e a descontinuidade, a ruptura, o limite. Tanto o buraco como a atração que produzem a "tontura" configuram lugares onde o sujeito se vê convocado por um real, isso que tem relação com o mal-estar (do qual Machado não desvia, em sua ficção) com o qual cada um tem que lidar na vida, a cada momento, o imprevisto, o sem sentido, inventando um saber para exercer, para encontrar sustentação "por cima" deste. A vertigem nos pareceu bem dizer esse jogo, operação de velamento e desvelamento, ponto de passagem dessa relação ao real e suas irrupções – lugares onde não se encontra possibilidade de dar conta com os recursos simbólicos ou imaginários.

Seguimos na investigação com o seguinte desdobramento: o real emerge para o sujeito num detalhe (para mim, um dos pontos de maior força no percurso da questão, não evidente de antemão). Freud desdobra este processo em sua leitura da Gradiva, de Jensen, e nesta articulação encontramos a possibilidade de pensar a questão da subjetividade junto à experiência da literatura (sonho-realidade, fantasia, ficção). Quando não se tem como dar conta do real que emerge, na vida cotidiana, podemos ter por efeito uma alucinação: o que surge vem sem mediação e se apresenta como uma aparição; ou então se dorme e sonha, ou seja, isso vai produzindo efeitos.

O escritor, em seu saber fazer, escreve, e nisso se desdobra algo da sua forma de lidar com o vazio (no caso das aparições, pensemos nas epifanias de Joyce). Na ficção de Machado de Assis situamos o efeito de vertigem na relação a esses momentos na estrutura de sua escrita em que estão em questão interrogantes cruciais da subjetividade, que implicam a borda do real, os enigmas que envolvem a alteridade, o sexo e a morte, e que ele encontrou um modo de mostrar em funcionamento. Examinamos a questão da vertigem, do real, da diferença detalhe – fragmento em pontos que podem pautar inclusive diferentes leituras da clínica psicanalítica e da literatura, modos de relação à linguagem, contando neste momento principalmente com a contribuição da crítica literária Naomi Schor, em seu *Lectures du Détail* em diálogo com Roland Barthes; e com a produção do psicanalista Paul-Laurent Assoun.

Foi importante entre Machado e Freud contarmos com Walter Benjamin, grande pensador das "passagens", desde as que contextuaram a subjetividade no final do século XIX para o século XX, a cidade, a modernidade, até a interrogação pelas mudanças nas narrativas; e neste caso, chamamos a atenção, particularmente, para o movimento de mudança em sua narrativa – invenção das imagens dialéticas (que funcionam com a mesma fulguração do raio que é associado à forma conto) e das mônadas, as narrativas curtas que carregam a propriedade de dobradiça ente o sujeito e o Outro, o singular e o coletivo que nos pareceu tão vivo no conto machadiano.

O efeito de vertigem foi pensado como um "operador" de passagem. Examinamos esses avessos da vertigem nos contos como "torsões", subversões na narrativa, e neste caso nos valemos da figura topológica da banda de Moebius para pensar as torsões como inscritas na estrutura do conto machadiano. A produção de Ricardo Piglia e suas teses sobre o conto nos ajudaram a seguir pensando a estrutura. Ele organiza seu pensamento sobre o conto partindo do suposto de que cada conto conta duas histórias, ou seja, a história porta uma narrativa secreta; a surpresa vem quando a que é contada de forma cifrada irrompe sobre a outra – o que ele chama de narrativa clássica e examinamos com o conto de Poe "William Wilson"; ou quando o surpreendente se apresenta na forma que situa como moderna (Borges, Tchecov...) narrando duas histórias como se fossem uma só.

O que me pareceu mais interessante na proposição de Piglia e que fez o avanço em nosso trabalho foi, seguindo o acento nos pontos de interseção que ele mesmo destaca entre as histórias, poder formulá-los agora como um terceiro lugar na organização da estrutura narrativa. O terceiro, não enunciado, mas que funciona no jogo da forma, o elemento cifrado que serve às duas histórias não como um oculto nas profundezas, mas como o pivô, a torsão ela mesma; portanto aquilo que, na estrutura, permite a vertigem. Aqui a intervenção da banda de Moebius permitiu examinar um caminho estrutural que, mais uma vez, fez a interface da literatura com a psicanálise trabalhar. Lacan privilegiou essa figura topológica onde cada parte de sua superfície, se examinada fora do conjunto da figura mostra uma estrutura de dupla face, de cara ou coroa, verso e reverso, mas que no seu funcionamento, encontramos a torsão que age e modifica totalmente a superfície, produzindo efeitos paradoxais. O direito e o avesso agora em continuidade ficam como que contidos um no outro, a estrutura moebiana desarticula o duplo e o ultrapassa, subversão que incide na articulação interno/externo. Com uma única face, uma só borda, se está simultaneamente dentro e fora, ou nem dentro nem fora. Lacan situa nessa estrutura o funcionamento do sujeito na sua relação à linguagem; podemos pensar a cadeia inconsciente no avesso da cadeia consciente, aparentemente dupla face, mas em estrutura moebiana.

As formações do inconsciente vão aparecer no discurso consciente sem atravessar nenhuma borda, como feixes que se movimentam misturados, e quando se "corta", "lê", pode aparecer o desejo do sujeito, inconsciente, que estava "cifrado" em seu próprio dizer; fugazmente temos verso e reverso, o inconsciente produzido como avesso, como se fosse dupla face, espaço que se apresenta para logo se desfazer. É sempre importante respeitar cuidadosamente a mediação necessária quando se transita em zonas de fronteira: ao mesmo tempo elas guardam o ponto de contato e também a diferença. Não é demais ressaltar, assim, que haveria muitas mediações a fazer entre a fala em análise e uma narrativa ficcional literária, pois um escrito não é uma superfície moebiana, mas é, sim, uma produção discursiva cuja singularidade tem relação com o estilo que a produziu, o que nesse caso estabelece a ponte (vai também nessa direção a formulação lacaniana a de que o trabalho de uma análise seria como o de passar de um romance para o conto, formulação interessante e enigmática, desdobrá-la vale um outro trabalho).

Com esse desenvolvimento, outro passo, propondo nova conclusão: no conto de Machado de Assis a linha de tensão que opera os avessos e as vertigens "funcionam" muito perto do moebiano, e não "cara ou coroa" (a introdução do terceiro, lembremos, é a inscrição do simbólico, do pai, da cultura, na subjetividade). E que são efeitos que vem a partir da costura que articula de modo indissociável a forma e o conteúdo, modo que constitui o irredutível do estilo do autor. Sua forma de fazer conto, de produzir o nocaute ou a queda do raio, em Machado, torsões, pontos de abertura que vêm articulados com a estrutura do sujeito (moebiana) e suas questões fundamentais, daí a força dessas passagens.

Antônio Candido esboçou o jogo externo/interno na relação entre o sujeito e o social na composição literária de forma muito próxima ao funcionamento do sujeito que Freud propôs e que encontramos na operação machadiana do conto.

Se, para além da duplicidade (terreno do imaginário confronto – ou eu ou o outro – mas ainda assim sustentando-a, não se trata de uma eliminação), avançamos sobre o três que organiza o moebiano, encontramos, também na desarticulação do dual, o modo privilegiado pelo qual Machado fez operar essa vertigem de forma singular: com a ironia (que vem sempre pelo detalhe) e que nos faz reencontrar a obliqüidade do olhar tão própria à escrita de Machado. É como ele *escreve* o desejo, por exemplo com Duarte em "A Chinela turca", e também toda a dinâmica de "Missa do galo", onde tudo acontece um pouco na lateral; é o olhar da cartomante "meio por baixo", ou Marocas se dirigindo a Andrade no Rocio, em "Singular Ocorrência"... A ironia que faz com que o enfermeiro formule o giro: crime ou luta? E que faz com que o menino deixe cair a maior festa, ironicamente, pela maior perda...

A ironia é ela mesma olhar oblíquo, passagem privilegiada que examinamos com a foto de Robert Doisneau (inscrito, ele também na série dos grandes fotógrafos como os que foram referência na ponte construída entre conto e fotografia) trabalhada a partir da contribuição de Phillippe Hamon ao tema: a ironia, a obliqüidade e a subversão do espaço com o interno/externo em uma nova relação tomam aqui toda a sua força. A ironia não se deixa reduzir e atravessa por entre os pólos, retomando, assim, o três na estrutura. Essa também foi a direção tomada por Freud e, posteriormente por Lacan, para pensar a estrutura do chiste, enquanto uma das formações do inconsciente. O chiste ou dito espirituoso tem duas faces, uma a do significante com toda sua polissemia e equivocidade, outra a do inconsciente; é um dizer que causa impacto, pela suspensão do sentido, momentaneamente, e depois, prazer, por uma "recompensa na devolução de um outro sentido que passou despercebido, um *sentido em lampejo*" (o raio, podemos dizer) e que tem a ver com o fato de que ele *passou* ao nível do inconsciente, ao nível do Outro que autentica a experiência. O sentido que antes ficara suspenso, faz agora passagem, passo-de-sentido, e desemboca no prazer da tirada espirituosa. Não é o que resulta, em Machado, da condensação exemplar do "passaporte do céu"?

A ironia, como forma da escrita oblíqua, encontra relação com o "bem dizer", a ética discursiva da prática analítica, que se articula, por sua vez, com "se achar na estrutura", no inconsciente. Lacan já referia que o inconsciente só se entrega assim, meio de lado...

Machado faz do trato com a ironia no conto (e na obra, mais amplamente) o exercício de um saber que ele, generosamente, compartilha com seu leitor: faz, com o efeito de vertigem, a circulação de um gozo.

Essa foi uma das conclusões surpreendentes, delineando-se ao longo da realização do trabalho: a de que Machado operou, de certa forma, muito próximo ao funcionamento do sujeito e de seus processos inconscientes, muito perto do osso, da estrutura, em terreno dos mais movediços: na dinâmica da vertigem Machado reiterou a operação que apresenta uma subversão dos lugares: encontro e perda (continuidade/descontinuidade): o que serve para supostamente dominar, controlar, termina por revelar o lugar desde onde se é tomado, "se está como objeto" oferecido a determinada alienação subjetiva, se podemos dizer assim. Onde se está "perdido" justamente por ter sido constituído, subjetivamente, em uma operação de alienação ao Outro que nos precede e que nos sustenta imaginária e simbolicamente sobre o buraco do real. Onde Camilo é "capturado" pela cartomante, por exemplo, ou em uma nova possibilidade de ler a "nostalgia da lama", como lapso de Marocas; ou no sorriso enigmático do marinheiro Deolindo, ou mesmo onde José, o menino que vem pela rua, mascara a morte com a festa; e o enfermeiro esconde o crime com a luta. Lugares de gozo e de horror, o risco de se perder.

Assim como Freud lida com sua própria narrativa, seu sonho da injeção de Irma. Podemos pensar que ele só não acorda horrorizado frente a olhar o buraco – a cavidade escura da garganta de Irma que examina, no sonho, porque algo mais forte opera; Lacan interpreta isto como um endereçamento: ele sonha esse sonho para os analistas, para a comunidade que está tratando de formar e com a qual importa compartilhar – que é também transmitir, operação de transmissão. Freud e Machado dialogam, aqui, e se encontram, de certa forma, instigados pelos mesmos enigmas – origem/morte e sexo também constituíram as grandes questões freudianas; com isso um inventou a psicanálise, o outro produziu grande ficção.

Neste sentido podemos fazer pelo menos duas considerações:

A primeira, que Machado de Assis encontra com o efeito de vertigem um modo de fazer transmissão – compartilhar com o leitor algo da sua forma de ser tomado na e pela linguagem, e com isso produz uma passagem, pela sua escrita, de transmitir isso que por si só não se transmite, uma forma de gozo, fronteira que, no caso, o escritor pode atravessar também naquilo em que fugazmente, pela operação criativa da sublimação – onde se trata justamente de "traçar as bordas do buraco (do real) com significantes" – escapa ao recalque (a operação do recalque que examinamos junto à Gradiva). É o "saber fazer" com algo do gozo, e que ele achou forma de transmitir.

A segunda diz respeito ao movimento de subversão: essa reviravolta que leva o sujeito de uma pretensa posição de dominante ao lugar de subjugado, a cena de gozo, mas também de horror, é o que constitui também o lugar de alienação imaginária, a cena pela qual o desamparo se apresenta, para cada um, na fantasia. Levada ao extremo, ela anima a cena de um lugar escravo, é o mesmo. Um escravo, no sistema que sustenta essa distribuição de lugares, não é um semelhante, não tem reconhecimento de sujeito, está "perdido" desse estatuto. Ele está inscrito na circulação econômica e social como objeto. Escravo de um Outro que goza de sua condição.

Apesar de Machado não estar a cada momento abordando o problema do contexto escravocrata explicitamente, não podemos considerar ter aí mais uma das articulações externo/interno, tributária da circunstância da cultura de onde pode surgir seu escrito? De um lado a questão do fantasma na estrutura do sujeito, que Freud formula em "Além do princípio do prazer" (1920), situando um circuito de repetição, com o que se repete inconscientemente (repetição e gozo). De outro, mas tramado no interno/externo como Candido assim o coloca na relação entre universo ficcional e sociedade, temos o contexto, o social e o tempo em que Machado escreve, cuja grande questão, como aponta Roberto Schwarz a cada momento de sua leitura de Machado, é a do "morto embaixo da cama". É a situação do Brasil escravocrata que se trata de "fazer passar", isso tanto no sentido de abandonar, de deixar de ser calcado no sistema que já era condenado e sancionado nos países de mentalidades progressistas, mas que ao mesmo carregava sua contradição, o "se fazer passar": um Brasil que queria ser moderno, culto, europeizado, mas se valendo, em casa, de uma modalidade de construída em cima do gozo do corpo escravo.

John Gledson, a propósito do detalhe da vacilação frente à escolha do tílburi, tomado em Quincas Borba, aponta que a lembrança que abre passagem no furo da hesitação é a de uma das cenas onde Machado aborda a questão da escravatura da forma mais direta e com toda a sua brutalidade, o que não é comum em sua obra. (no conto, a maior expressão está em "Pai contra mãe")

Talvez a questão do corpo escravo e do gozo-horror que o sustenta ganhe lugar na leitura dos contos por essa potencialização que faz com a cena do fantasma, na subjetividade, que diz respeito ao risco de ficar entregue ao gozo de um Outro, e que o efeito de vertigem não para de lembrar: onde cada um é pego desprevenido em sua própria alienação (Camilo, a cartomante e o universo materno das miragens, por exemplo) talvez algo da posição do escravo seja o que termine por se entregar também "meio de lado" em nossa leitura dos contos.

O último passo foi o de *fazer* o efeito de vertigem re*passar* (pois foi dali que veio, originalmente) pelos contos "Capítulo dos Chapéus", a passagem mais benjaminiana, se podemos dizer – a transformação da cidade e das cabeças (chapéus); "Singular ocorrência" com o enigma que circunda a forte expressão da nostalgia da lama; "A cartomante", por alguma razão desconhecida um dos que me proporcionou mais prazer em trabalhar, talvez um dos mais "movediços" em seus giros concêntricos que pareciam não se esgotar em suas possibilidades, a teia parecia sempre com mais e mais fios; "Noite de almirante", o que mais me faz rir, e que confirma a idéia de que o prazer da leitura não se reduz, onde a vertigem vai perto da queda, como um tombo no meio da rua que nos preocupa, comove, e ao mesmo tempo é preciso conter o riso que vem quase que incontrolável; "O enfermeiro" que tanto me surpreendeu nas primeiras leituras com o insuspeitado giro que nos pega absolutamente de surpresa apesar de estarmos bem avisados; "Umas férias", cuja vertigem é dolorida para o leitor, uma dor sem palavras (a morte do pai), mas que ao mesmo tempo toca em algo que convoca uma solidariedade com o infantil que ficou conosco em detalhes aqui e ali – quem não teve o prazer "superfino" de encher os olhos carregando o tesouro, o sorvete mais imponente e colorido e ter que lidar com o sofrimento de sua queda no chão, por alguma inabilidade ou esbarrão; e "Missa do galo", nuvem envolvente que faz surgir o imprevisto, fulguração do desejo, dentro do mais banal.

Foi depois desse movimento que se decantou o último ponto, passagem da idéia de um "efeito" de vertigem em direção a situá-lo como um princípio de composição que vem com os escritos que consolidam o estilo de Machado em sua maturidade de escrita:

A partir do percurso realizado é possível concluir que esse movimento que temos tratado de circunscrever em ação faz efetiva diferença no estilo machadiano. Importante salientar que não estamos propondo, com a noção de vertigem – operador de passagens, qualquer tipo de chave de leitura da obra de Machado de Assis: o que propomos é a consideração da vertigem/passagem como um princípio de composição na configuração de seu estilo. Princípio de altíssimo rendimento por aproximar-se, precisamente, do que consiste a estrutura do funcionamento moebiano do sujeito, principalmente no que pauta o jogo de ponta cabeça em que cada um se encontra frente a sua posição com relação à fantasia, às cenas do inconsciente, – lugar de coexistências, o paradoxal, o contraditório, o enigmático; irrupções do real; trato com o desejo e com o gozo. Ponto de alinhamento entre Machado e a descoberta freudiana. Isso que Machado fez na ficção, Freud estabeleceu como caminho e Lacan escreveu na estrutura.

Dizendo de forma simples: onde Machado foi bom mesmo essa operação estava lá, separando e superando o dual, atravessando a polaridade sem sucumbir à dicotomia, muitas vezes bem amparado pela ironia e pelo chiste que introduz o terceiro termo, o outro ângulo. Tudo isto, pela mão do narrador que é, efetivamente, quem enlaça o leitor para rodopiar, ou ainda, que nos leva à torsão e aí nos larga, num momento, como a formiga na banda de Moebius. Por isso, também no conto, a vertigem surge tanto com narrador em primeira pessoa como em terceira, é uma propriedade que vem efetivamente do lugar em que Machado posiciona o narrador, de onde este pode interpelar o leitor e organizar o jogo. O trabalho com "Miss Dollar" foi um exemplo desse narrador ainda em construção, na obra.

A imagem do trapézio, no delírio de Brás Cubas, é um detalhe que bem representa o mesmo movimento de deslocamento e ponta cabeça, avessos que marcam o estilo das passagens, assim como a imagem da pirâmide acentua o ternário. Lembremos que Raimundo Faoro destaca esses dois elementos – a pirâmide e o trapézio – como núcleo em torno do qual organiza seu trabalho sobre Machado. Nesse sentido não são elementos quaisquer, eles acentuam o movimento desses deslocamentos particulares, que se repetem e nos atraem, na obra, talvez por bem a representarem.

Consideramos, para além do conto, que o movimento pode se estender ao romance, destacando *Quincas Borba* e *Dom Casmurro* como indicadores, e, arriscando ir adiante na obra, também onde Machado foi grande ensaísta, se lembramos aqui "Instinto de nacionalidade", ou "Nova geração", onde ele precisa transitar habilmente no fio de tensão entre as pontas (operação que não se apresentou onde sua obra não tomou força, como na poesia).

Na linhagem dos contistas, registramos uma outra conclusão na parcialidade, trabalho por fazer, mas que esboçamos como possibilidade – com o que Piglia nos auxiliou, com a intervenção da estrutura moebiana, e com o que os demais desenvolvimentos permitem considerar, retomando aqui a imagem das constelações: que o Machado contista, no efeito de vertigem, aproxima-se de Borges, em sua operação vai perto do borgeano no trato dos enigmas e das descontinuidades. Mais uma passagem a ser examinada, a de que Machado estaria a caminho, depois de Poe e já na proximidade de Borges (talvez Kafka no horizonte) e, quem sabe, na vertigem, em laço com seu contemporâneo Tchecov, se lembramos, por exemplo o conto "Brincadeira", que é puro efeito de vertigem.

Neste, o narrador personagem propõe a Nádienka descer a montanha de trenó, juntos; ela vive o horror do abismo, mas tem a impressão de que no meio da descida, ouve ele dizer "- Nádia, eu te amo"[298]. Chega ao fim pálida, morta de medo, jura que nunca mais faz isso na vida, mas quando volta a si a pergunta que não pode formular se instala, será que ouviu mesmo aquelas quatro palavras ou foi o vento? E o conto se desdobra com a jovem enfrentando de novo e de novo a situação, sempre a vertigem do horror, que suporta, corajosamente, na ânsia de decifrar o mistério, "quem fala?" de onde essa fala, foram mesmo essas as palavras? ela busca, e ele, brinca, tantas vezes, sem deixa-la desvendar. A temporada termina, eles se perdem de vista, mas ela guarda essa "voz do vento" como a mais cara recordação. E para ele é o enigma que atravessa o tempo, não sabe (e não esquece, assim como Nogueira com Conceição) porque brincou assim...

E como uma brincadeira chama outra, uma última consideração. Em *Dom Casmurro* a experiência do narrador veio em primeiro plano no

[298]"Brincadeira", conto publicado na Coletânea *Os melhores contos de Tchecov.* São Paulo: Círculo do Livro, 1972. p. 34.

trabalho que desenvolvi, pois o posicionamento do narrador, em lugar e modo privilegiado faz a força, a marca criativa da estética machadiana.

Com os contos, pequeno deslocamento – testemunho, de certa forma, de um outro lugar: dessa volta que nos enlaça desde o lugar em que Machado convida o leitor no interjogo entre domínio e perda, vertigem que vem e vai, como o trapézio, como as passagens que percorremos, com o passo da Gradiva, com a paciência do passo da formiga na fita de Moebius, e o *pas-de-sens* no dito espirituoso. Passagens que experimentei com Machado, e que ele compartilhou comigo, como uma outra brincadeira das antigas que chegam até hoje: aquela da passagem do anel. Brincadeira que não perde a força e que resiste ao tempo, pois é o exercício da própria transmissão na cultura.

O anel, aqui elo autor/narrador/leitor (três, novamente, o narrador machadiano em destaque, diálogo com o lugar em que Candido posiciona a obra), algo que *passou* na circulação da linguagem ao modo em que Machado se deixou "ficcionar". E que, felizmente, veio parar em minhas mãos, por um instante.

Figura 23: Parte das 700 palmeiras-imperiais do Canal do Mangue – Rio de Janeiro (RJ), postado a 19 de agosto de 1913.

Fonte: VASQUEZ, Pedro Karp. *Postaes do Brasil.* São Paulo: Metavídeo SP Produção e Comunicação LTDA.

OBRAS CONSULTADAS

Ab'SÁBER, Tales A. M. "Dois mestres: crítica e psicanálise em Machado de Assis e Roberto Schwarz" In: CEVASCO, Maria; OHATA, Milton (org.). *Um crítico na periferia do capitalismo.* São Paulo: Companhia das Letras, 2007.

AGAMBEM, Giorgio. *Infância e História.* Tradução de Silvio Mattoni. Buenos Aires: Adriana Hidalgo, 2001.

ASSIS, Joaquim M. Machado de. *Contos, uma antologia.* Seleção, introdução e notas de John Gledson. São Paulo: Companhia das Letras, 2001.

________. *Machado de Assis – Obra Completa.* Rio de Janeiro: Nova Aguilar, 1997.

ASSOUN, Paul-Laurent. *Littérature et psychanalyse.* Paris: Ellipses, 1996.

________. (1980) "L'ironie comme rhétorique de l'inconscient" in *L'ironie*, Analyses et réflexions sur "De l'art de conférer", *Essais* – Livre III – Chapitre 8, Michel de Montaigne, Paris, Paris Marketing, p. 157 –165.

________. *O olhar e a voz.* Rio de Janeiro: Companhia de Freud, 1999.

AUERBACH, Erich. *Mímesis, a representação da realidade no mundo ocidental.* São Paulo: Perspectiva, 1998.

BAYARD, Pierre. *Peut-on appliquer la littérature à la psychanalyse?* Paris: Les Éditions de Minuit, 2004.

BARTHES, Roland. "Éssais Critiques". In: *Oeuvres Completes,* tome I. Paris: Seuil, 1994.

_________. "L'effect de réel". In: *Oeuvres Completes,* tome II. Paris: Seuil, 1994.

BAUDELAIRE. *Oeuvres Complètes.* Paris: Éditions Robert Laffont, 1980.

BEMBIBRE, Carlos Horacio [et.al.]. *Jacques Lacan y los escritores.* Buenos Aires: Editorial Escuela Freudiana de Buenos Aires, 2007.

BENJAMIN, Walter. *Obras Escolhidas.* Tradução de Sérgio Paulo Rouanet. Tradução de Sérgio Paulo Rouanet. vol. I. São Paulo: Brasiliense, 1994.

_________. "Sobre o conceito da história". In: *Obras escolhidas.* São Paulo: Brasiliense, 1994. p. 231.

_________. "Rua de mão única". Tradução de Rubens Torres Filho e José C. Martins Barbosa. In: *Obras Escolhidas.* vol. II. São Paulo: Brasiliense, 1994.

_________. "Charles Baudelaire, um lírico no auge do capitalismo". Tradução de José Carlos Martins Barbosa e Hemerson Alves Baptista. In: *Obras Escolhidas.* vol. lll. São Paulo: Brasiliense, 1994.

_________. "A imagem de Proust". In: *Obras Escolhidas.* "Magia e técnica, arte e política". vol. l. São Paulo: Brasiliense, 1994.

_________. "Experiência e pobreza". In: *Obras Escolhidas.* "Magia e técnica, arte e política". vol. l. São Paulo: Brasiliense, 1994.

_________. "O narrador. Considerações sobre a obra de Nicolai Leskov.". In: *Obras Escolhidas.* "Magia e técnica, arte e política". vol. l. São Paulo: Brasiliense, 1994.

_________. "Infância em Berlim por volta de 1900". In: *Obras Escolhidas.* v. II. São Paulo: Brasiliense, 1994.

_________. "Sobre alguns temas em Baudelaire". In: *Obras Escolhidas.* vol lll. São Paulo: Brasiliense, 1994.

_________. *Paris, Capitale du XIX siècle, le livre des passages.* Paris: Éditions du Cerf,1989.

_________. "Crónica de Berlin" In: *Walter Benjamin – Personajes alemanes.* Barcelona: Ediciones Paidós y I.C.E. de la Universidad Autónoma de Barcelona, 1995.

BERGSON, Henri. *La risa.* Tradução ao español de P. Girosi. Buenos Aires: Editorial Tor, 1942.

BÍBLIA Sagrada. São Paulo: Círculo do Livro, Vozes, 1982.

BONNEFOY, Claude. *La poésie française, des origines à nos jours, Anthologie.* Paris: Editions Du Seuil, 1975.

BORGES, Jorge Luis. *EL Aleph.* Buenos Aires: Emecé Editores, 2005.

________. *Ficciones.* Buenos Aires: Emecé Editores, 2005.

BOSI, Alfredo. *Machado de Assis – O enigma do olhar.* São Paulo: Ática, 2000.

________. *O conto brasileiro contemporâneo.* Seleção de textos, introdução e notas bibliográficas por Alfredo Bosi. São Paulo: Cultrix, 1975.

________; GARBUGLIO, José Carlos; CURVELLO, Mario; FACIOLI, Valentim. *Machado de Assis.* São Paulo: Ática, 1981.

BRAIT, Beth. *Ironia em perspectiva polifônica.* Campinas: Editora da UNICAMP, 1996.

BRASIL, Luiz Antônio de Assis. "O Machado desconhecido". In: *Entre Livros.* ano 3 número 30, outubro de 2007.

BRASSAI. *Proust e a fotografia.* Rio de Janeiro: Jorge Zahar Editor, 2005.

BRAYNER, Sonia. *Labirinto do Espaço Romanesco.* Rio de Janeiro: Civilização Brasileira, 1979.

________. *O conto de Machado de Assis.* Rio de Janeiro: Civilização Brasileira, 1994.

CAILLOIS, Roger. *Instintos y sociedad.* Buenos Aires: Seix Barral, 1969.

________. *Les jeux et les hommes.* ed. rev. e aum. Paris: Éditións Gallimard, 1967.

CALLIGARIS, Contardo. *Crônicas do individualismo cotidiano.* São Paulo: Ática, 1996.

CALLADO, Antônio; DOURADO, Autran; LADEIRA, Julieta; TELLES, Lygia; PINÕN, Nélida; LINS, Osman. *Missa do Galo, variações sobre o mesmo tema.* São Paulo: Summus Editorial, 1977.

Candido, Antonio; ROSENFELD, Anatol; PRADO, Décio de Almeida; GOMES, Paulo Emílio Salles. *A Personagem de Ficção.* São Paulo: Perspectiva, 2000.

CARPEAUX, Otto Maria. *História da Literatura Ocidental,* vol. V. Rio de Janeiro, Alhambra, 1978.

CHAVES, Ernani. "Sexo e morte na Infância Berlinense de Walter Benjamin". In: SELIGMANN-SILVA, Márcio (org.). *Leituras de Walter Benjamin.* São Paulo: Annablume, Fapesp, 1999.

CHAVES, Flávio L. *O brinquedo absurdo.* São Paulo: Polis, 1978.

________. "Para a leitura do Dom Casmurro". In: Vários autores. (Org.). *O amor na literatura.* Porto Alegre: Editora da UFRGS, 1992.

________. *Ponta de estoque.* Caxias do Sul: Educs, 2006.

________. "O romance da dúvida". *Zero Hora,* Porto Alegre, 09 out. 1999.

________. "Um diálogo com Machado". In: CARBONERA, Ildo. *A emboscada machadiana.* Cascavel: EDUNIOESTE, 2000. (Prefácio, Pósfacio/Prefácio).

CHEMAMA, Roland (org.). *Dicionário de Psicanálise.* Tradução de Francisco Franke Settineri. Porto Alegre: Artes Médicas, 1995. 1. ed. francesa. Paris: Larousse, 1993.

________. *Elementos Lacanianos para uma Psicanálise no Cotidiano.* Tradução de Francisco Franke Settineri e Patrícia Ramos. Porto Alegre: CMC, 2002.

________. "Parêntesis" In: *La clinique du spéculaire dans l'oeuvre de Machado de Assis.* Paris: Cahiers de l'Association Lacanienne Internationale, 2003.

CORRÊA, Ivan. *Da Tropologia à Topologia.* Recife: Centro de Estudos Freudianos do Recife, 2003.

CORTÁZAR, Julio. *Valise de Cronópio.* São Paulo: Perspectiva, 1974.

COSTA, Ana Maria Medeiros da. *A Ficção do Si Mesmo, interpretação e ato em psicanálise.* Rio de Janeiro: Companhia de Freud, 1998.

DARMON, Marc. *Ensaios sobre a topologia lacaniana.* Tradução de Eliana do Valle. Porto Alegre: Artes Médicas, 1994.

DOISNEAU, Robert. *Collection Photo Poche. Robert Doisneau.* France, Tours: Actes Sud, 2006

DUMONT, Louis. *Essais sur l'individualisme,* Paris: Seuil, 1983.

DIDI-HUBERMAN, Georges. *O que vemos, o que nos olha.* Tradução de Paulo Neves. São Paulo: 1998.

DUARTE, Rodrigo. FIGUEIREDO, Virgínia (org). *Mímese e Expressão.* Belo Horizonte: UFMG, 2001.

DUMAS FILHO, Alexandre. *A dama das camélias.* São Paulo: Brasiliense, 1965.

ECO, Umberto. *Pós Escrito a O nome da rosa.* Rio de Janeiro: Ed. Nova Fronteira, 1985.

FAORO, Raymundo. *Machado de Assis: a pirâmide e o trapézio.* 3. ed. Rio de Janeiro: Globo, 1998.

FARIA, João. "Singular ocorrência teatral". In: *Revista da USP* de unho, julho, agosto de 1991.

FISCHER, Luis Augusto e et al. "Contos de Machado: da Ética à Estética" In: SECCHIN, Antônio Carlos et al. *Machado de Assis, uma revisão.* Rio de Janeiro: Fólio, 1998.

FLORES DA CUNHA, Patrícia Lessa. *Machado de Assis um escritor na capital dos trópicos.* São Leopoldo: IEL e UNISINOS, 1998.

FOUCAULT, Michel. *Vigiar e punir.* Rio de Janeiro: Vozes, 2006. 1. ed. Paris: Gallimard, 1975.

FREITAS, Luiz Alberto Pinheiro de. *Freud e Machado de Assis, uma interseção entre psicanálise e literatura.* Rio de Janeiro: Mauad, 2001.

FREUD, Sigmund. *Obras Psicológicas Completas de Sigmund Freud.* Edição Standard Brasileira 2. ed. Tradução de Jayme Salomão. Rio de Janeiro: Imago, 1969.

________. *Obras Completas,* 3. ed. Tradução para o espanhol de Luiz Lopes-Ballesteros. Madri: Editorial Biblioteca Nueva, 1968.

_________. "Los recuerdos encubridores" (1899). In: *Obras Completas,* 3. ed. Tradução para o espanhol de Luiz Lopes-Ballesteros. Madri: Editorial Biblioteca Nueva, 1968.

_________. *Obras Completas. "La interpretación de los sueños"* (1898-9 [1900]). vol. I. Madri: Editorial Biblioteca Nueva, 1968.

_________. *"El chiste y su relacion con lo inconsciente" (1905).* In: *Obras Completas,* 3. ed. Tradução para o espanhol de Luiz Lopes-Ballesteros. Madri: Editorial Biblioteca Nueva, 1968.

_________. *El sentido de los síntomas (Lecciones introductorias al psicoanalisis, n° XVII ; 1916-7 [1917]).* In: *Obras Completas,* 3. ed. Tradução para o espanhol de Luiz Lopes-Ballesteros. Madri: Editorial Biblioteca Nueva, 1968.

_________. *El delírio y los sueños en la "Gradiva" de W. Jensen. (*1906 [1907]). In: *Obras Completas,* 3. ed. Tradução para o espanhol de Luiz Lopes-Ballesteros. Madri: Editorial Biblioteca Nueva, 1968.

_________. Psicoanálisis (Cinco conferencias pronunciadas em la Clark University, Estados Unidos) (1909 [1910]). In: *Obras Completas,* 3. ed. Tradução para o espanhol de Luiz Lopes-Ballesteros. Madri: Editorial Biblioteca Nueva, 1968.

_________. *Edição Eletrônica Brasileira das Obras Psicológicas Completas de Sigmund Freud.* São Paulo: Imago, Sonopress.

GAGNEBIN, Jeanne-Marie. *História e narração em W. Benjamin.* Campinas: Perspectiva, 1994.

_________. *Lembrar escrever esquecer.* São Paulo: 34, 2006. p. 14.

GIARDINELLI, Mempo. *Assim se escreve um conto.* Tradução de Charles Kiefer. Porto Alegre: Mercado Aberto: 1994.

GINSBURG, Carlo. *Mitos, emblemas e sinais: morfologia e história.* Tradução de Frederico Carotti. Rio de Janeiro Cia das Letras, 1989.

GLEDSON, John. *Machado de Assis, impostura e realismo.* Tradução de Fernando Py. São Paulo: Companhia das Letras, 1999.

_________. *Machado de Assis, Ficção e História.* Tradução de Sônia Coutinho. 2.ed. revisada e ampliada. São Paulo: Editora Paz e Terra, 2003.

_________. *Por um novo Machado de Assis.* São Paulo: Companhia das Letras, 2006.

GRAHAM, Richard. (org). *Machado de Assis, Reflections on a Brazilian Master Writer.* Austin: University of Texas Press, 1999.

GRANON-LAFONT, Jeanne. *A Topologia de Jacques Lacan.* Rio de Janeiro: Jorge Zahar, 1990.

GUINZBURG. J. (org.). *O Romantismo.* 4. ed. São Paulo: Perspectiva, 2005.

HAMON, Phillippe. *L'ironie littéraire, essays sur les formes de l'écriture oblique.* Paris: Hachette Livre, 1996.

HARARI, Roberto. *Polifonias Del arte em psicoanálisis.* Barcelona: Ediciones Del Serbal, 1998.

HOFFMANN, E. T. A. *O Homem da Areia.* Tradução de Ary Quintella. Rio de Janeiro: Ed. Rocco, 1986.

HOUAISS, Antônio. *Dicionário da língua portuguesa.* Rio de Janeiro: Objetiva, 2001.

JANKÉLÉVITCH, Vladimir. *L'ironie.* France: Flammarion, 2005. p.24.

JENSEN, Whilhelm. *Gradiva uma fantasia pompeiana.* Rio de Janeiro: Jorge Zahar Editor, 1987.

KAUFMANN, Pierre. *Dicionário Enciclopédico de Psicanálise – o legado de Freud e Lacan.*Tradução de Vera Ribeiro e Maria Luisa Borges. Rio de Janeiro: Jorge Zahar Editor, 1996. 1. ed. Paris:Éditions Bordas, 1993.

KOLTAI, Caterina (org.). *O estrangeiro.* São Paulo: Escuta e Fapesp, 1998.

LACAN,Jacques. *O Seminário, A Ética da Psicanálise.* Livro 7. Tradução de Antonio Quinet. Rio de Janeiro: Jorge Zahar Editor, 1988.

_________. *O Seminário, As Formações do Inconsciente.* Livro 5. Tradução de Vera Ribeiro. Rio de Janeiro: Jorge Zahar Editor, 1999.

_________. "O Aturdito". In: *Outros Escritos.* Rio de Janeiro: Jorge Zahar Editor, 1973.

_________. *O Seminário, Os Quatro Conceitos Fundamentais da Psicanálise.* Livro 11. Tradução de M. D. Magno. Rio de Janeiro: Jorge Zahar Editor, 1979.

LACAN, Jacques. *O Seminário, Mais ainda.* Livro 20. Rio de Janeiro: Jorge Zahar Editor, 1982. (p. 91).

_________. *O Seminário, O eu na teoria de Freud e na técnica da psicanálise.* Livro 2. Tradução de Marie Christine Laznik Penot e colaboração de Antônio Quinet. Rio de Janeiro: Jorge Zahar Editor, 1985.

LANCELOTTI, Mario A. *De Poe a Kafka, para uma teoria del cuento.* Buenos Aires: Editorial Universitária de Buenos Aires, 1995.

LIMA SOBRINHO, BARBOSA. *Os precursores do conto no Brasil.* São Paulo, Editora Civilização Brasileira, 1960.

LIMA, Herman. "Evolução do conto" In: COUTINHO, Afrânio. *A literatura no Brasil.* Rio de Janeiro: José Olímpio, UFF, 1986.

LISPECTOR, Clarice. *A hora da estrela.* Rio de Janeiro: Rocco, 1998.

MELMAN, Charles. "*La topologie, ça ne fait pas croix*" In: *Bulletin de l'Association lacanienne internationale,* numero 111. Paris: Association lacanienne internationale, 2005.

MEYER, Augusto. *Machado de Assis.* Porto Alegre: Instituto Estadual do Livro: Corag, 2005.

MIGUEL-PEREIRA, Lúcia. *História da Literatura Brasileira: prosa de ficção.* – de 1870 a 1820. Rio de Janeiro: José Olympio Ed/MEC.

MOLIÈRE, Jean-Baptiste. *Le Médecin malgré lui.* Paris: Librairie Larousse, 1971.

MONTEIRO, Valéria Jacó. *Dom Casmurro: Escritura e Discurso.* São Paulo: Hacker Editores, Cespuc, 1997.

MULLER, Gustavo. *Um equívoco sempre possível.* Dissertação de Mestrado, Centro de Artes e Letras da UFSM. Santa Maria, 2005.

NESTROVSKI, Arthur, SELIGMANN-SILVA, Márcio. *Catástrofe e Representação.* São Paulo: Escuta. 2000.

OEHLER, Dolf. *O velho mundo desce aos infernos.* Tradução de José Marques Macedo. São Paulo: Companhia das Letras, 1999. 1. ed., 1988.

________. *Terrenos vulcânicos.* São Paulo: Cosac e Naify, 2004.

PASSERON, René. *La Naissance D'Icare.* Vallenciennes: Éditions,1996.

PAZ, Ravel Giordano. "De pontos, linhas e fugas: três contos de formação". In: *Teresa,* Revista de literatura brasileira 6/7, USP, Editora 34, Imprensa Oficial, 2006.

PEREIRA, Lucia Serrano. *Um narrador incerto, entre o estranho e o familiar – a ficção machadiana na psicanálise.* Rio de Janeiro: Cia de Freud, 2004.

PESAVENTO, Sandra Jatahy. *O imaginário da cidade, visões literárias do urbano.* Porto Alegre: Editora da Universidade/UFRGS, 1999.

PIGLIA, Ricardo. *Formas Breves.* Barcelona: Editorial Anagrama, 2000.

________. *Formas Breves.* Tradução de José Marques Macedo. São Paulo: Companhia das Letras, 2004.

________.*O laboratório do escritor.* Tradução de Josely Vianna Baptista. São Paulo: Iluminuras, 1994.

PIRANDELLO, Luigi. *O humorismo.* Tradução de Dion Davi Macedo. São Paulo: Experimento, 1996.

PLON, Michel; ROUDINESCO, Elisabeth. *Dicionário de Psicanálise.* Tradução de Vera Ribeiro e de Lucy Magalhães. Rio de Janeiro: Jorge Zahar Editor, 1998.

POE, Edgar Allan. *Histórias Extraordinárias.* Tradução de Brenno Silveira e outros. São Paulo: Abril Cultural, 1981.

POMMIER, Gerard. *Qué es lo "real".* Buenos Aires: Nueva Visión, 2005.

PROUST, Marcel. *Sodoma e Gomorra.* In: *Em busca do tempo perdido,* vol 4. Tradução de Mário Quintana. 7. ed. Porto Alegre, Rio de Janeiro: Globo, 1983.

REVISTA SCRIPTA vol III – *Machado de Assis*. número 6, 2002, PUC, Minas. Revista de pós-graduação em Letras e do CEDUS/PUC.

REVISTA USP, *Dossiê Walter Benjamin*. nº. 15. set, out, nov 1992.

ROSSET, Clément. *O Real e seu duplo*. Tradução de José Thomaz Brum. Porto Alegre: L&PM, 1998.

REVISTA Entre Livros *O Machado desconhecido*, ano 3, número 30. São Paulo: Ediouro, Segmento-Duetto, outubro de 2007.

REVISTA USP, *Teresa revista de literatura brasileira 6/7 Machado de Assis*. São Paulo: Ed. 34: Imprensa Oficial, 2004 – 2005.

RONCARI, Luiz. "Machado de Assis: o aprendizado do escritor e o esclarecimento de Mariana" In: *TERESA* revista de literatura brasileira – *Machado de Assis*, São Paulo: Ed.34: Imprensa Oficial, 2006.

ROUSSET, Jean. *Forme et Signification*, essais sur les structures littéraires de Corneille à Claudel. Paris: Librairie José Corti, 1979. 1. ed., 1963.

SCHOR, Naomi. *Reading in Detail*. Primeira edição publicada por Methuen, Inc., 1987. Nova York: Routledge, 2007.

________. *Lectures du détail*. Paris: Éditions Nathan, 1994.

SCHWARZ, Roberto. *Que horas são?* São Paulo: Companhia das Letras, 1989.

________. *Um Mestre na Periferia do Capitalismo*. 4. ed. São Paulo: Duas Cidades; Editora 34, 2000.

________. *Seqüências brasileiras*. São Paulo: Companhia das Letras, 1999.

SELIGMANN-SILVA, Márcio. *Ler o Livro do Mundo*. São Paulo: Iluminuras, 1999.

SENNA, Marta de. *O Olhar oblíquo do Bruxo*. Rio de Janeiro: Nova Fronteira, 1998.

SOLER, Colette. *A psicanálise na civilização*. Tradução de Vera Avellar Ribeiro e Manoel Barros da Motta. Rio de Janeiro: Contra Capa, 1998.

________. *L'aventure litteraire ou la psychose inspirée, Rousseau, Joyce, Pessoa*. Paris: In Progress Editions du Champ lacanien, 2001.

SOUSA, Edson, TESSLER, Elida, SLAVUTSKY, Abrão, (org.). *A Invenção da vida*: arte e psicanálise. Porto Alegre: Artes e Ofícios, 2001.

SOUZA, Antônio Candido de Mello e. *Formação da Literatura Brasileira.* 6. ed. Belo Horizonte: Itatiaia, 1981.

_________. Crítica e sociologia. In: *Literatura e sociedade.* São Paulo: Publifolha, 2000.

_________. *O Discurso e a Cidade.* São Paulo: Duas Cidades, 1993.

_________. *Vários escritos.* São Paulo: Duas cidades, 1977.

TAVARES, Bráulio. (seleção e apresentação). *Freud e O Estranho, contos fantásticos do inconsciente.* Rio de Janeiro: Casa da Palavra, 2007.

TCHECOV. *Os melhores contos de Tchecov.* São Paulo: Círculo do Livro S. A., 1972.

TRUFFAUT, François. *HitchcockTruffaut Entrevistas.* São Paulo: Brasiliense, 1986.

VEGH, Isidoro. *El sujeto borgeano.* Buenos Aires: Agalma Editorial, 2005.

VERTIGO, Um corpo que cai, produção e direção de Alfred Hitchcock, Paramount, 1958.

WATT, Ian. *A ascensão do romance.* São Paulo: Cia das Letras, 1996.

WOOD, Michael. Artigo: "Um mestre entre ruínas". Caderno MAIS. *Folha de São Paulo,* 21 de julho de 2002, (p. 14-16).

_______ . "*The road to Delphi, the life and afterlife of Oracles*", Nova York: Farrar, Sraus and Giroux, 2003.

ANEXO A

NOTAS DE LEITURA – O NARRADOR DE WALTER BENJAMIN

Por que isso interessaria a um psicanalista?[299]

O narrador – considerações sobre a obra de Nicolai Leskov é um texto de 1936, um dos mais importantes da obra de Walter Benjamin. Se este tema, o da narração, é sempre retomado ao longo de sua obra não é sem razão. É sob o significante da narrativa e da narração que Benjamin faz passar as grandes questões de seu tempo. Concentra em si, de maneira exemplar, os paradoxos de nossa modernidade, aponta Jeanne M. Gagnebin.

No âmbito da psicanálise, trabalhar o narrador benjaminiano pode ser uma oportunidade fecunda de por em questão, no contato com um estilo e uma elaboração extremamente interessantes, aquilo que não para de nos ocupar: o campo do sujeito e o campo do Outro.

Poderíamos apontar pelo menos três grandes vertentes de trabalho que o texto permite e propõe interrogar:

– a questão da enunciação – desde onde se fala – na relação à passagem que envolve a modernidade;

[299] Artigo publicado com a seguinte referência: PEREIRA, Lucia Serrano. *Correio da APPOA – Narrativa e Experiência.* n. 140, ano XII, outubro de 2005. Porto Alegre: Associação Psicanalítica de Porto Alegre. p. 9.

– de onde esta fala se autoriza – discussão do lugar da tradição, da autoridade, dos lugares transferenciais;

– a produção na cultura – a arte, o novo, o ato, as inscrições dos produtos culturais e seus lugares (associada ao texto sobre a reprodutibilidade técnica da obra de arte, onde trata do declínio da aura dos objetos na modernidade).

Vamos escolher um caminho pontual, alguns elementos do texto (o narrador é desenvolvido em 19 partes) que possam funcionar talvez como disparadores, notas de leitura, indicações.

Mas primeiro, vale a pena situar – Benjamin vai ligar o termo do narrador a um autor russo do século XIX relativamente desconhecido para nós, Nicolai Leskov.

Leskov é o escritor da Rússia antiga, dos contos ligados às narrativas orais em circulação, ele viajava pela Rússia reunindo documentos, lendas, coisas estranhas contadas na linguagem popular. Trabalhava os jogos de palavras que reproduzem os erros de linguagem do povo, o estilo é de um humor extraordinário, cheio de expressões, trocadilhos, invenções. A crítica contemporânea "descobre-o" há pouco tempo, relativamente aos outros escritores russos de sua época. Sua narrativa é irônica, muitas vezes, como na novela *A pulga de aço,* onde os russos e os ingleses se corroem na rivalidade – os ingleses vendem aos russos uma pulga de aço, tamanho natural, quase imperceptível. Dando corda na pulguinha, ela dança a quadrilha. Os russos humilhados e ao mesmo tempo maravilhados com o domínio da engenharia dos ingleses (que por sinal cobram uma fortuna não tanto pela pulga, mas pelo estojo para carregá-la sem perdê-la) convocam seus melhores artesãos, os ourives de Tula, que trabalham e reapresentam a pulga modificada: não dança mais. Que aconteceu? Os artesãos inacreditavelmente haviam conseguido colocar uma ferradura mais do que microscópica em cada patinha da pulga – (e ainda por cima a assinatura do artista em cada ferradura). Vitória, sinal da superioridade total dos ourives russos sobre a tecnologia inglesa (estrangeiro x nacional, tecnologia x artesanal).

Leskov passa também pelo trágico, pelo religioso, pela tensão dramática às vezes alucinada – *Lady Macbeth* de Mzsensk, *Apenas um retrato de mulher, O anjo lacrado* e outras novelas e contos. Segundo Otto Maria Carpeaux, Leskov é um clássico russo da maior importância, à altura de Tolstoi, Tchecov e Dostoievski.

Benjamin escolhe então Leskov para nos dizer que o narrador, "por mais familiar que nos seja este nome, está longe de ser inteiramente presente, entre nós, em sua atividade viva". Assim inicia o texto, e essa vai ser sua linha de sustentação. A figura do narrador se distancia cada vez mais nos tempos modernos. A experiência cotidiana permite pensar que a arte de narrar está em extinção, nos faz falta a faculdade de intercambiar experiência, o que antes parecia assegurado. No texto *Experiência e pobreza* (1933), Benjamin formula uma questão: Qual o valor de todo nosso patrimônio cultural se a experiência não mais o vincula a nós? O pós-guerra do início do séc. XX produzia uma geração não mais rica em histórias para contar, mas uma geração confrontada com o desamparo. Os combatentes voltavam silenciosos dos campos de batalha, "mais pobres" em experiência e narração (os mesmos que Freud recebe e que possibilitarão as hipóteses sobre o trauma – base para seu *Além do princípio do prazer*).

A experiência transmitida oralmente é a fonte na qual beberam os narradores. Dois estilos de origem são apontados por Benjamin na proposição de uma linhagem dos narradores: "Quem viaja tem muito o que contar", a narrativa que trazia os lugares distantes na figura do marinheiro; e a narrativa de quem nunca saiu de sua terra mas que participa do elo das gerações, suas histórias e tradições, o camponês. O marinheiro e o camponês são situados como os primeiros mestres da narrativa. A tradição da Idade Média, com o sistema corporativo, participa também dessa distribuição nas figuras dos mestres sedentários e aprendizes migrantes.

Algo que vale a pena remarcar é o fato de que esse saber, essa autoridade que se decanta da experiência do narrador é de um lado de gerações que se perdem de vista na articulação temporal, e de outro, de terras distantes que também tem seus limites espacialmente difusos, ou seja, há um insondável em jogo que nos permite pensar nas formas pelas quais o campo do Outro se apresenta na relação com a narrativa e com o saber. A autoridade que o saber comporta nestes contextos tem relação com a *Erfahrung*, a experiência que traz em seu radical *fahr*, travessia, viagem. O saber, que vinha de longe, portava uma autoridade válida mesmo que não fosse controlável pela experiência (à diferença da informação, que aspira a uma verificação imediata). O narrador retira da experiência sua/dos outros o que conta, e transmite incluindo o narrado na experiência de seus ouvintes. O narrador marca singularmente a fala, mas a partir de falas que lhe vem de lugares outros. O ouvinte não está em uma posição qualquer as passagens das narrativas "são salvas da análise psicológica", quanto mais o ouvinte se esquece de si mesmo, mais profundamente a transmissão opera. Grande sacada de Benjamin. A narrativa não está interessada em informar, "ela mergulha a coisa na vida do narrador para em seguida retirá-la dele. Assim se imprime na narrativa a marca do narrador, como a mão do oleiro na argila do vaso". O exemplo coincide com aquele que Lacan toma para falar da relação do simbólico e do real a propósito da ética da psicanálise.

O contraponto (ao narrador tradicional) é tecido no argumento com relação ao romancista e sua posição no individualismo, o romance valendo como paradigma da modernidade. Não que o romance fosse novidade enquanto gênero, mas nunca na história havia sido posicionado centralmente, encontrando com a burguesia ascendente os elementos para seu novo lugar. A origem do romance é o indivíduo isolado que não pode mais "falar exemplarmente sobre suas preocupações mais importantes, não recebe conselhos nem sabe dá-los".

Um dos momentos mais bonitos do texto: o narrador é alguém que sabe dar conselhos. Mas, diz Benjamin, se dar conselhos parece hoje algo de antiquado, vale lembrar que aconselhar pode ser menos responder a uma pergunta que fazer uma sugestão sobre a continuação de uma história.

E aqui encontramos uma diferença na tradução do texto para a edição brasileira que merece ser considerada. No português temos: "Para obter essa sugestão, é necessário primeiro narrar a história... No francês, texto autorizado pelo autor, temos: "Pour qu'on nous le donne, ce conseil, il faut donc que nous commencions par *nous raconter* ...".

Nous raconter, nos contarmos, ponto nodal. Nos contarmos, nos dizermos, dizermos do Outro que nos atravessa, ao mesmo tempo o "se contar" da inclusão, lugar desde onde poder se situar.

Seriam necessárias muitas mediações para pensar as relações entre o "se contar" da narrativa tradicional com a fala na situação da clínica psicanalítica. Não há correspondência nem equivalência, a operação difere (isso sem falar que psicanalista tem verdadeira ojeriza com o que se chama de conselho). Mas como estamos em notas de leitura, quem sabe podemos nos permitir algumas associações. Uma vez que a associação com a ética já se apresentou, *se raconter* termina por evocar o que Lacan aponta quanto à proposição da ética da psicanálise, quando enuncia: *s'y retrouver dans l'inconscient, dans la structure*, se achar na estrutura. Se o narrador benjaminiano dispensaria a psicanálise, como nos diz Maria Rita Kehl – por já compor um elo de transmissão no seu contexto – por outro lado nos faz pensar por onde algo da sustentação de uma prática como a psicanalítica renova a possibilidade de estabelecer uma experiência, travessia, trabalho que supõe certo "percorrer", fala e escuta sustentados por uma relação transferencial, campo do Outro, inconsciente. A experiência e a narração "declinam". O termo do declínio já vem surrado de tanto uso, mas não é equivalente ao de eliminação. Por quais caminhos se atualizam as condições de um "percorrer" nos nossos tempos?

Benjamin é nostálgico?

Pode ser, mas esse não é o forte de seu texto. Complexo, supondo inúmeras interlocuções – Lukács e sua Teoria do romance, Montaigne, Cervantes, Heródoto, situado como o primeiro narrador grego, Kafka, Dostoievski, Gorki, Paul Valéry, e vários autores de sua tradição mais próxima, a alemã; *O narrador* trabalha muitos cruzamentos, sem se deixar cair na tentativa de preencher todas as lacunas, de recobrir todas as arestas. Benjamin traz em especial os limites, limiares como a relação com a morte, com a temporalidade, a negatividade, essas zonas cujas passagens, (trabalho de sua vida), se articulam em cima do real que interroga a cada vez, e a cada um na constelação discursiva que o recebe. Se a narrativa se trama com a literatura, é de se levar em conta, como nos diz Márcio Seligmann-Silva, que ela é sempre marcada pelo real, ou seja, não se trata de trabalho de ilustração. Real que por outros caminhos, na prática analítica, na relação com esse *se achar* na fala, nos concerne.

REFERÊNCIAS BIBLIOGRÁFICAS

BENJAMIN, Walter. *Obras Escolhidas.* vol.1. São Paulo: Brasiliense, 1996.

________. *Écrits français.* Paris: Éditions Gallimard, 1991.

GAGNEBIN, Jeanne Marie. *História e narração em W.Benjamin.* Campinas: Perspectiva, 1994.

ANEXO B

SUBLIMAÇÃO: UM INTERROGANTE EM FREUD UM ATO EM QUESTÃO[300]

Por que Freud foi inventar algo assim?

Freud recorre à sublimação ao longo de toda sua obra, desde a Interpretação dos Sonhos até as Novas Conferências. Ele considera a possibilidade de sublimação como essencial no processo de uma cura.

> Na psicanálise freudiana a sublimação é apresentada como o índice de uma exigência da teoria, ou seja, não é dispensável. Ao mesmo tempo, a ausência de uma teoria coerente da sublimação mantém-se como uma das lacunas do pensamento psicanalítico. (LAPLANCHE & PONTALIS, 1979)

Indispensável constantemente retomada pelos pós-freudianos, é, no entanto, um ponto que tem trazido inúmeras dificuldades. É o que parece mesmo nos dizer Lacan no Seminário "A Ética da Psicanálise" quando refere: "... este ano evitei o termo até aqui – tão problemático para os teóricos da psicanálise, no entanto tão essencial, é o que Freud chama de *Sublimierung*, a Sublimação".

A própria apresentação do tema é intitulada "O problema da sublimação".

Problema e essencial. A propósito por que um lugar de destaque ao trabalhar com este conceito justamente em um seminário sobre a ética da psicanálise? Não parece nada casual que se possa enlaçar algo da sublimação com o exercício da psicanálise enquanto este exercício é, ele mesmo, prática de uma ética.

De qualquer modo, é constante, a respeito da sublimação, a referência de que o que Freud nos deixou foram direções, indicações...

Podemos encontrar, por exemplo, ainda em Laplanche e Pontalis (1979) observações tais como: o campo das atividades sublimadas está mal delimitado;

---

[300] Artigo publicado com a seguinte referência: PEREIRA, Lucia Serrano. *Revista da APPOA*. n. 14, ano VIII, março de 1990. Porto Alegre: Artes e Ofícios. p. 69.

na medida em que a teoria da sublimação permaneceu em Freud pouco elaborada, a sua delimitação relativamente aos processos limítrofes (formação reativa, inibição quanto ao alvo, idealização, recalque) permaneceu também no estado de simples indicação; do mesmo modo se Freud considerou a capacidade de sublimar essencial no resultado do tratamento, a verdade é que não a mostrou concretamente em ação.

Talvez nisto mesmo consista o interessante da questão, pois o que fica em aberto é também o que nos faz trabalhar, algo como "pontos de espera" na obra freudiana, uma chamada à produção.

Sublimação: um interrogante em Freud. Pretendo aqui redobrar o interrogante na direção de pensar a respeito da problemática, da pertinência, da importância, ou não, do lugar relativo a uma formulação com a da sublimação na atualidade do campo psicanalítico. Neste sentido proponho um desenvolvimento a partir desta interrogação de certa maneira retroativa, que pode fazer às vezes de pretexto: por que Freud foi inventar algo assim?

Dizendo a questão de uma outra forma, seria perguntar – o que teria levado Freud a propor uma formulação de sublimação? O que na produção da psicanálise trouxe, em um dado momento a necessidade desse conceito, desse processo?

Refiro necessidade por acreditar que não tenha sido de graça. É o que estou preferindo pensar, de todo o modo.

Quais teriam sido as questões que se apresentavam na produção de Freud que levariam à proposta de sublimação?

Escolho como referência o texto freudiano *"Uma recordação infantil de Leonardo da Vinci"*, de 1910. É um texto central para o tema, trazendo todos os "ingredientes" que apontam, circundam, organizam a sublimação freudiana: a questão da cultura e de seus produtos; uma produção socialmente reconhecida, valorizada; a criação artística, a investigação intelectual; pulsão e seus destinos. Muito bem estes termos, mas em que combinatória?

Vejamos uma das definições clássicas de sublimação: "Processo postulado por Freud para explicar atividades humanas sem qualquer relação aparente com a sexualidade, mas que encontrariam o seu elemento na força da pulsão sexual. Freud descreve como atividades de sublimação principalmente a atividade artística e a investigação intelectual. A pulsão seria derivada para um novo alvo não sexual, visando objetos socialmente valorizados" (LAPLANCHE & PONTALIS, 1979, p. 638).

Nesta referência, o termo sublimação é destacado evocando ao mesmo temo "sublime", do campo das Belas Artes, para designar algo que sugira grandeza, elevação, e o termo sublimação usado no campo da Física e da Química, para caracterizar o processo que faz passar um corpo diretamente do estado sólido ao estado gasoso.

Uma das questões que se apresenta, retrabalhando o conceito de sublimação hoje mediante a contribuição de Lacan, é se precisaríamos manter a idéia de "produto socialmente valorizado" como necessária, como inerente ao processo ou a seus resultados. Pode parecer um detalhe, mas penso que não. O mesmo quanto à idéia de "sublime" no que desliza para os "fins elevados" dos quais Freud falava. Parece-me mais bem colocada a analogia com a química, por ressaltar algo no sentido de passar direto, uma passagem direta, o que pode ser interessante na correlação como o recalque (o que não passa direto), pois o que é salientado, remarcado a cada vez em que Freud fala da sublimação é justamente o que está no seu fundamento mesmo: o fato de não ser um recalque. Esse é um ponto chave, para onde o texto sobre Da Vinci pode nos levar.

Nas páginas finais do seminário *A Relação de Objeto*, de 1956/57, Lacan propõe-se a fazer a aproximação como o quadro e com o caso de Leonardo Da Vinci, apontando o caráter profundamente enigmático deste texto freudiano. Apresenta-nos o texto como tendo sido escrito em um momento particularmente feliz da vida de Freud, no qual já contava com um reconhecimento internacional e ao mesmo tempo não havia sofrido o drama e a tristeza das separações de seus alunos mais queridos. Foi um dos seus textos mais criticados e ao mesmo tempo era um dos quais Freud tinha mais orgulho. É um texto que se relê com interesse, e segundo Lacan, com um interesse que é crescente com o passar do tempo. Fala de certo fascínio de Freud pelo personagem Leonardo, relativo à sua cultura, seus antecedentes, seu amor pela Itália e pela Renascença.

Freud introduz seu artigo de uma forma extremamente especial: "quando a investigação psicanalítica, que em geral se contenta com um material humano de nível comum, passa a recair sobre uma das grandes figuras da humanidade não persegue, certamente, os fins que lhes são atribuídos pelos leigos. Não tende a obscurecer o radiante e derrubar o elevado. (...) Pelo contrário, abriga um extraordinário interesse por tudo aquilo que tais modelos possam desvendar. Só na época moderna se chegou a reconhecer a grandeza do investigador que se enlaçava ao artista... Foi um gênio poliforme" (FREUD, 1910, p. 1577).

O início da leitura nos coloca diretamente frente a uma declaração de admiração. Manifestação que ao mesmo tempo indica que a interrogação freudiana por Da Vinci se dá a partir dos produtos na cultura; do produzido por Leonardo como artista, como investigador, porque isto é bem o que inscreve para Freud enquanto "grande figura da humanidade".

Se acompanharmos alguns textos de Freud, a via que toma por referência uma obra artístico-cultural é bem clara, por exemplo *Mona Lisa* ou *Sant'Anna, A Virgem e o Menino,* no caso de Da Vinci, *Irmãos Karamazov* quanto a Dostoievski, *Moisés*, de Michelangelo. Freud mesmo dizia que as obras de arte exerciam sobre ele uma ação poderosa, e que a partir disso sentiu-se impulsionado a considerar muito detidamente algumas dessas obras que lhe causaram impressões tão profundas, tratando de apreendê-las à sua maneira, ao modo psicanalítico.

Independente do que poderíamos questionar enquanto uma apreensão da obra artístico-cultural, podemos considerar que se o fascínio da obra perpassava Freud, ao mesmo tempo operava um deslocamento: Freud passa a interrogar algo relativo às condições de produção desta obra. Ou seja a obra levando-o a aproximar-se da questão do ato de sua produção.

Como isto se apresenta, então, tomando nosso texto de referência?

Freud destaca em Da Vinci a questão da ânsia de saber, fala deste como alguém que investiga com paixão. Desenvolve apontando a origem infantil desta paixão: a curiosidade da criança frente ao sexo, frente ao enigma que é para ela a sexualidade, investigação que fica inconclusa, uma vez que a sexualidade segue como enigma.

Em meio às investigações edípicas e biográficas, vai nos levando até o apontamento de rumos possíveis para o que seria da ordem do pulsional, do sexual. Propõe, então, três destinos possíveis àquilo que atribuía como sendo originado na curiosidade infantil sobre o sexo.

As pulsões sexuais podem ser inibidas. Inibição neurótica: a investigação sexual pode ter a sorte da sexualidade enquanto limitada. A conseqüência disso é um não desenvolvimento, uma certa parada, uma debilidade das funções intelectuais. A investigação sexual que é recalcado no período de latência volta do inconsciente como obsessão investigadora, como sintoma, implicando a sexualização do pensamento. Assim, a investigação intelectual converte-se em atividade sexual, o trabalho intelectual trazendo os prazeres, as angústias próprias a esta esfera, pois não se destaca de seu primeiro objeto, ficando sexualizada. Retorna, nesse sintoma, a impossibilidade de concluir (assim como a investigação sexual na infância).

Sublimação: como via menos freqüente e que se furta à inibição do pensamento e à obsessão intelectual neurótica. O recalcamento tem efeito, mas não consegue transferir ao inconsciente algo da pulsão, a libido escapa do recalque, sublimando-se.

Fica assim a indicação de três rumos: inibição, sintoma e sublimação.

Freud refere, em um momento:

> "O fim do nosso trabalho era o esclarecimento das inibições da vida sexual e a atividade artística de Leonardo. (...) Assim, pois, a psicanálise não consegue dar-nos a explicação de duas peculiaridades de Leonardo: sua especialíssima tendência ao recalcamento das pulsões e sua extraordinária capacidade para sublimar pulsões" (FREUD, 1910, p. 16-18).

A posição Freud neste ponto é ao mesmo tempo problemática e interessante. É problemático e mesmo questionável o que ele poderia estar tomando como indício de uma atividade sexual reduzida na vida de Leonardo, pois os dados dos quais dispunha eram dados biográficos, descritivos. É um terreno de pura especulação. O interessante é a questão que ali se possibilitou: a criação artística questionada na sua produção.

A sublimação pode bem ter sido o que surgiu da interrogação freudiana acerca desse ato de produção do novo, talvez naquele momento não podendo ser formulada a não ser em sua vertente negativa: o que não é um sintoma nem uma realização sexual? O que não é uma produção substitutiva, não é um velamento (sintomático ou fantasmático), não é uma evitação (inibição)?

Entre o sintoma e a sublimação temos a questão que nos remete a pensar nos seus fundamentos. Se o sintoma nos é apresentado enquanto uma produção substitutiva, o que pensar de uma produção sublimatória? Talvez levar a diante esta pergunta possa nos aproximar de algo que diga respeito à clínica psicanalítica e à ética da psicanálise.

Ainda neste texto, Freud diz que as pulsões e suas transformações são o que por último a psicanálise pode chegar a conhecer, e dado que a criação artística achava-se intimamente ligada à sublimação, tem que confessar que também a essência da função artística encontrava-se até então inacessível à psicanálise.

A pulsão em Freud vem para tratar especificamente da sexualidade humana. O *trieb*, a impulsão relativa a uma excitação de força constante realiza um circuito, tendo por alvo a resolução de uma tensão interna originada em uma fonte (relativa aos orifícios libidinais do corpo). A libido é o que vai estar em jogo (no contorno de um objeto).

Na elaboração metapsicológica de Freud, na referência ao texto "*As pulsões e suas vississitudes*", as pulsões teriam quatro destinos: a transformação no contrário (atividade/passividade); a orientação para si próprio (sado/masoquismo); o recalque; a sublimação.

Diferenciar ou mesmo relacionar sintoma e sublimação é, freudianamente falando, relacionar recalque e sublimação. O recalque é condição para a formação sintomática. É uma defesa, e nesta via uma produção substitutiva.

"O recalque cria regularmente uma formação substitutiva", diz Freud em "O recalcamento" (1915). Esta formação é o sintoma que surge como sinal de um retorno do recalcado. Entram em jogo os conceitos de recalcamento originário e secundário, o que Lacan trabalha como sendo da ordem das metáforas (recalcamento originário e metáfora paterna).

A sublimação caracteriza-se por uma mudança nos objetos ou no alvo, que não se faz sintomaticamente – indiretamente – mas sim diretamente. A sublimação vai nos ser apresentada como diferente dessa economia de substituição (que seria relativa ao retorno do recalcado), em que se satisfaz a pulsão recalcada, é o que Lacan trata de desenvolver no seminário sobre a ética.

Se retomamos o desenvolvimento sobre Leonardo, o que ali estaria do lado do recalque seria o segundo destino, dos três destacados por Freud: a investigação sexual recalcada retornando como obsessão investigadora. A sublimação, não. Furta-se, escapa à inibição do pensamento e à obsessão intelectual neurótica. O recalcamento tem efeito, mas não de todo: algo escapa, sublimando-se. A correlação dos dois processos é sempre posta em cena.

A sublimação é também apresentada em relação a outros conceitos.

Em *Introdução ao Narcisismo* (FREUD, 1973) é bem destacada a diferença entre sublimação e idealização, sendo a idealização referente a uma hiperestimação sexual do objeto e a sublimação a uma mudança na natureza da pulsão. Com a sublimação, trata-se de dessexualização. Neste texto temos bem a idéia de uma ultrapassagem do recalque. Nisto é possível dizer que quanto mais sexualizada uma função, mais inibida, à diferença desse afastamento do sexual sem recalque, onde é de se esperar, então, menos inibição.

Em *Três Ensaios sobre a Sexualidade* (FREUD, 1973, p.1198), momento bem anterior, há um desenvolvimento que põe certa ambigüidade entre formação reativa e sublimação, onde as forças pulsionais sexuais teriam sua energia desviada totalmente ou em parte para outros fins, proporcionando elementos poderosos para todas as funções culturais. Surgiriam forças psíquicas contrárias aos impulsos sexuais que erigiriam "diques psíquicos" tais como a repugnância, o pudor, etc. Freud insere uma nota de rodapé datada de 1915: "Em geral a sublimação e a formação reativa devem ser consideradas como dois processos diferentes".

A sublimação pode ser alcançada por meio de outros processos diferentes e mais simples. Essa é uma formulação que será muito enfatizada por Lacan, no seminário sobre a ética (1959/60), introduzindo a questão do sujeito com o real. Desde aí define sublimação da seguinte maneira:

– sublimar é elevar o objeto à dignidade da Coisa (*Das Ding*); ou

– traçar os bordos de um buraco com significantes.

Vale a pena buscar a relação destas formulações com o que vínhamos seguindo em Freud. Traçar os bordos de um buraco com significantes...

Sublimar é então relativo a uma produção significante.

Qualquer estruturação significante, qualquer laço simbólico parte de um impossível, de um "buraco". Nós temos bem em destaque o laço simbólico que é relativo à interdição do incesto (que funciona na neurose interditando o impossível. É impossível fazer o gozo do Outro até porque não há Outro para fazer gozar). Sabemos que a interdição por um lado defende e por outro mantém a ilusão de possibilidade.

Pensando nas relações com o sintoma, este é também uma produção significante, porém, como já referimos, uma produção substitutiva. Sintoma enquanto metáfora, portando seu caráter de velamento, de ocultação. Velamento do impossível, do "buraco" do real. Ali onde no sintoma trata-se de velar, de recobrir; na sublimação a proposição é a de traçar as bordas.

Assim, como produção não substitutiva, a sublimação é uma formulação proposta do lado de uma via de não mascaramento do real, de não ocultação do impossível. Elevar o objeto à dignidade da Coisa, vai também nesta direção, no sentido de não ficar no mascaramento narcísico identificatório do objeto (tomando aqui objeto da maneira pela qual ele é introduzido por Freud no texto "Introdução ao Narcisismo" (1914), o objeto amoroso). Na sublimação, a questão seria de deixar que ali aparecesse algo que quebra a ilusão, onde isto fica mesmo evidenciado. Toda a forma de sublimação mantém no centro um vazio, diz Lacan. (1959/60). Refere a produção artística como algo que se organiza em torno do vazio. É bem conhecida a frase de Picasso que causou certo escândalo: "Eu não procuro, acho". E no achar, assina. O autor surge então como efeito de seu ato.

Lacan joga com as palavras de Picasso em "*Je ne cherche pas, je trouvé*" na referência a "*trou*"(buraco) e a "*troubadour*" (trovadores, trazendo a poética do amor cortês à questão da sublimação. Para aprofundar este tema leia-se "Amor cortês e sexuação"[301].

Quando vamos ao encontro dos objetos de arte, por exemplo, nos museus ou em outros espaços de produção cultural, não é apenas a obra que admiramos, que nos impressiona, mas é também o próprio ato de sua produção que podemos considerar ali como que "envolvendo" essa obra. Deparamo-nos com o objeto, mas também com o que pode evocar certa função de mestria do artista em seu fazer. Lembraria aqui uma observação de Pommier: em *O desenlace de uma análise*, "o destino sexualizado da pulsão é anônimo; aquele da sublimação é barrado pelo Estilo, imperceptível propriedade do Nome" (1990, p. 195).

Assim, quando trazemos a obra, estamos também às voltas com o ato de sua produção, algo como um "como é que isso foi feito por ele!"

Podemos encontrar um exemplo interessante nos "*ready-made*" de Marcel Duchamp, que levam ao limite esta consideração do ato. É radical, pois ali ele se autoriza a tomar um objeto, muitas vezes algo utilitário, de uso cotidiano, apresentando-o e assinando-o. É mesmo levar ao extremo, elevar um objeto de uso comum à dignidade de uma obra de arte, se podemos falar assim.

Em 1917, Marcel Duchamp mandou à Nova York, para uma exposição de arte, um vaso de porcelana desses encontrados nos banheiros masculinos, que se prendem na parede, assinado "R. Mutt" em sua parte inferior. Sua obra foi excluída da mostra. M. Duchamp é então entrevistado sobre o ocorrido e diz que o fato

---

[301] PEREIRA, Lucia Serrano. In: *Jornal Che Vuoi? Psicanálise e Cultura*, ano III, n. 7, Porto Alegre, Primavera de 1989, p. 8.

de que R.Mutt não tenha feito aquele objeto não é o que interessa, o que importa é que ele o escolheu!

O que faz diferença entre o vaso de porcelana de uso comum e o vaso de M. Duchamp tem a ver com um ato; um ato discursivo – o vaso seria passível de inscrição enquanto obra de arte porque ele assim o havia declarado e apresentado. Nós também terminamos por considerar este dizer. M. Duchamp assinou, disse o que disse e seu vaso faz parte das obras em um álbum de arte moderna. Consideramos esse dizer nem que seja por pensar "como é que ele teve coragem de fazer isso!"

Retomando. Se na sublimação temos essa questão de uma ultrapassagem do recalque, na frase de Picasso o "achado" pode ser pensado como aquilo pelo qual o sujeito se sente ultrapassado, de alguma maneira surpreendido. O que se produz neste ato apresenta-se como achado.

Uma das vias de trabalho sobre a sublimação, articulada com a questão dos resultados do processo vinculados aos produtos na cultura, é a de trabalhar na leitura da sublimação como um processo defensivo, por esta mesma vinculação – a sublimação estando enquanto um ato que distancia o sujeito da relação ao falo, de certa maneira mantendo-o à distância, mas em seguida recuperando-o na obra produzida.

Talvez hoje possamos considerar uma outra vertente articulando os termos de forma um pouco diferente, a partir do que Freud ressalta algo escapa ao recalque, sublimando-se – ou mesmo em Lacan – sublimação como diferente de uma economia de substituição.

Uma via que me parece interessante é a de pensar a sublimação como efeito de um discurso.

O que está em jogo, sempre, em torno da sublimação, desde Freud, é a questão da criação. O ato criativo. O surgimento de algo novo.

Quando Lacan formula os quatro discursos em psicanálise há, com relação ao discurso do analista, a colocação em jogo de *algo novo*, e algo novo que surge justamente no lugar da produção:

Agente	*Outro*
$\frac{a}{S2}$	$\frac{S}{S1}$
Verdade	*Produção*

Temos neste discurso *S1*, significante mestre que ali não está posto como domínio, como quando no Discurso do Mestre. *S1* no Discurso do Analista é situado como um significante novo que emerge no lugar da produção deste discurso.

O efeito do Discurso do Analista é a produção de algo novo.

O efeito, podemos pensar, pode remeter a algo do lado da sublimação. Sublimação, então, enquanto referida à prática clínica a partir de uma operação analítica, de um ato analítico.

Lacan refere-se ao Discurso do Analista no Seminário *Encore* (1972/73) dizendo que o analista está na posição mais conveniente para fazer o que é justo fazer, a saber, interrogar como saber o que é da verdade. É dali desde o "*a*"que se escreve acima à esquerda e se sustenta pelo *S2*, quer dizer pelo saber no que ele está no lugar da verdade, é dali que ele interpela o *S*, o que deve dar na produção de *S1*, do significante pelo qual se possa resolver sua relação com a verdade.

Em *O rigor da sublimação* (publicação interna da Associação Freudiana Internacional, mimeo), Cristiane Lacôte parece também ressaltar essa direção, de "algo novo": "Existe algo real em torno do que a relação transferencial cria, rigorosamente, algo novo e que não é remanejamento do antigo. É referente tanto ao ato do analista quanto à produção do analisante que 'faz' uma análise".

Modalidades de Denise Lachaud também incide neste ponto: "Este que escreve na cura uma escritura que alguns puderam chamar "falante" é este que é colocado em posição de ser (estar) concernido pela sublimação. Desde que ele está escrevendo, é escrito e advindo como significante ou como letra. Ele tem de forma permanente de aceder à sublimação, a escrever, quer dizer, arrancar (da) letra ao real".

Se o Discurso do Analista tem como efeito a produção de algo novo, podemos destacar pelo menos uma razão da aproximação do tema da sublimação em um seminário que se ocupa da ética da psicanálise (mesmo que a formulação dos quatro discursos não estivesse ainda estabelecida), a saber o próprio fato da sublimação poder ser pensada enquanto produção significante relativa a um não mascaramento do real, e em sua relação ao desejo. Uma ressalva importante a fazer é a de que a sublimação não seria, de qualquer modo, circunscrita ao ato analítico, o que aliás seria bem pretensioso afirmar. Mas, se a produção sublimatória pode ser tomada como discursiva, independente de resultar em uma obra, alteram-se as relações com a questão do ato analítico: de não ter relação alguma ou mesmo de funcionar como um inverso, talvez possamos considerar que haja algo de sublimatório que participe desse ato.

É possível que a conhecida proposição "fazer algo interessante com o sintoma" possa também aludir à sublimação, de algum modo. É evidente, mas vale o cuidado de lembrar: sublimação não é indicativo de "progresso" na cura. Aí não há nenhuma equivalência. É interessante, a este respeito, a formulação de J.L. Chassaing em "*Drogue et Sublimation*" (1997, p. 83) – "a sublimação não seria uma entidade isolada exclusiva, ela se apoiaria sobre alguns elementos, mas ela não impede, não invalida a neurose e o recalque, ao lado ou bem, mesclada a ela". Ou seja, não é como se antes houvesse sintoma e depois sublimação. Mas o que pode ser produzido a partir do sintoma, ou mesmo o que conte com um desenvolvimento do sintoma em uma produção não é evidência de que o ato de sua produção só possa ter sido sintomático. O ato pode ter sido sublimatório, o que de alguma forma pode ressaltar que o momento de criação é relativo também ao da produção de sujeito naquilo em que concerne a um puro efeito de linguagem.

A contribuição de Lacan pode nos permitir aproximar a produção sublimatória do que consideramos ato discursivo, talvez dispensando a condição de resultar em um produto ou em uma obra reconhecida e socialmente valorizada. Já não se trataria então da sublimação freudiana naquilo que implicaria necessariamente a obra produzida. É possível que possamos deslocar esta necessidade se considerarmos que a obra produzida pela via da sublimação tenha sido o caminho – neste sentido, contingencial – que se apresentou a Freud para poder formular a interrogação sobre o ato criativo.

Acentuar as coisas do lado do ato discursivo talvez seja o que nos permita pensar a sublimação tal como Freud referiu, participando no processo de cura, na relação com a prática clínica, não circunscrita a um produto ou a uma atividade, mas como efeito de um discurso, na produção de algo novo.

Lista De Figuras

Companhia de Freud
editora

OBRAS PUBLICADAS

Alô, Lacan? — É claro que não.	*Jean Allouch*
"Inseto"	*Claire Castillon*
A Anatomia da Terceira Pessoa	*Guy Le Gaufey*
A Angústia e o Desejo do Ouro	*Diana Rabinovich*
A Arte de Reduzir as Cabeças	*Dany-Robert Dufour*
A Clínica da Identificação	*Clara Cruglak*
A Clínica do Escrito	*Jean Allouch*
A Criança Adotiva	*Nazir Hamad*
A Criança na Clínica Psicanalítica	*Angela Vorcaro*
A Crise de Adolescência	*Octave Mannoni e outros*
A Crueldade no Feminino	*Sophie de Mijolla-Mellor*
A Descoberta de João	*Marcelo Pio da Costa*
A Equação do Sonhos	*Gisèle Chaboudez*
A Erótica do Luto	*Jean Allouch*
A Escola do Sujeito	*Claude Dumézil*
A Escritura Psicótica	*Marcelo Muniz Freire*
A Estrutura na Obra Lacaniana	*Taciana de Melo Mafra*
A Etificação da Psicanálise	*Jean Allouch*
A Experiência da Análise	*Norberto Ferreyra*
A Fadiga Crônica	*Pura H. Cancina*
A Fantasia da Eleição Divina	*Sergio Becker*
A Feminilidade Velada	*Philippe Julien*
A Ficção do Si Mesmo	*Ana Maria Medeiros da Costa*
A Hora do Chá na Casa dos Pendlebury	*Alain Didier-Weill*
A jovem e a mãe	*Leila Maroune*
A lei do gênero: uma história cultural do terceiro sexo	*Laure Murat*
A Lógica do Gênero	*Laure Murat*
A Morte de Deus	*Dany-Robert Dufour*
A Morte e o Imaginário na Adolescência	*Silvia Tubert*
A Paixão do Sujeito Freudiano	*Bernard Penot*
A perversão comum: viver juntos sem o outro	*Jean-Pierre Lebrun*
A Psicanálise: dos Princípios Ético-estéticos à Clinica	
A Pulsão de Morte	*Michel Plon (org.)*
A Quarta Mulher	*Paul Tabet*
A Saúde Totalitária	*Roland Gori*
A segunda morte da ópera	*Slavoj Zizek e Mladen Dólar*
A sexualidade na aurora do século XXI	*Org. Sonia Alberti*
A Significação do Falo	*Diana Rabinovich*
A Topografia de Lacan	*Jean-Paul Gilson*
A Transferência	*Taciana de Melo Mafra*
A Violência na Adolescência	*Pierre Kamerer*
Abandonarás teu Pai e tua Mãe	*Philippe Julien*
Adolescência e Psicose	*Edson Saggese*
Adolescência, violência e a lei	*Vários*
Amor de Mãe	*José Nazar*
Amor e Ódio	*Michele Benhaim*
Anorexia	*Éric Bidaud*
As Construções do Universal	*Monique David-Ménard*
As Figuras do Real	*Patrick Delaroche*
As identificações e a identificação sexual	*Org. Arlete Mourão e Miriam Nogueira Lima*
As Intervenções do Analista	*Isidoro Vegh*
As Psicoses	*Philippe Julien*
Autor do crime perverso	*Marie-Laure Susini*
Cine Imaginarium: da arte de fazer psicologia, comunicação e cinema	*Org. Alvaro de Pinheiro Gouvêa*
Ciúmes	*Denise Lachaud*
Clínica da Pulsão	*Diana S. Rabinovich*
Clínica dos Fracassos da Fantasia	*Silvia Amigo*
Clivagem e Modernidade	*Roland Chemama*
Comer o Livro	*Gérard Haddad*
Como se Chama James Joyce?	*Roberto Harari*
Crianças na Psicanálise	*Angela Vorcaro*
Crueldade no Feminino	*Sophie de Mijolla-Mellor e Julia Kristeva*
Da Paixão	*Jacques André*
Dependência Química na Adolescência	*Hélio Fernandes Mattos*
Dez Conferências de Psicanálise	*Moustapha Safouan*
Dicionário da Justiça	*Löic Cadiet*
Dicionário da Sexualidade Humana	*Philippe Brenot*
Do Amor do Outro ao Amor de Si	*Patrick Delaroche*
Do Pai à Letra	*Hector Yankelevich*
Elissa Rhaís	*Paul Tabet*
Elogio da corrupção: os incorruptíveis e seus corruptos	*Marie-Laure Susini*
Empatia Psicanalítica	*Stefano Bolognini*
Enigma do Incesto	*Laure Rozen*
Escrita e Psicanálise	*Ana Costa e Doris Rinaldi*
Estados de Abandono	*Jacques André*
Estética da Melancolia	*Marie-Claude Lambotte*
Figuras do Real	*Ginette Michaud*
Fim da Picada	*Guilherme Knabb e Mariana Friedheim*
Freud, Wallon, Lacan: a criança no espelho	*Émile Jalley*
Gide-Genet-Mishima	*Catherine Millor*
Gostar de Mulheres	*Autores diversos*
Harry Potter: anjo ou demônio?	*Org. Isabelle Smadja e Pierre Bruno*
Hitler – A Tirania e a Psicanálise	*Jean-Gérard Bursztein*
Invocações	*Alain Didier-Weill*

Lacan e o Espelho Sofiânico de Boehme	*Dany-Robert Dufour*
Lacaniana I	*Moustapha Safouan*
Lacaniana II	*Moustapha Safouan*
Letra e Pulsão de Morte	*André Green*
Littoral	*A Criança e o Psicanalista*
Littoral	*Luto de Criança*
Littoral	*Do Pai*
Littoral	*O Conhecimento Paranóico*
Lógica das Paixões	*Roland Gori*
Mal-Estar na Procriação	*Marie-Magdeleine Chatel*
Michel Foucault: a Inquietude da História	*Mathieu Potte-Bonneville*
Mulheres de 50	*Daniela Di Segni e Hilda V. Levy*
Neurose Obsessiva	*Charles Melman*
Nietzsche e o Demônio do Meio-dia	*Jean-Baptiste Botul*
No Reino das Mulheres	*Irène Frain*
O Adolescente e a Modernidade Tomos I, II e III	*Congresso Internacional de Psicanálise e suas Conexões – Vários*
O Adolescente e o Psicanalista	*Jean-Jacques Rassial*
O Adolescente na Psicanálise	*Raymond Cahn*
O Amor ao Avesso	*Gérard Pommier*
O Caminhante Analítico	*Victor Smirnof*
O Complexo de Jocasta	*Marie-Christine Laznik*
O conto machadiano: uma experiência de vertigem	*Lucia Serrano Pereira*
O Desejo Contrariado	*Robert Lévy*
O Desejo da Escrita em Ítalo Calvino	*Rita de Cássia Maia e Silva Costa*
O Desejo do Psicanalista	*Diana S. Rabinovich*
O Dia em que Lacan me Adotou	*Gérard Haddad*
O Discurso Melancólico	*Marie-Claude Lambotte*
O Divino Mercado	*Dany-Robert Dufour*
O Espelho do Artista	*Yolanda Freyre*
O Homem sem Gravidade	*Charles Melman*
O Inestimável Objeto da Transmissão	*Pierre Legendre*
O Inferno do Dever	*Denise Lachaud*
O Jornalista e seu Poder	*Gerard Spitéri*
O Nó Górdio	*Carlos Eduardo Leal*
O Olhar e a Voz	*Paul-Laurent Assoun*
O Próximo	*Isidoro Vegh*
O psicanalista, o que é isto?	*Roberto Harari*
O que Acontece no Ato Analítico?	*Roberto Harari*
O Sexo Conduz o Mundo	*Colette Chiland*
O sexo da verdade: erotologia analítica II	*Jean Allouch*
O Sexo do Mestre	*Jean Allouch*
O Significante, a Letra e o Objeto	*Charles Melman*
O Sorriso da Gioconda	*Catherine Mathelin*
O Sujeito em Estado Limite	*Jean-Jacques Rassial*
O Transexualismo	*Henry Frignet*
Órgãos sem corpo: Deleuze e conseqüências	*Slavoj Zizek*
Oriente Médio: Povos Autoritários Sociedades Bloqueadas	*Philippe Draz Vincent*
Os Discursos e a Cura	*Isidoro Vegh*

Os Discursos na Psicanálise	*Aurélio Souza*
Os Errantes da Carne	*Jean-Pierre Winter*
Os Mistérios da Trindade	*Dany-Robert Dufour*
Os Nomes do Pai em Jacques Lacan	*Erik Porge*
Os Nomes Indistintos	*Jean-Claude Milner*
Paixões do Ser	*Sandra Dias*
Para uma Clínica do Real	*Isidoro Vegh*
Paranóia	*Jean Allouch*
Poetas, Crianças e Criminalidade... Sobre Jean Genet	*Alba Flesler / Claudio Martyniuk / Fernando Sabsay / Isidoro Vegh*
Por Que Não Há Relação Sexual?	*Roberto Harari*
Por que, afinal, matamos?	*Francisco Ramos de Farias*
Princípios do Marketing Zen	*Roland Z. Carvalho*
Procuro o Homem da Minha Vida	*Daniela Di Segni*
Psicanálise de Crianças Separadas	*Jenny Aubry*
Psicanálise de Pais	*Durval Checchinato*
Psicanálise e Análise do Discurso	*Nina Leite*
Psicanálise e Infância: Clínica com crianças	*Renata Petri*
Psicanálise e Saúde Mental	*Org. Sonia alberti e Ana Cristina Figueiredo*
Psicanálise e Tempo	*Erik Porge*
Psicanálise: Uma prática teorizada	*Org. Ângela Coutinho*
Psicose, Perversão, Neurose	*Philippe Julien*
Psicoterapia-Psicanálise-Didática 1 – debates	*Analyse Freudienne Presse*
Psicoterapia-Psicanálise-Didática 2 - debates	*Analyse Freudienne Presse*
Quartier Lacan	*Alain Didier-Weill*
Reflexões Sobre a Questão Gay	*Didier Eribon*
Respire	*Anne-Sophie Brame*
Revista Internacional nº 1	*A Clínica Lacaniana*
Revista Internacional nº 2	*A Histeria*
Revista Internacional nº 4	*As homossexualidades*
Roubo de Idéias?	*Erik Porge*
Separações Necessárias	*Emilio Rodrigué*
Série Conexões em Psicanálise	*Função Paterna*
Série Conexões em Psicanálise	*Constituição do sujeito*
Sombra do Teu Cão	*Jean Allouch*
Transferência e Estados Limites	*Jacques André*
Trata-se uma Criança – Tomos I e II	*Congresso Internacional de Psicanálise e suas Conexões – Vários*
Trilhamentos do Feminino	*Jerzuí Tomaz*
Um Homem de Palavra	*Nazir Hamad*
Um Jeito de Poeta	*Luís Mauro Caetano da Rosa*
Um Mundo sem Limite	*Jean-Pierre Lebrun*
Um Narrador Incerto, entre o Estranho e o Familiar	*Lucia Serrano Pereira*
Um Percurso em Psicanálise com Lacan	*Taciana de Melo Mafra*
W. R. Bion – Novas Leituras - I e II	*Arnaldo Chuster*

Impresso por:

Edil
Artes Gráficas

Tel/Fax: (21) 2159 7979
E-mail: edil@edil.com.br